KB047756

소멸시효에 관한
외국 판례 연구

이은경

박영사

머리말

Ne autem lites immortales essent, dum litigantes mortales sunt
(당사자는 불멸이 아니므로 분쟁은 끝나야 한다)

채무가 이루어지지 않으면 채권자는 소를 제기하여 자신의 권리를 행사할 수 있다. 일반적으로 소권은 시간의 제한을 받지 않는다. 그럼에도 오늘날 모든 법체계는 소멸시효(extinctive prescription)나 제소기간(limitation of action)이라는 시간상 한계를 부여하고 있다. 소멸시효는 시간의 경과로 기억이 희미해지고 증거가 없는 상황에 진부한 소송을 차단함으로써 채무자에게 근거가 없는 청구를 물리칠 수 있는 수단인 동시에 채권자에게는 청구권 행사를 신속하게 제기하는 동기를 부여한다.

Agere non valenti non currit praescriptio
(시효는 소를 제기할 수 없는 자에 대해선 진행하지 않는다)

그런데 시간의 경과를 이유로 채권자의 권리행사를 배척하는 데 문제되는 사안이 발생하였다. 대표적인 사례가 석면소송이었다. 조속한 분쟁의 종결(Interest rei publicae ut sit finis litium) 및 변제한 채무자 보호를 넘어 채권자가 청구원인의 발생 사실을 알지 못하였음에도 시간의 경과로 채권자의 권리행사를 배척하는 것이 손해의 공평·타당성, 형평성(equity), 정의, 근본적 공정성(fundamental fairness)에 위배되는 것은 아닌지가 쟁점이 되었다. 대륙법계는 재판받을 권리를 침해한다고 유럽인권재판소에 제소하는 경우도 발생하였다.

재판부는 더 이상 시효 완성을 이유로 채권자의 권리행사를 막을 수 없었다. 실제 법원은 시효 기산점을 바꾸어 채권자의 권리행사를 받아들였다. 이러한 사례는 시효법 개정으로 이어졌다. 2002년 독일의 소멸시효 개정 이후 2008년 프랑스가 시효를 개정하였다. 일본도 지난 2017년 시효를 개정하였다. 개정된 시효는 채권자의 인식가능성을 기준으로 하는 주관주의(discoverability)를 소멸시효의 기본 체계로 하고 있다.

이 책은 소멸시효를 전반적으로 개관하고 판례 중심으로 소멸시효의 특징을 설명한다. 지난 2006년 석사과정 때부터 시효에 관한 외국 판례를 수집하였다. 유럽 학계를 대표하는 H. Koziol 교수를 비롯하여 독일 민법 개정을 주도한 Zimmermann 교수 및 일본 Matsumoto 교수께서 관련 자료를 보내주었다. 감사드린다. 소멸시효(extinctive prescription) 또는 제소기간(limitation of action)이 관한한 국내 저서 중에는 가장 많은 외국 판례를 실었다. 특히 판례법을 법원으로 하는 영미 사례를 많이 소개하였다. 대륙법계인 우리나라에게는 생소한 영미 사례를 살펴볼 수 있는 기회가 될 것이다.

이 자리를 빌려 석사 때부터 길잡이가 되어주신 김재형 교수님과 박사논문을 이끌어주신 이계정 교수님, 귀중한 자료를 보내주신 조용환 변호사님, 주관주의 소멸시효 discovery rule을 알려주신 김제완 교수님, 사고의 확장을 열어주신 양현아 교수님께 감사드린다.

covid 19 시기에 박사학위를 받아 연구 성과물을 알릴 기회가 척박한 때에 기회의 장을 마련해주신 박영사 임재무 이사님과 이승현 차장님, 손준호 과장님께 깊은 감사를 드린다. 무엇보다 박사학위를 받고 가장 반가워하신 아버지께 모든 영광을 돌린다.

차례

제1장 소멸시효 개관

제 2 장 과실책임소송

제 3 장   잠재적 손해

제 4 장 아 동 성 학대(CSA)

제 5 장   사해적 은폐행위

제 6 장　우리나라 소멸시효

제 7 장　소멸시효 전망

제 8 장   위안부피해자의 손해배상청구권이 2015년 한일합의 또는 국가면제에 의해 제한되는가?

소멸시효 개관

소멸시효 개관

제1절   현대적 소멸시효

1. 개요

가. 소권

채무가 이루어지지 않으면 채권자는 소를 제기하여 자신의 권리를 행사할 수 있다. 로마법상 소권은 원칙적으로 영구히 행사할 수 있어 시간의 경과에 의해 제한을 받지 않는 영구 소권(actio perpetua)으로 보았다. 시효의 경과로 권리 자체를 소멸시킨다는 인식은 로마법이나 영미의 보통법 그 어디에서도 찾아볼 수 없다.[1]

우리나라도 비슷하였다. 소멸시효가 1896년 도입된 이후로 국고 또는 왕실에 대한 채무, 조세 등 국고에 대한 납입의무, 어음채무에 대해서는 시효를 이유로 한 채권 채무의 소멸을 인정하였으나 일반 권리에 대한 소멸시효는 인정되지 않았다.

장기간 타인의 물건을 점유하여 소유자와 비슷한 상태가 되었다 할지라도 그 물건의 소유자로 되는 것이 아니며 대금의 반환을 받을 권리 기타 채권에 대해 장기간 독촉하지 않았다고 하여 소멸될 수 없고 수 십 년이 경과해도 이행청구권을 방해받지는 않았다. 따라서 취득시효 또는 소멸시효를 인정하는 관습은 없었다. 권리 자체는 소멸되지 않는다는 것이 공통된 인식이었다.[2]

---

1) Terence Prime & Gary Scanlan, The Law of Limitation, Oxford University Press, 2001, pp.2-3.
2) 정긍식, 관습조사보고서, 한국법제연구원, 1992, 128면 이하 참조.

나. ne autem lites immortales essent, dum litigantes mortales sunt

이러한 소권에 대한 인식과 달리 오늘날 모든 법체계는 일정한 사실상태가 오래 지속된 경우 그 사실 상태로 권리관계를 인정하는 제도를 두고 있다. 법적 분쟁으로 인한 권리관계 불확실성, 불공정 및 소송 비용 증가 등을 만들지 않도록 하는 것이 공익(Interest rei publicae ut sit finis litium)에 부합하기 때문에 소멸시효(extinctive prescription)나 출소기간(limitation of action)이라는 시간상 한계를 부여하고 있다.

Johannes Voet은 분쟁은 일정 기간으로 제한되어 있다고 하였고 Savigny는 가장 중요하고 유익한 법률제도로서 소멸시효를 언급하였다. Joseph Story 역시 시효가 '가장 고귀한 정책'으로 법적 확실성이 시효의 가장 큰 목표라고 보았다.[3]

'당사자가 불멸이 아니므로 분쟁은 끝나야 한다(ne autem lites immortales essent, dum litigantes mortales sunt).' 법언은 법적 분쟁이 발생하는 경우, 소송은 막대한 비용과 시간을 필요로 하기 때문에[4] 신속한 분쟁 해결을 요청하고 있다.

영미법(common law)에서도 채권자가 소송을 하지 않는 경우 채무자가 더 이상 법적 소송에 무한정 위험을 부담할 수는 없다는 것과 오래된 청구로 인해 그러한 사실과 증거를 유지하는데 어려움이 크다는 것을 고려하여 소멸시효제도를 둔 것으로 밝히고 있다.[5]

소멸시효의 본질은 진정한 권리자의 권리행사를 인정하면서도 이미 변제한 그러나 이러한 증거를 갖고 있지 아니한 선량한 의무자를 보호하는 수단이다.[6] 이에 따르면,

독일 민법 제1초안 이유서에서 "소멸시효의 존재 이유는 오래된 청구권에 의하여 고통받는 것을 제한하는데 있다. 소멸시효의 목적은 권리자로부터 정당한 권리를 박탈하는데 있는 것이 아니라 의무자에게 **이유 없는 청구권**에 대해 본안에

3) Reinhard Zimmermann, Comparative foundations of a European law of set-off and prescription, Cambridge University Press, 2002, pp. 62-64.
4) 양창수, "유럽계약법원칙의 소멸시효규정-우리 민법에의 시사를 덧붙여", 서울대학교 법학 제44권 제4호, 서울대학교 법학연구소, 2003.12, 118면.
5) Terence Prime & Gary Scanlan, The Law of Limitation, Oxford University Press, 2001, pp. 2-3
6) 고상룡, 민법총칙, 법문사, 2003, 660면; 김증한 소멸시효론, 서울대학교, 1967, 51-52면; 김학동, '소멸시효에 관한 입법론적 고찰', 민사법학 제11·12호, 1995, 65-67면.

들어가지 않고 방어할 수 있는 보호 수단을 준다는 점에 있다. 소멸시효는 목적을 위한 수단이지 자기 목적은 아니다."7)라고 말한다.

채무자가 제기된 청구에 대해 시효 항변하는 것은 청구 자체가 근거가 없고 채권자가 그 사실을 입증하는 게 불가능하기 때문이다. 예를 들어, 대개 지불에 대한 영수증을 보관하는 한 채무자가 자신에 대해 제기된 청구가 근거가 없다는 것을 표시하는 것은 일반적으로 어렵지 않으나 증거가 없는 경우 시효로 밖에 주장할 수 없기 때문이다.

다. extinctive prescription과 limitation of action

시간의 경과는 채권자 스스로 자신의 청구에 대한 무관심을 보여주는 반면 채무자에게는 시간이 지날수록 채권자의 주장에 대해 방어하는 것이 점점 더 어려워짐을 나타낸다. '시간의 퇴색효과'에 비추어 볼 때 청구에 대해 방어가 점차 어려워지는 채무자를 보호해야 한다.8)

기억이 희미해지고 증거가 없는 상황에서 진부하고 고루한 소송을 차단함으로써 채무자에게 근거가 없는 청구를 물리칠 수 있는 수단인 동시에 채권자에게는 채권자의 이익을 위하여 청구권 행사를 가능한 신속하게 제기하는 동기를 부여한다.9)

법원으로 하여금 증거 존부가 발생할 수 있는 사건에 대해서는 소송이 시작될 수 없음을 확실하게 보장하게 하여 효율적인 재판기능에 이바지한다.10)

소멸시효는 대개 extinctive prescription과 limitation of action으로 쓰인다. longi temporis praescriptio는 대개 소송을 제기할 권리가 금지된다는 의미이다. 일정 기간의 경과에 따라 **권리불행사**라는 사실에 대해 채무자에게 이를 원용할 형성권을 주고 그 권리행사로 법률상 채무자의 지위를 면하게 만든다. 결국 시효는 법

---

7) Motive zu dem Entwurfe eines BGB für das Deutsche Reich, Bd. I, 1888, p.291.
8) 소멸시효는 채권자의 잘 설립된 주장을 박탈할 수 있다는 사실에 초점을 맞추어 부당한 요구를 추구하는 것을 방지하는 경우에 대해선 주의를 덜 기울이는 경향이 있다. Reinhard Zimmermann(fn 3), at fn 75.
9) H. Koziol, Basic Questions of Tort Law from a Germanic Perspective, Jan Sramek Verlag KG, (2012), no. 9/31
10) Ewould H. Hondius, Extinctive Prescription on the Limitation of Actions, Kluwer Law International, 1995, p.15.

언 '채무는 이행하라'와 '계약은 지켜져야 한다.'의 수정을 반영한다.[11]

영미법계에선 소송을 제기할 수 있는 기간을 규정하여 그 기간이 끝나면 제소권을 박탈하는 데 기능적으로 동일한 역할을 한다. 후자의 경우, 본질적으로 절차적이다: 출소기간(limitation)은 청구원인인 실체적 권리에 영향을 미치지 않고 다만 법정에서 그 항변할 수 있는 권한이다.[12]

소멸시효가 완성되기 위해서는 권리의 불행사라는 사실상태가 일정한 기간 동안 계속되어야 한다. 채권은 일정한 기간 행사하지 않으면 소멸시효가 완성된다(민법 제162조, 제163조, 제164조). 단순히 일정한 기간이 지남으로써 권리가 소멸하는 것이 아니라 그 기간 동안 권리를 행사하지 않는 상태가 계속될 것이 시효완성의 또 하나의 요건이다.[13]

법률관계 안정에 이바지하는 것도 사실이나 그것은 불명확한 권리주장에 대해 의무자를 보호함으로 그런 것이지 의무를 이행하지 않는 상태가 오래 지속되었다고 의무 없는 것으로, 권리를 행사하지 않은 상태가 지속되었다고 권리 없는 상태로 전환 되는 것은 아니다.[14]

라. 공익 vs 권리자의 이익 vs 채무자의 이익

잠재적 채무자는 시간의 경과에 따라 사건이 종결된 것으로 보려는 합리적인 기대가 높아지고, 그에 따라 자신의 행동도 조율하게 마련이다. 소멸시효는 잠재적으로 피고에게 유리하고 원고에겐 불리하게 작용될 수도 있음을 지난 몇 십년간 소송을 통해서도 알 수 있다. 원고의 청구가 완벽함에도 불구하고 시효로 채권자의 소권을 실효적으로 박탈할 수 있는 점이 이를 나타낸다.[15]

그런데 원래 소권이 영구적인데도 불구하고 분쟁의 종결과 변제한 채무자 보호 등에 지나쳐서 채무자가 변제한 바가 없음에도 그리고 채권자가 권리 자체의 발생을 알지 못하여 행사할 수 없는 경우에도 시효의 완성으로 보는 것이 타당한지가 손해의 공평·타당성, 정의, 근본적 공정성(fundamental fairness)에서 문제가 된다.

---

11) 松久三四彦, 時效制度の構造と解釈, 有斐閣, 2011, 396－397頁.
12) Reinhard Zimmermann, Comparative foundations of a European law of set－off and prescription, Cambridge University Press, 2002. pp. 69－71.
13) 대법원 2018. 7. 19. 선고 2018다22008 전원합의체 판결 김재형·조재연 보충의견
14) 김증한, 소멸시효론, 서울대학교, 1967, 52면.
15) Des Rosiers, in Ewould H. Hondius(fn 10), p.94.

앞으로 우리가 볼 사례들은 이러한 소멸시효 완성에 대하여 근본적 공정성 (fundamental fairness)이 문제되었던 사안들이다.

시효는 증거부담에서 벗어나려는 채무자의 이익, 적시성을 갖는 일반적 공익과 더불어 권리행사의 충분한 기회를 가지려는 채권자의 이익 등 대항관계의 균형을 필요로 한다.16) 따라서 소멸시효는 잠재적 원고와 피고 사이의 이익의 균형을 맞추고 '양당사자의 공평을 기하는 제도'이다.17)

시간이 흐를수록 채권자 측의 청구권에 대한 무관심을 보여주어 채무자로서는 청구가 제기되지 않을 것이라는 기대를 형성하게 되는 점, 법적 분쟁을 장기간 방치할 수 없다는 사회의 이익과 맞물려 있기 때문에 채무자가 얻는 시효완성의 이익이 채권자가 감당해야 하는 대가를 능가하는지 이익형량이 필요하다.18)

그렇다면 이익형량을 하여 채권자의 충분한 권리행사의 이익이 더 큰 경우에는 어떻게 하여야할까? 시효를 배제할 것인가? 시효를 정지시킬 것인가? 가장 손쉬운 방법은 시효 기산점을 연기하여 아직 시효가 완성되지 않았다고 보는 것이다. 특히 시효가 언제 시작될 것인지 어떤 조건에서 정지해야 할지를 결정할 때 채권자의 지위를 고려하여야 한다는 것이다.19)

2. 외국 소멸시효 개정 방향

가. 주관주의 체계(subjective criterion)

불법행위의 손해배상청구권의 요건은 **불법행위**가 있고 **피해**가(injury) 발생하여 행위와 피해 사이에 **인과관계**가 있어야 한다. 이 요소들이 모두 갖추어졌을 때 불법행위에 대한 손해배상의 청구원인(cause of action)이 발생했다고 본다.20)21) 영국 시효법(English Limitation Act)도 손해배상청구권의 기산점은 '청구원인(cause of ac‒

---

16) H. Koziol, Basic Questions of Tort Law from a Germanic Perspective, Jan Sramek Verlag KG, (2012) no. 9/3.

17) Des Rosiers, in Ewould H. Hondius(fn 10), p.94.

18) Reinhard Zimmermann, "ut sit finis litium", Juristenzeitung. (18/2000), S. 857.

19) Reinhard Zimmermann(fn 3), pp. 78‒79.

20) cause of action에 대해 청구원인이나 소송원인, 소인 등으로 번역이 되는데 여기서는 청구원인으로 통칭하기로 한다.

21) Christine M. Benson, "Statutes of Limitations in Tort: Who Do They Limit?", Marquette Law Review Vol 71, 1988, pp.773‒774.

tion)이 발생한 날'을 가리킨다.22) 독일 민법 (BGB)에선 '청구권이 성립한 날'을 '행위시'로 보아 객관적 기산점이 시효제도의 기본체계로 국제적으로도 광범위하게 사용되고 있었다.

　　그런데 21세기 초반부터 유럽 중심으로 시효 개정이 이루어졌고 독일 및 프랑스 등 세계 각국은 일반적 시효 기산점을 **'권리자가 자신의 권리를 행사할 수 있다는 사실을 알았거나 알 수 있었을 때부터'**인 **주관주의** 체계로 전환하였다.

　　소멸시효 기산점의 주관주의 체계란 채권자의 채무자에 대한 청구권의 존부를 채권자 스스로 인식하거나 인식가능성이 있을 때부터 시효가 진행되는 것을 말한다. 다시 말하면 채권자의 발견 가능성(discoverability)을 기준으로 하는데 '채권자의 인식'뿐만 아니라 합리적 주의의무를 가지고 '알 수 있었을 때'도 시효가 진행한다.23) 우리 민법이 제766조 제1항에서 "손해와 가해자를 **안 날**"로 규정하여 **채권자의 인식**'에 한정한 것과 구별이 된다. 인식가능성이 포함된 이유는 '채권자의 인식' 만을 기준으로 할 때 채권자가 자신의 청구권에 대해 인식하지 못하는 경우 무한히 시효가 늦어질 수 있다는 고유의 위험성이 고려된 것이다.

　　그렇다면 왜 개정 시효법은 '행위시'라는 객관주의 체계에서 '권리자의 인식'이 기준인 주관주의 체계로 바꾸었을까? 소멸시효가 완성하면 채권자가 그의 청구권을 소추할 수 없게 되어 결과적으로 채권자의 권리를 박탈하는 것이 된다.

　　이러한 부도덕한 결과는 **채권자가 권리를 소구할 수 있는 공정한 기회를 가졌음에도 불구하고 그 권리를 행사하지 아니한 경우에만 정당화될 수 있다.** 즉 채권자가 채무자에 대한 권리를 인식하였음에도 불구하고 행사하지 아니하였을 때 시효가 적용될 수 있는 것이다.

　　호주법률개혁위원회 위원이었던 Mcdonald 교수 역시 원고가 청구원인이 존재하는지에 대해 알기도 전에 소멸시효가 진행된다면 정의는 어디에 있는지 되묻기까지 한다.24)

　　소멸시효에 의한 권리상실을 정당화하려면 채권자가 자신의 청구권에 대하여

---

22) sec. 2 Limitation Act 1980
23) Reinhard Zimmermann and Jens Kleinschmidt, Prescription: General Framework and Special Problems Concerning Damages, Claims Tort and Insurance Law Yearbook, European Tort Law 2007 pp. 30 – 31.
24) Ewould H. Hondius(fn 10), p.29.

알았거나 최소한 합리적으로 알 수 있어야 한다. 다시 말하면 최소한 청구권의 성립을 인식하고 검토하여 주장할 수 있는 정당한 기회가 채권자에게 부여되어야 한다.[25]

나. contra non valentem (agere non valenti non currit praescriptio)

소멸시효 법언 'contra non valentem agere nulla currit praescriptio'[26] (시효는 소를 제기할 수 없는 자에 대해선 진행하지 않는다) 청구를 행할 가능성(the possibility of enforcing)이 없는 채권자에 대해서는 시효가 시작되지 않아야 한다는 원칙을 말하는데 개정 시효법의 목적에 해당한다.[27]

채권자는 어떤 식으로든 권리를 행사하지 않고 자신의 권리 위에만 앉아 있으면 신의 성실에도 반한다. 그런데 채권자가 채무자를 상대로 자신의 권리를 행사할 기회를 가졌을 것을 전제로 한다. 채권자가 채무자에게 권리행사를 할 수 없거나 합리적으로 기대되지 않을 경우에도 채권자에게 소제기를 하지 않은 책임을 부과하는 것은 타당하지 않기 때문이다.

그렇다면 권리행사 가능성은 어떻게 이루어질까? 권리행사의 가능성에는 채권에 기한이나 조건이 붙여진 경우에 기한과 조건의 성취여부, 채권자의 부재, 채권자의 인식가능성, 전쟁 천재지변 등 불가항력 여부, 채권자의 나이(미성년의 경우 법률행위에 제한이 있다.) 등이 문제가 된다. 이 중 현재는 권리가능성 중 **채권자의 인식여부**가 가장 관건이 되고 있다.[28]

불법행위의 경우 손해배상소송에서 손해를 야기하는 '**사건**'에 대한 **인식**만으로는 권리행사가 가능(the possibility of enforcing)하다고 보지 않는다. 일반적 시효 기산점으로 주관주의 체계 도입은 구 프랑스 민법 제2270 – 1조의 시효가 진행되기 위해서 파기원(Cour de cassation)은 '**손해발생**'에 대한 **채권자의 인식**을 요구하고 있다.[29]

---

25) Mansel, Die Neuregelung des Verjährungsrechts, NJW 2002, S.89 – 90.
26) 법 격언의 "contra non valentem agere non currit praescriptio(prescription does not run against a person who is unable to bring an action.)"를 독일에선 "agere non valenti non currit praescriptio"으로 쓰고 있다. 이하 혼용하여 쓰기로 한다.
27) Art. 2234, 2224, 2227 France code civil 참조.
28) H. Koziol(fn 9), no. 9/3.
29) Cass. soc. 18 déc 1991, Bull. civ. V, N° 598.

다. 시효제도의 통합 및 기간의 단축

소멸시효의 개정을 단행한 국가들은 전반적으로 시효기간을 단축하였다. 채권자가 청구권의 존재를 알거나 알 수 있을 때부터 시효가 기산되는 주관주의 체계는 단기 시효와 밀접하게 관련되어 있다. 어떤 청구이든 채권자가 권리를 주장할 수 있는 공정한 기회를 가져야 한다는 원칙은 시효의 기산점과 연장, 기간에 영향을 미친다.

채권자가 청구원인을 알지 못하는 상황, 권리행사가 불가능한 상황 등을 고려되어 청구가 시효로 소멸하지 않는다는 것을 보장한다면 시효기간이 짧더라도 채권자에겐 충분한 시간이 될 것이다. 반면에 채권자가 알지 못하거나 권리행사가 불가능하거나 기대가능성이 없는 경우 훨씬 장기간의 객관적인 날부터 시효가 기산된다고 하더라도 불충분할 수 있다.

주관적 단기 시효는 이전과 다르게 계약이나 그 외에 법정채권을 구별하지 않고 통합하여 적용하고 있다. 일반 시효규정으로 예전의 20－30년 기간보다 훨씬 짧은 2년에서 6년의 기간으로 바뀌었으며30) 이 기간은 발견가능성(discoverability) 기준에 의존하고 있다.31) 일반적 시효기간 3년은 객관적인 기준(예를 들어 이행기, 인도, 수락, 건물 완공 등)과 연결될 수는 없다. 주관주의체계에서는 채권자가 자신의 청구를 알지 못하거나 합리적으로 알 수 없었을 경우엔 시효가 진행되지 않기 때문이다.

그러므로 일반적인 단기 시효는 채권자가 채무자의 신원 및 청구원인을 알거나 합리적으로 알 수 있었는지에 의존한다. 채권자가 청구원인을 알거나 합리적 주의의무를 가지고 알 수 있었을 때부터 단기 시효는 시작된다.32) 기간은 최단기(6개월)나 최장기(30년)보다는 보통 3년 기간으로 규정하고 있다.

---

30) PECL이나 PICC도 일반 소멸시효기간은 동일하게 3년으로 하여 기산점은 청구자의 인식이나 인식가능성(the obligee knows or ought to know the facts)으로 기산한다. PICC Art 10.2 (Limitation Periods) 참조.

31) Reinhard Zimmermann(fn 3), p.96.

32) Reinhard Zimmermann, "Die Verjährung － von den Principles of European Contract Law bis zum Entwurf eines Gemeinsamen Europäischen Kaufrechts", European Review of Private Law 3&4 2016, Kluwer Law International, pp. 691－692.

라. 이중체계-주관주의와 객관주의

현대의 시효법은 주관주의 기산점인 일반 시효 기산점의 기준과 병용하여 객관적 최장기간(ultimate limitation periods)이 규정되어 있다. 채무자의 증거 보전에 따른 어려움을 최소화하고 채권자의 근거 없는 주장에서도 벗어날 수 있도록 시효의 진행을 확실하게 보장받을 수 있는 객관적인 기간이 필요하다.

시효제도를 '현대화'하는 사법 및 입법 활동은 채권자가 인식할 수 없음에도 시효 경과가 나타나 시효제도의 공정성에 관한 우려에 주목했다.[33] 이에 대한 대책으로 입법은 주관주의 기산점 체계를 시효제도에 도입하였는데 그렇다고 시효가 무한히 연기되어서는 안 된다. 어느 단계에 이르러서는 사건이 종식되어야 한다.

일반적으로 현대 시효법은 채권자의 주관적 인식을 기준으로 발견주의에 의존한 상대적인 기간과 채권자의 인식과 관계없이 객관적 기준에 따라 청구가 저지되는 최장기간(Long-stop)으로 구성되어 있다. 따라서 장기 시효(Long-stop)의 목적은 소멸시효 입법 방향 중에 '채무자 보호'와 'Interest rei publicae ut sit finis litium'과 관련이 있다.

최장기간(Long-stop)은 일반적으로 10년에서 30년 사이로 규정되어 있다. 대체로 사람의 생명·신체 손해에 경우 30년의 장기 시효를 규정하고 그밖에 손해의 경우엔 주로 10년을 채택하고 있다. 30년의 최장기간은 생명·신체 법익 보호를 위한 것이다. 최장기간(Long-stop)은 주관주의 체계를 기준으로 하지 않는다. 장기시효(Long-stop)도 정지, 갱신, 연기의 적용을 받는 일반적인 시효기간으로 10년 또는 30년보다 더 오래 걸릴 수 있다.

이런 의미에서 최장기간은 시효 정지나 연기가 불가능한 '최대기간(maximum period)'과 구분된다. 단 하나의 예외는 사법권에 의한 정지이다. 이 절차가 얼마나 오래 걸리는지는 채권자가 통제할 수 없는 사안이다.[34]

---

33) Elizabeth Adjin-Tettey/Freya Kodar, "Improving the Potential of Tort Law for Redressing Historical Abuse Claims: The Need for a Contextualized Approach to the Limitation Defence", 42 Ottawa L. Rev. 95 (2010), p.117
34) Reinhard Zimmermann(fn 3), p. 63.

3. 독일

독일 민법(1900)은 일반적인 시효기간으로 로마시대의 30년 시효기간을 유지하여 현대의 가속화되어 가는 흐름과 맞지 않아 결국 시효가 면제되는 결과를 낳았다. 또 독일 입법부는 시효의 일반 규정과 다른 예외 규정을 두어[35] 각기 다른 기준으로 시효 진행여부를 판단하는데 어려움이 있었다.[36] 따라서 시효 개정이 절실하였다.

가. 주관주의 체계

독일 민법 제199조 제1항은 "청구권이 성립하고 채권자가 청구권을 발생시키는 사정 및 채무자의 신원을 알았거나 중대한 과실 없이 알았어야 하는 연도가 끝나는 때부터"로 규정되어 있다.[37]이는 '채권자가 청구원인을 알지 못하거나 합리적으로 알 수 없었던 때'에는 시효가 진행되지 않음을 의미한다.[38]

이처럼 독일은 2002년 민법 개정을 단행하면서[39] 일반 소멸시효 기산점을 '채권자의 인식 또는 인식가능성'을 기준으로 기산하는 주관주의 체계로 바꾸었다.[40] 독일 민법이 시효의 기산점으로 '발견가능성 기준(discoverability)'를 채택한 것이다.[41]

불법행위의 관한 기산점은 개정 전에도 주관주의를 채택하고 있었는데 개정 전 독일민법 852조(§852 i BGB) "피해자가 손해 및 배상의무자의 신원을 안 날부터 3년간 행사하지 않으면 시효가 완성한다."는 규정을 독일 개정민법의 제199조의 일반적인 시효규정으로 확대, 전환시킨 것으로 볼 수 있다.[42]

---

35) Reinhard Zimmermann(fn 3), pp. 87−88.
36) BGH NJW, 1973, 845; BGH NJW 1978, 2241; BGHZ 77, 215ff.
37) Reimann, Mathias, "The good, the bad, and the ugly: the reform of the German law of obligations", 83 TUL. L. REv 2009, pp. 887−888.
38) Zimmermann(fn 3), pp. 197−198.
39) Reinhard Zimmermann 교수는 독일 민법이(German Civil) 유럽연합 소비자 매매지침 (Consumer Sales Directive)을 독일 법률에 적용할 필요성 때문에 개정에 착수한지 불과 1년 반 만에 제정에 이르렀지만 가장 획기적인 개혁에 해당한다고 평가했다. Reinhard Zimmermann(fn 3), p.62.
40) § 199 BGB Zimmermann(fn 3), p.61.
41) Reinhard Zimmermann(fn 3), p.61.
42) Mansel, Die Neuregelung des Verjährungsrechts, NJW 2002, S.91; Kai−Oliver Knops, "Verjährungsbeginn durch Anspruchsentstehung bei Schadensersatzansprüchen", Archiv für die civilistische Praxis, Mohr Siebeck, 2005, S. 822.

여기서 주목할 것은 "중과실 없이 채권자가 알았어야 할 때"에 있다. '채권자의 인식'에 따른 주관적인 기준만 적용하였을 경우 채권자가 인식하지 못하여 한없이 시효 기산점이 늦어질 수 있는 점을 대비하여 '채권자의 인식가능성'이라는 '발견주의 원칙'을 적용하여 소멸시효 시작이 지연되는 문제점을 보완한 것으로 평가되고 있다.[43]

중과실은 과실책임 영역에서 발전한 개념으로 채권자가 청구권을 행사할 의무가 없기 때문에 적용이 불가능하다고 볼 수도 있다. 그런데 채권자의 중대한 과실은 채권자의 권리행사에 있어서의 책무위반(Obliegenheitsverstoß bei der Anspruchs-verfolgung in eigenen Angelegenheiten)이다.[44] 즉 채권자의 자기 청구를 위한 협력의무로 채무자와 같은 정도의 의무를 부담하는 것은 아니고 비용을 거의 들이지 않고서도 최소한 인식에 필요한 조치를 취할 의무를 부담한다. 따라서 채권자가 간단히 인식할 수 있었더라면 제199조 제1항 제2호의 구성요건은 충족되는 것으로 보아야 할 것이다.[45]

나. 고도의 인격적 법익 침해에 대한 보호

2002년 독일 개정 시효 기산점을 계약이나 불법행위나 관계없이 제199조에 통합하였다.[46] 계약이든 불법행위이든 통합하여 3년의 주관주의를 일반 소멸시효기간으로 규정한 반면 객관적 최장기간은 침해된 법익에 따라 기간을 달리하여 규정하였다.

침해된 법익에 따라 기간을 달리하여 손해 발생시부터[47] 10년 또는 행위시부터 30년으로 규정하고 있다. 생명, 신체, 건강 자유의 침해에 기한 손해배상청구권의 경우 최장기간은 '행위를 한 때, 의무위반을 한 때 또는 손해를 일으키는 기타 사건

---

43) Reinhard Zimmermann(fn 3), p. 96-97.
44) Mansel(fn 25), NJW 2002, S. 91.
45) 이기용/임건면/임상순, 한국 민법에 있어 소멸시효 법제의 선진화를 위한 법리 연구, 법무부, 2007, 68면.
46) 가장 급진적인 시효기간은 2년으로 Peters, Zimmermann 교수에 의해 제안되었으나 독일 채권법개정위원회는 대부분의 경우 3년을 기간으로 권고했고 이것이 최종 독일 개정 민법에 채택되었다. Reinhard Zimmermann(fn 3), p. 88.
47) 손해가 예견 가능하였다면 그때부터이고 예견이 불가능했다면 그 손해가 발생되었을 때부터 시작한다. Gerald Spindler, Oliver Rieckers, Tort Law in Germany, Kluwer Law International, 2011, p.105.

이 일어난 때'부터 30년으로 규정하였다.(제199조 제2항) 손해의 발생은 계약의 의무 위반에 기인한 것이든, 불법행위 등과 같은 계약 외적인 원인에 기인한 것이든 구별하지 않는다.[48]

물적 손해의 경우 간접 손해를 포함하여 장기시효가 10년인데 비하여 생명·신체 건강, 자유에 관한 법익 침해의 경우 최장기간을 30년으로 규정하여 특별히 보호하고 있음을 알 수 있다.

다. 최장기간(long-stop)

독일 민법은 제정 당시부터 <u>불법행위에 대해서는</u> 일반 채권과 다른 특칙으로 "피해자가 손해 및 배상의무자를 안 때로부터 3년"이라는 주관적 단기시효를 두면서도 법률관계를 조속히 안정시킨다는 필요성으로 "그 인식 여부와 상관없이 '행위 시'부터 30년 안에 시효가 소멸한다."는 객관적 최장기간도 같이 규정하였다. 불법행위에 국한된 객관적 최장기간 규정은 개정 2002년 독일민법에서 일반 최장기간으로 확대되었다.

다만 앞서 보았다시피 물적 손해의 최장기간은 10년이고 생명, 신체, 건강 자유의 침해의 최장기간(long-stop)은 인식과 관계없이 '**행위**를 한 때, **의무위반**을 한 때 또는 손해를 일으키는 기타 **사건**이 일어난 때'부터 30년이다.

30년의 장기시효(long-stop)에 대해선 손해발생을 요구하지 않아 채권자의 권리 보호에선 불리할 수 있다. 다시 말하면 손해 발생여부와 관계없이 행위시부터 최장기간(long- stop)이 진행되어 석면 소송 등 뒤늦게 손해가 발생하여 채권자가 청구를 하는 경우에 소멸시효 완성으로 인하여 채권자의 청구가 배척될 수 있다.[49]

그런데 최근 석면 등과 같은 잠재적 손해에 대한 손해배상청구소송에서 피해자의 인식과 관계없이 석면 흡입 행위시부터 시효를 기산하여 피해자의 청구를 배척한 사건에 대하여 유럽인권재판소가 재판받을 권리를 침해하였다고 제동을 걸고 나섰다.[50] 이 재판결과에 대하여 독일도 사람의 생명·신체 침해에 관한 최장기간

---

48) Gesetzentwurf BT-Drs. 14/6040, S.109; BeckOK BGB/Henrich, 45. Ed. 1.11.2017, BGB § 199 Rn. 44

49) H. Koziol(fn 9), no. 9/3. 참조.

50) 유럽인권재판소(EGMR)는 석면 관련 종양 질환과 관련하여, 상해를 입은 피해자가 이를 알지 못해 시효를 도과한 경과한다면 EMRK 재판받을 권리 제6조를 위반한다고 결정했다. EGMR NVwZ 2015, 205 - Howald Moor et al Korves NVwZ 2015, 201 f. (BeckOK BGB/

의 검토가 이루어지고 있어51) 향후 귀추가 주목된다.

4. 프랑스

프랑스의 경우 개정 전 250여 개의 시효기간(1개월부터 30년)을 두고 있고 시효 중단, 정지의 원인도 다양하여 일관성이 없고 예측할 수 없어 자의적 적용이 가능하다는 등 비판을 받아왔다. 30년의 시효기간에 대해 '배로 항해하는 시절'이나 가능하고 현대 전자시대엔 적합하지 않다는 비판이 있었다.52)53) 이러한 비판에 직면하여 프랑스 소멸시효의 개정 목적은 시효 규정의 단순화와 기간의 단축에 있었다.54)

가. 주관주의 체계 도입

2008년 개정 프랑스 민법 제2224조는 "인적 소권 또는 동산에 관한 물적 소권은 권리자가 그 권리의 행사가 가능한 사실을 알거나 알 수 있었을 때부터 5년으로 소멸한다."고 규정하였다.55) 5년의 일반적 시효기간은 이전에 30년에 비해서56) 상당히 단축되었다.57) 세계적인 시효법의 주관주의 도입과 시효기간의 단축에 발맞춘 것이다.

Henrich BGB § 199 Rn 44, Beck online)

51) BeckOK BGB/Henrich, 45. Ed. 1.11.2017, BGB § 199, Rn. 44.

52) Reinhard Zimmermann, "Extinctive' Prescription under the Avant−projet", European Review of Private Law 6− 2007, Kluwer Law International p.807.

53) Pour un droit de la prescription moderne et cohérent, Rapport n°338 (Senat, 2006−2007) de MM. Jean−Jacques Hyest, Hugues Portelli et Richard Yung au nom de la mission d'information de la commission des lois du Sénat(http://www.senat.fr/noticer−ap/2006/r06− 338−notice.html)

54) 한국법제연구원, "프랑스의 2008년 민사상 시효법 개정에 관한 고찰", 외국법제동향, 2009, 57−60면.

55) Sec 1 Art 2224 France code civil.

56) Art 2262 France code civil Toutes les actions, tant réelles que personnelles, sont pre−scrites par trente ans, sans que celui qui allègue cette prescription soit obligé d'en rap−porter un titre ou qu'on puisse lui opposer l'exception déduite de la mauvaise foi.

57) Laurent BÉTEILLE, Rapport fait au nom de la commission des Lois constitutionnelles, de législation, du suffrage universel, du Réglement et d'administration générale sur la prop−osition de loi de M. Jean−Jacques HYEST portant réforme de la prescription en matiére civile, Par M. Laurent BÉTEILLE, Sénateur, N°83, Sénat, Session extraordinaire de 2007−2008, Annexe au procés−verbal de la séance du 14 novembre 2007(http://www.senat.fr/rap/107−083/107−083mono.html#fn1).

채권자의 인식 또는 인식가능성을 기준으로 시효가 진행하는 '발견주의(dis-covery rule)'를 도입하였다.[58] 이것은 'contra non valentem agere non currit praescriptio(prescription does not run against a person who is unable to bring an action.)' 법언을 구체화한 것이다.[59]

여기서 권리자의 인식은 피고의 신원, 피고의 행위 또는 부작위, 청구의 대상이 되는 손해 및 그 행위 또는 부작위와 손해 사이의 인과 관계 등의 청구원인을 구성하는 사실을 인식하는 것을 의미한다. 따라서 5년의 일반적인 소멸시효는 권리자가 자신의 소제기를 구성할 사실을 알고 있거나 알 수 있었을 때까지 시작되지 않는다. 그러나 소송의 전제인 법규(règle de droit)에 대한 인식은 필요하지 않다.[60]

나. 일반 소멸시효의 통합화

독일과 마찬가지로 5년의 시효는 불법행위이든 계약이든 원인행위를 구분하지 않고 적용한다. 개정 전 계약으로 인한 시효기간은 30년으로, 불법행위에 대한 시효기간 10년보다 길었다. 1985년에 도입한 불법행위의 소멸시효는 프랑스 구민법 제2270-1조에 따라 10년이었다.[61] 이러한 시효 기간의 차이는 각 당사자로 하여금 채무의 성질과 관계없이 시효기간의 유불리에 따라 자신의 원인행위를 계약 또는 불법행위로 주장하는 경향이 있었다. 또한 유사한 상황에서 엇갈린 판결이 나와 사법 불신까지 초래하였다.

일례로 채무자에 의한 저당권 양도에 공증인이 보증하였으나 저당권 양도 계약이 이행되지 않은 사안에서 법원은 계약 책임에 의한 채무불이행으로 보아 시효기간 30년이 아직 지나지 않았다고 보았다.[62] 반면 공증인이 공증증서에 다른 공증인을 부가한 사실에 대하여 법원은 부가된 공증인으로 인하여 증여에 영향을 미칠 수 있다며 계약이 아닌 불법행위 책임으로 판단하였다.[63]

---

58) Janke, Benjamin West, Licari, Francois-Xavier. "The French Revision of Prescription: A Model for Louisiana?" Tulane Law Review 85.1 (2010) p.39.
59) Janke Benjamin West(fn 58), p.38 ; 김상찬, "프랑스의 신시효법에 관한 연구", 법학연구 38, 한국법학회, 2010, 27면.
60) Janke Benjamin West(fn 58), p.40.
61) Janke Benjamin West(fn 58), pp. 14-15.
62) Cass. le civ. 12 Avril. 2005, Bull. civ. I, N° 178
63) Cass le civ. 23 Jan 2008, Bull. civ. I, N° 27

개정 민법은 시효 적용에 원인행위가 계약에 의한 것인지 불법행위인지 여부를 판단할 필요를 없앰으로써 사법 경제의 향상을 도모하였다.

다. 특별 시효- 사람의 생명·신체 법익 보호

앞서 본대로 계약 위반이나 불법행위를 구별하지 않는 소멸시효 체계를 선택하였다. 대신 법익을 보호기준으로 구분하여 **사람의 신체에 대한 법익 보호**를 위해 특별 시효를 규정하였다.

프랑스 민법 제2226조 제1항은 "신체손해를 야기하는 사건으로 인한 책임 소권은 피해자가 직접적이든 간접적이든 원래의 손해 또는 가중된 손해의 확정(la consolidation du dommage)[64]된 때부터 10년으로 소멸한다."고 규정하였다. 제2항에서는 "고문, 야만행위 또는 미성년자에 대한 폭행이나 성적 침해로 야기된 손해의 경우 책임소권은 20년으로 소멸한다."고 규정하였다.[65]

또한 사람의 생명·신체 손해를 야기하거나 고문 등 가혹 행위에 대해서는 프랑스 민법 제2226조에서 "손해가 **확정된** 때부터" 시효를 기산하는 특별규정을 두었다. 일반 소멸시효에 비해 신체 침해에 대해선 두 배 또는 고문 등 예외적인 상해의 경우 4배까지 시효기간을 확대하였다. 사람의 생명·신체적 손해에 대해서는 최장시효(Délai butoir)의 적용을 배제하여 20년이라는 제약을 받지 않도록 규정하였다.[66]

시효 중단이나 이월, 정지를 통해 20년의 제한에서 벗어날 수 있고 장기 시효(Délai butoir)의 적용도 받지 않아 실제 사람의 생명·신체 손해에 대해서는 주관적 기산점으로만 시효가 시작된다.

이에 대해선 지나치게 사람의 생명·신체 법익을 보호하여 시효를 비합리적으로 연기시킨다는 비판이 있다. Avant-projet에서도 "민사 책임의 소권은 신체 상해의 경우 확정시와 관계없이 피해의 징후 또는 악화 때부터 10년으로 소멸한다."고 규정하여 확정(consolidation)을 기산점에서 제외하려 했다.[67]

---

64) la consolidation du dommage는 피해자의 상황이 더 이상 악화되지 않은 고착화된 상태로 시효의 기산점이라 할 수 있다. Janke, Benjamin West(fn 58) p. 52 참조. la consolidation에 대해 2013년도 법무부연구용역 과제 보고서 2013년 민법 개정시안 해설(민법총칙·물권편) "가중된 손해가 **발생한** 날"로부터 번역되어 있고 외국법제동향(fn 54)에선 "가중된 손해의 **확정일**"로 번역되어 있다. 여기서는 '**확정**'으로 번역한다.

65) sec2 Art 2226. France code civil.

66) Reinhard Zimmermann(fn 23), p.55.

결국 사람의 생명·신체 법익에 대해 특별히 보호하고 있음을 다시금 확인할 수 있다.[68]

라. 장기 시효(Délai butoir)

앞서 프랑스 민법 제2224조가 "채권자가 권리행사 가능한 사실을 알거나 알 수 있을 때"부터 시작하기 때문에 주관적인 기산점이라면 장기시효(Délai butoir)는 객관주의적 기산점에 해당하는데 이 규정이 프랑스 민법 제2232조에 나타나 있다.

프랑스 민법 제2232조 제1항에서 "기산점의 이월이나 시효의 정지 또는 중단은 **권리가 발생한 날**부터 20년을 초과할 수 없다."고 최장기간을 규정하고 있다. 20년의 장기시효의 기산점인 권리가 발생한 날은 권리자의 주관적 인식과는 관계없이 객관적으로 시효가 기산된다.[69] 장기시효 즉 최장기간을 두는 것을 원안에서는 보류했으나[70] 권리자의 인식 여부에 따라 장기간 시효가 미뤄지는 폐해를 방지하기 위하여 최장기간을 두게 되었다.

그러므로 일반적인 시효기간은 5년으로 주관적 기산점으로 시작하고 권리가 발생된 후로 20년을 초과하지 못하는 객관주의 체계와 주관주의 체계가 공존하는 이중 구조를 이루고 있다.[71]

5. 일본

가. 서설

일본민법은 우리 민법과 비슷하다. ① 일반 소멸시효기간을 채권의 경우 10년으로 채권 및 소유권 이외의 재산권의 소멸시효기간을 20년으로 규정하였고 ② 시

---

67) (Les actions en responsabilité civile se prescrivent par dix ans à compter de la manifes-tation du dommage ou de son aggravation, sans égard, en cas de dommage corporel, à la date de la consolidation.) Avant-projet, Art. 1384. 참조.
68) Chap III Sec 1 : Art 2232 France code civil
69) 이와 달리 해석하는 견해로 최장기간에도 주관주의 기산점이 일반 기산점으로 기준이 된다는 견해가 있다. 즉 프랑스 민법 제2224조 일반 시효 기산점이 적용되어 '권리자가 자신의 권리행사가 가능한 사실을 알고 있거나 알 수 있는 날'까지 시효 기산점이 연기될 수 있어 권리자의 무한한 권리행사의 지속을 가져올 수 있다고 보는 견해도 있다. Janke Benjamin West(fn 58), p.43.
70) Pour un droit de la prescription moderne et cohérent, Rapport n°338.
71) Janke Benjamin West(fn 58), pp. 40-41.

효 기산점은 동일하게 "권리를 행사할 수 있는 때"부터 진행하고 ③ 불법행위로 인한 손해배상청구권의 권리행사기간은 "불법행위로 인한 손해배상청구권은 피해자 또는 그 법정대리인이 손해 및 가해를 안 때부터 3년"으로 한 주관주의 규정이 그러하다.

일본민법은 1898년에 시행된 후 몇 차례 개정이 이루어졌으나 19세기 말의 민법으로는 현재 세계적인 시효법 동향에 맞지 않다고 판단되어 2000년대 초반부터 민법에 대한 개정 논의가 있어 왔다. 또한 많은 판례가 축적되어 조문에 편입시켜 이해를 도울 필요가 있었다.[72]

나. 주관주의 체계의 도입

일본 개정 민법도 유럽의 개정법과 동일하게 시효 기산점에 주관주의 체계를 도입하였다. 개정 민법 제166조에서 "채권자가 권리를 행사할 수 있음을 안 때부터" 5년의 시효 기간을 규정하였다. 또한 일반 채권의 기산점 규정이었던 "권리를 행사할 수 있는 때"라는 제166조와 제167조 채권의 기간(10년 또는 20년)을 합하여 일반 채권의 시효 기산점과 기간을 같이 명기하였다. 즉 제166조 제1항 제2호에서 "권리를 행사할 수 있는 때부터 10년"으로 규정하였다. 종래 객관적 시효 기산점에 주관주의 체계를 도입하여 불법행위에서 시효 기산점과 동일하게 이원적 구조를 이루었다.[73]

단기 시효나 장기 시효 중 먼저 기간이 도래하면 시효는 완성된다. 직업별로 나뉘었던 1~3년의 제170조부터 제174조에 이르는 최단기 시효와 상법 제522조의 시효를 폐지하고[74] 앞서 채권의 제166조로 일원화하였다.

---

72) Uchida, Takashi/서희석, "일본의 민법(계약법) 개정과 동아시아법", 저스티스, 2017, 124－125면.
73) 일본 개정민법 제166조(채권 등의 소멸시효)
  채권은 다음과 같은 경우에는 시효로 소멸한다.
  1. 채권자가 권리를 행사할 수 있음을 안 때부터 5년간 행사하지 않은 때.
  2. 권리를 행사할 수 있는 때부터 10년간 행사하지 않을 때
74) 대상이 되는 단기 시효기간의 차이를 합리적으로 설명할 수 없다는 점과 어떤 시효를 적용할지 실무상 쉽지 않았다는 점이 문제로 지적되었었다. 서희석, "일본민법(채권법) 주요 개정사항 개관", 비교사법 제24권 3호(통권78호), 1134－1135면.

다. 생명·신체 침해에 관한 소멸시효 특칙

일본 개정 민법 중에 제일 눈에 띄는 것이 생명 또는 신체 침해로 인한 손해배상 청구권의 신설이다. 일본 개정 민법은 제167조와 제724조의2에서 각각 채무불이행으로 인한 생명 또는 신체 침해로 인한 손해배상청구권의 소멸시효와 불법행위로 인한 생명 또는 신체 침해로 인한 손해배상청구권의 소멸시효를 신설하였다.75) 생명 또는 신체 침해로 인한 손해배상청구권은 고도의 법익에 대하여 보호의 필요성이 다른 법익에 비해 높다는 인식이 반영된 것으로 보인다.

앞서도 보았듯이 독일이나 프랑스 모두 사람의 생명·신체 침해로 인한 청구권에 대해서는 최장기간을 일반 시효기간보다도 장기간으로 설정하였는데 일본 개정 민법도 신설규정 제167조를 통해 사람의 생명 또는 신체의 침해로 인한 손해배상 청구권의 장기시효는 "20년"으로 연장하였다.

불법행위에서도 사람의 생명 또는 신체 침해로 인한 손해배상청구권을 신설하였는데, 개정 전 불법행위로 인한 손해배상청구권은 피해자의 안 때부터 3년과 불법행위 때부터 20년의 규정이 있었다.76) 여기서 최장기간은 그대로 두고 단기 시효에 대해서 사람의 생명 또는 신체의 침해로 인한 손해배상청구권에 대해서는 3년이 아닌 "피해자 또는 그 법정대리인이 손해 및 가해자를 안 때부터 5년"(일본민법 제724조의 2)으로 기간을 연장한 것이다.

그러므로 사람의 생명 또는 신체를 침해하는 손해배상청구권은 채무불이행과 불법행위 모두 피해자의 인식한 때부터 5년이나 인식하지 못한 경우엔 '권리행사 가능할 때'부터 또는 불법행위 시부터 20년의 장기시효로 통일되었다.

---

75) 일본 개정민법 제167조(**사람의 생명 또는 신체의 침해로 인한 손해배상청구권의 소멸시효**) 사람의 생명 또는 신체의 침해로 인한 손해배상청구권의 소멸시효에 관한 전조 제1항 제2호의 적용에 있어서 동호 중 '10년간'은 '20년간'으로 한다.
제724조의2(**사람의 생명 또는 신체를 침해하는 불법행위로 인한 손해배상청구권의 소멸시효**) 사람의 생명 또는 신체를 해하는 불법행위로 인한 손해배상청구권의 소멸시효에 대한 전조 제1호의 규정 적용에 있어서는 동호 중 '3년간'을 '5년간'으로 한다.

76) 일본 개정민법 제724조(불법행위로 인한 손해배상청구권의 **소멸시효**) 불법행위로 인한 손해배상청구권은 다음의 경우에는 시효에 의해 소멸한다. ① 피해자 또는 그 법정 대리인이 손해 및 가해자를 안 때부터 3년간 행사하지 않을 때 ② 불법행위 때부터 20년간 행사하지 않은 때

라. 최장기간에 관한 소멸시효 명문화

개정 전 일본민법 불법행위 제724조의 제목명은 제724조(불법행위로 인한 손해
배상청구권의 기간 제한)으로 규정되어 있었다. 그런데 전단 단기시효에 대해선 일
본 학계는 소멸시효로 보는데 이견이 없었으나 후단의 최장기간에 대해 "20년으
로 경과한 때에도 같다."라고 규정된 데에 제척기간인지 소멸시효인지 논쟁이 있
어 왔다.77)

판례는 "동조 후단의 20년의 기간은 피해자 측의 인식 여하를 불문하고 일정
한 시간의 경과에 의해 법률관계를 확정하기 위해 청구권의 존속 기간을 획일적으
로 정한 것으로 해석하는 것이 상당하여 동조 후단의 규정은 불법행위로 인해 발생
한 손해배상청구권의 **제척기간**으로 중단이나 정지가 인정되지 않는다."고 보아 후
단의 규정을 일의적인 적용만 가능한 '제척기간'으로 판단하였다.78)

이에 대해선 많은 학계의 비판이 이어졌고 일본 개정 민법은 학계의 비판을
받아들여 제724조의 법조명을 '**소멸시효**'로 명시하였다.79) 이제 불법행위의 손해배
상청구권의 장·단기 기간 모두 소멸시효로 규정되어 그간 논쟁의 종지부를 찍게
되었다.

---

77) 시효로 보는 견해로는 內池慶四郎, 不法行爲責任の消滅時效—民法七二四条論 消滅時效法硏
究, 成文堂, 1993, 254頁; 宗宮信次, 債權各論〔新版〕有斐閣, 2012, 397頁; 松本克美, "民法
七二四条後段の二〇年の期間の性質と信義則違反·権利の濫用", ジュリ 959号 109頁 및
續·時效と正義, 日本評論社, 2012, 57頁.
78) 最判 平成 元年 12月 21日 民集 43卷 12号 2209頁 참조. 유사한 하급심 판결로는 東京高判
昭和 53年 12月 18日; 大阪地判 昭和 55年 5月 28日; 東京地判 昭和 56年 2月 23; 神戸地判
昭和 56年 11月 20; 東京高判 昭和 57年 4月 28日; 東京地判 昭和 58年 2月 21日; 東京地判
平成 2年 8月 7日 등.
79)

개정 전	개정 후
(불법행위로 인한 손해배상청구권의 기간의 제한)	(불법행위로 인한 손해배상청구권의 소멸시효)
제724조	제724조
불법행위로 인한 손해배상의 청구권은 피해자 또는 그 법정 대리인이 손해 및 가해자를 안 때부터 3년간 행사하지 아니한 때에는 시효에 의해 소멸한다. 불법행위의 때부터 20년을 경과한 때에도 같다.	불법행위로 인한 손해배상의 청구권은 다음의 경우에는 시효에 의해 소멸한다. 1. 피해자 또는 그 법정 대리인이 손해 및 가해자를 안 때부터 3년간 행사하지 않을 때. 2. 불법행위의 때부터 20년간 행사하지 않을 때.

제2절   손해배상청구권

1. 불법행위에서의 손해

사람의 생명·신체에 손해가 발생한 경우 경제적 손실과 일시적 또는 영구적 상해가 나타나므로 손해를 배상하여야 한다.[80]

손해는 실질적인 용어가 아니라 사회에 의해 만들어진 규범적 용어로 대부분의 국가에서 법률로 규정하고 있진 않고 학설과 판례에 맡기고 있다.[81] 독일 민법에 따르면 "채권자의 경제 상태가 객관적으로 악화되었을 때" 손해가 발생한다고 보는데, 손해란 피해자의 현재의 총재산의 상태와 가해사건이 없었을 경우의 가정적인 총재산 상태의 차이를 의미한다.[82]

우리도 손해를 "법익에 관하여 받은 이익으로 가해원인(채무불이행 또는 불법행위)이 없었다면 존재하였을 이익 상태와 가해행위가 있는 현재의 이익 상태와의 차이"로 정의하고 있다.[83] 권리 주체가 침해로 인해 겪은 불이익으로 총재산의 차익으로 본다.[84] 실제 가정적 총재산의 가액으로부터 현재의 총재산의 가액을 공제함으로써 손해를 산정한다.

판례도 "불법행위로 인한 재산상 손해는 위법한 가해행위로 인하여 발생한 재산상 불이익, 즉 그 위법행위가 없었더라면 존재하였을 재산 상태와 그 위법행위가 가해진 현재의 재산상태의 차이를 말하는 것이고, 그것은 기존의 이익이 상실되는 적극적 손해의 형태와 장차 얻을 수 있을 이익을 얻지 못하는 소극적 손해의 형태로 구분된다."고 본다.[85]

---

80) Lange/Schiemann, Schadensersatz. 3 Aufl, Mohr Siebeck, 2003, Ⅰ 1 S.378.
81) H. Koziol(fn 9), no 5/6 ("the term "damage" is certainly no natural term in any sense predetermined by the law, but rather a legal term")
82) Lange/Schiemann(fn 80), S.28.
83) 곽윤직, 채권총론, 박영사, 2007, 112면.
84) 윤석찬, "신체 침해에 따른 비재산적 손해배상에 관한 법리", 법조 2009·7(Vol.634), 97−98면.
85) 대법원 1992. 6. 23. 선고 91다33070 전원합의체 판결.

2. 예측 가능한 손해와 예측 불가능한 손해

일반적으로 불법행위(delict)의 손해배상청구권은 손해가 발생할 때부터 시효는 진행한다.

가. 독일

독일 민법 제199조 제1항에서는 "청구권이 성립하는 날"(der Anspruch entstanden ist)[86] 채권자가 청구권에 관해 인식하자마자 시효는 진행된다.

손해의 발생은 손해단일성의 원칙(Grundsatz der Schadenseinheit)에 근거한 손해의 결과가 있을 경우 전체 행위에 기초한 총 손해는 최초 손해가 발생한 때 일어난다고 본다.[87] 채권·채무관계에서는 일반적으로 이행기를 손해 발생일로 간주한다.[88]

손해가 예견가능하다면 아직 나타나지 않은 손해(noch unbekannter Schadensposten)라 할지라도 예측 가능하여 나중에 영향을 미치는 경우 최초 손해가 발생한 때부터 진행한다.[89] 뒤이어 발생하는 손해는 독립적으로 시효의 대상이 되지 않고 단일한 손해로 보아 동일한 시효의 제한을 받게 된다. 각각의 손해 시기는 그 손해가 예견되는 한 첫 번째 손해가 발생한 때에 이미 일어났다고 보기 때문이다.[90] 예측가능성에 대해선 평균인의 관점에서(eines durchschnittlichen Betrachters) 손해가 예측가능한지 판단한다.[91]

반대로 위법행위가 손해를 야기했는지가 불분명한 경우엔 청구가 제기된 것으로 보지 않는다. 즉 청구제기 가능성은 객관적이어야 한다. 예측이 불가능한 경우

---

86) Reinhard Zimmermann 교수는 이 '손해 발생'을 손해배상청구권의 기산점으로 삼는 것 역시 Agere non valenti non currit praescriptio의 하나의 사례로 본다. Reinhard Zimmermann(fn 23), p.34.

87) MüKoBGB /Grothe, 2015 BGB, §199 Rn. 4, 5

88) 그러나 기한이 만료하기 전에 손해가 발생한다면 이전에도 청구 가능하므로 모든 손해에 대해 시효는 진행할 수 있다. MüKoBGB/Grothe BGB(fn 87), §199 Rn. 4.

89) RGZ 83, 354(360); 87, 306(312); BGHZ 50, 21(24) = NJW 1968, 1324; BGH NJW 1986, 1162f.; 1991, 2833(2835); 1998, 1303(1304); NJW−RR 1998, 742(743); MüKoBGB/Grothe BGB(fn 87), § 199 Rn. 9. 반대 견해는 Staudinger/Peters/Jacoby BGB (2014) § 199 Rn. 47.

90) MüKoBGB/Grothe BGB(fn 87), § 199 Rn. 9.

91) MüKoBGB/Grothe BGB(fn 87), §199, no. 11; OLG Cologne NJW−RR 1993, 601; OLG Hamburg VersR 1978, 546

에도 예후의 문제를 밝히려고 하면 그만큼 비용이 증가하는 문제가 발생한다. 손해 배상하기 전에 비용이 증가하면 그에 상응하는 추가 비용이 발생한다.[92] 알려지지 않은 손해(noch unbekannter Schadensposten)와 관련하여 시효를 막는 것은 채권자의 몫이다.[93]

그러나 이 원칙은 논란의 여지가 있고 특히 불법행위 영역에선 (BGB §823조) 채권자의 인식에 관해 인식가능성을 쉽게 인정하여 시효 기산점을 앞당길 위험이 있다는 비판을 받는다. 예측가능성은 객관적인 일반인의 관점으로 판단되어야 하는데 예를 들어 사람의 생명·신체 상해의 경우 손해가 예측 가능한 것으로 간주한다면 예측가능성을 너무 넓히는 것이 된다. 따라서 사람의 생명·상해 관련 합병증의 예측 가능성은 의학적 예후에 따라 매우 비전형적인 것으로 보거나 예측가능성이 없다고 보아야 한다.[94]

그럼에도 이 원칙이 신속한 소제기를 통하여 소송을 촉진시키고 채권자에게 부담을 주지 않는다고 보고 개정 독일 민법 제199조 주관주의 기산점 체계에도 적용할 수 있음을 입법부는 분명히 했다. 따라서 중대한 과실을 허용하는 제199조 제1항, 제2항에 이 원칙은 개정되기 이전보다 더 쉽게 받아들여질 것으로 본다.[95]

나. 프랑스

프랑스의 입법은 이와 대비된다. 독일의 '**예측 가능한** 손해'가 아닌 프랑스는 구 민법 제2262조의 장기시효 30년에서도 손해배상청구권의 시효 기산점을 '손해가 **발생한 때**'로 보았다. 개정 프랑스 민법 제2226조도 손해배상청구권의 시효의 기산점 기준으로 '손해의 **확정**(la consolidation du dommage)'때부터 진행한다.[96]

개정 전부터 파기원(Cour de cassation)은 프랑스 구 민법 제2270−1조에 관해 "**신체 상해에 경우 시효는 손해가 확정된** 때부터 진행된다."고 보았다.[97] 확정이 되

---

92) 따라서 손해배상 청구는 손해배상 청구에 포함된 금액만을 청구하는지 또는 손해 전체를 포함한 것인지 조사할 필요가 있다. 후자의 경우 전체 손해를 청구하면 시효는 정지되므로 이후 손해배상 청구는 시효에 적용을 받는다. MüKoBGB/Grothe BGB(fn 87), §199 Rn. 12.

93) BeckOGK/Riehm, 1.4.2019, BGB § 280 Rn. 311

94) MüKoBGB/Grothe BGB(fn 87), §199, Rn. 11

95) MüKoBGB/Grothe BGB,(fn 87), §199 Rn. 9.

96) 이 역시 contra non valentem agere non currit praescriptio and actioni non natae non praescribitur에 속한다. Reinhard Zimmermann(fn 23), pp. 44−45.

97) "en cas de préjudice corporel, la date de la **consolidation** fait courir le délai de la pre−

기 전에는 손해의 범위를 알 수 없는 채권자의 입장을 파기원(Cour de cassation)이 고려한 것으로 볼 수 있다.[98]

이러한 파기원(Cour de cassation)의 법리에 입법부도 따라 시효의 기산점 기준으로 '손해의 확정(la consolidation du dommage)'를 선택했다. '확정'(la consolidation du dommage)은 피해자의 상황이 더 이상 악화되지 않은 고착화된 상태에 이르렀을 때를 손해배상청구권의 시효가 진행한다.[99] 그러므로 객관적으로 전체 손해가 발생하였거나 실제 평가될 수 있을 때부터 시효가 진행된다는 점에서 앞서 독일의 '예측 가능할 때'와 구별된다.

비슷하게 스위스도 총 손해 중 마지막 예측가능한 손해가 발생하였을 때부터 시작된다. 다만 장기시효에 대해선 손해를 야기한 사건(event)부터 진행된다고 보아 프랑스의 장기시효에서 손해의 확정된 때부터 진행하는 것과는 차이가 있다.[100]

다. 일본

일본도 독일과 비슷하게 채무동일성원칙에 따라 채무가 손해배상청구랑 동시 또는 몇 초의 순차를 두고 발생한다고 간주하여 원 채무 이행시를 손해배상청구권의 '이행 시'로 보았다. 살인이나 교통사고와 같은 1회적 불법행위에서 손해배상도 즉시 또는 몇 초 후에 발생을 입법초안자는 예상하였다.

그러나 후유증과 같이 가해행위 이후 손해가 발생하는 사안의 경우 "해당 손해의 전부 또는 일부가 발생했을 때 시효 기산점이 된다고" 보고 만약 피해자가 사망했다면 '사망시'가 그 손해의 발생이라고 보았다.[101] 손해의 발생을 기다리지 않고 제척기간의 완성을 인정하는 것은 피해자에게 상당히 가혹하다는 점과 손해의 성질상 채무자인 가해자가 자기의 행위로 인해 상당한 기간이 경과한 후에도

---

scription prévue à l'article 2270−1 du code civil." Cass. civ. 2e 4 Mai 2000, Bull. civ. II, N° 75; Cass. civ. 2e 11 Juillet 2002, Bull. civ. II, N° 177.

98) Reinhard Zimmermann(fn 23), pp. 44−45.

99) Cass. civ. 2e 4 Mai 2000, Bull. civ. II, no. 75; Cass. civ. 2e 11 Jui 2002, Bull. civ. II, N° 177.

100) Art. 60 I Federal Act on the Amendment of the Swiss Civil Code Part Five: The Code of Obligations

101) 이러한 판결로는 最判 平成16年4月27日 民集 58卷 4号1032頁; 最判 平成16年10月15日 民集 58卷 7 号 1802頁; 最判 平成 18年6月16日 民集 60卷 5号 1997頁; 最判 平成 21年 4月 28日 民集 63卷 4号 853頁.

피해자로부터 손해배상의 청구를 받을 수 있음을 예상할 수 있었음을 이유로 들었다.[102]

현재 불법행위에 의한 손해배상청구권의 기산점을 원칙적으로 가해행위시이고 예외적으로 손해라고 보는 이원설과 원칙적으로 불법행위는 손해의 발생을 말한다고 보는 일원설로 나뉘어 있다.[103] 불법행위의 20년 최장기간에 대해 그 기산점을 법조문상 '(가해)행위 때'로 규정하지 않고 '불법행위의 때'라고 규정하여 가해행위가 있어도 손해가 발생하지 않은 경우 '불법행위'의 성립 요건은 충족되지 않음을 나타낸다.

라. 손해의 발생

현재의 법률체계는 손해배상청구에 관하여 손해를 야기하는 '행위'보다는 '손해의 발생'에 초점을 두고 있다. 네덜란드 법(Art. 3 : 310 [1] BW)에서 손해배상청구의 시효기간 (5년)의 개시는 피해자가 손해에 대한 인식이 있어야 한다.[104] 영국 시효법도 "청구원인이 발생한 날"부터 시효가 진행된다.[105] 벨기에는 시효를 손해가 나타나는 순간부터 실행되지 않는 한 소멸시효에 대한 치명타(deathblow)에 해당한다고 밝혔다.[106] 규정 모두 손해배상청구권으로서 손해의 발생을 전제로 하고 있다.

손해배상 사건에서 '청구원인이 발생한 날'을 '불법행위 그 당시(the act giving

---

102) 松本克美 교수는 가해행위와 동시에 손해가 발생한 불법행위 경우에는 가해행위시에 시효가 시작되나 가해행위에 뒤에 손해가 발생하는 경우엔 '손해 발생시'로 보아 결국 손해발생이 그 기준이 된다고 보았다. 松本克美(fn 77), 87-88頁.

103) 松本克美교수는 원칙적으로 '불법행위 때'는 '손해 발생시'로 보는 일원설 입장에 있다. 松本克美, "民法724条後段の20年期間の 起算点と損害の発生－権利行使可能性に配慮した規範的損害顕在化時説の展開", 立命館法学 2014年 5·6号 (357·358号), 2014, 247-248頁.

104) 네덜란드 대법원은 3:310의 통상의 5년의 시효규정에 대하여 "5년의 시효 기간의 시작을 위해선 어떤 경우에도 손해가 실제 발생하여야 한다."고 보았다. Voor het aanvangen van de vijfjarige verjaringstermijn is hier dus in elk geval vereist dat daadwerkelijk schade is ontstaan. HR, 10 October 2003, Nederlandse Jurisprudentie (NJ) 2003, 680

105) sec. 2, 11 (4) (a), 14A (4) =the date on which the cause of action accrued; Limitation Act 1980.

106) Art. 2262 bis Belgian Civil Code §1. 모든 개인적인 소권은 10년으로 한다. 제1항 외, 계약상 책임에 근거한 손해배상을 위한 모든 소권은 손해를 입은 당사자가 가해자의 신원 및 그 '손해 또는 악화를 알게 된 날 다음 날부터 5년 후에 금지된다. Matthias E. Storme, "Constitutional review of Disproportionately Different Periods of Limitation of Actions (Prescription)", European Review of Private Law, Issue 1, (1997) 5 p.88.

rise to liability)'로 할지 '손해 발생시(moment when the damage occurs)'로 볼 지에 대하여 손해를 야기한 '행위(the damaging event)'에 초점을 두면 손해배상을 받을 피해자가 소송에 참여할 절차적 기회는 소실될 가능성이 크다. 누구도 잠재적 손해에 기초해서 소제기를 강요받아서는 안 된다. 왜냐하면 '손해 발생'이 아닌 '손해 발생이 예측될 때'는 불법행위와 인과관계가 인정되지 않을 수 있으므로 요건을 충족하지 못하여 권리행사가 배척될 위험이 있기 때문이다.

따라서 **손해**배상청구권의 "청구권이 성립하는 날"(der Anspruch entstanden ist)"은 손해의 발생이 요건임을 법조문이 명료하게 보여준다고 할 것이다. 따라서 손해배상청구에 있어서 시효는 손해배상을 야기하는 '행위시'나 '손해가 예측될 때'가 아닌 '손해가 발생했을 때'에만 진행되어야 한다.[107]

3. 최장기간(Long-stop)에서 '손해 발생'에 관한 논쟁

앞서의 불법행위로 인한 손해배상청구권은 손해 발생이 전제 요건임에도 **최장기간**의 경우 시효의 기산점을 '행위 시'로 보아 손해가 때때로 가해 행위(신체의 완전성이나 재산에 대한 침해)가 일어난 지 수년 후나 수십년 후에 발생하였을 때 시효 기산점을 언제로 할지에 대하여 논쟁이 있다. 다시 말하면 최장기간=장기시효에 대하여 시효정지 등이 적용이 불가능한 최대기간(maximum period)으로 볼지에 있다.

최장기간은 보통 그 청구권을 야기하는 행위시(the time of the act which gives rise to the claim)부터 시작한다. 독일도 민법 개정을 논의할 때 최장기간을 '행위 시'부터로 제안하였다.[108] 즉 손해배상청구에서 사건이 언제 발생하였는지 행위시를 판단하는 것은 쉬운 반면에 언제 손해가 발생했는지를 판단하는 데는 용이하지 않기 때문이다. 이러한 점에서 개정된 독일민법이나 유럽계약법 기본원칙의 최장기간의 기산점은 '행위 시'로 규정되어 있다.[109]

독일민법의 최장기간은 '그 행위시 또는 의무를 위반했거나 그 피해를 야기한 기타 사건이 발생했을 때'로 규정하고 있고 스위스 법에서도 10년의 최장기간은

---

107) H. Koziol(fn 9), no. 9/17.
108) Reinhard Zimmermann(fn 3), p. 62.
109) §199 II, III BGB; Art. 11 Product Liability Directive; Art. 14:203 (1) PECL

'손해의 원인이 되는 행위를 한 날(event)'부터로 명시하여 손해의 발생을 전제로 하지 않는다.110)

Zimmermann 교수도 손해가 발견되지 않는 한 시효를 정지함으로써 채권자의 합리적인 이익을 수용한다면 이것은 작동하지 않는 장기시효나 마찬가지라면서 주관적 기산점체계의 발견가능성(discoverability)이 가지는 불확실성을 없애는 방법으로 최장기간을 '불법행위시'부터 진행하는 것이 바람직하다고 본다.111)

이에 대해 Koziol 교수는 장기시효의 기산점이 '행위 시'라는 점에 대해 비판적이다.112) 그는 손해가 발생하지 않는 한 어떤 청구도 발생할 수는 없으며 최장기간 또한 '손해의 발생'이 필요하다는 입장이다.

> "실제로 불법행위의 기본 가치의 구현, 즉 책임에 대한 요건이 충족되면 피해자가 불이익을 굳이 감당해야 할 필요가 없고 부당한 행위로 손해를 야기한 자에게 전환되어야 한다. 이것이 바로 독일과 스위스의 입법에서 시효 기산점을 손해가 발생하는 '행위'에 기초했기 때문에 설득력이 없는 이유다. 훨씬 더 나은 것은 프랑스나 이탈리아처럼 객관적인 장기 시효를 없애고 피해자의 주관적 인식을 기준으로 하는 것이 더 나아 보인다."113)

그는 독일민법에서 최장기간인 30년을 경과한 후에 누적된 화학 물질이나 방사선으로 인해 손해가 발생하였을 때 피해자의 청구가 왜 배척되어야하는지에 관한 설득력 있는 이론은 없다며 비판한다.114)

Koziol 교수는 손해배상청구권이 기본 가치, 즉 불법행위 기준이 충족되면 원칙적으로 피해자는 손해배상청구권을 가져야 한다는 가치가 구현되어야 한다고 보고 있다.115)

---

110) H. Koziol(fn 9), no. 9/18 – 9/19.
111) Reinhard Zimmermann(fn 3), pp. 106 – 107
112) 현행 BGB의 보호 법익에 따른 손해의 구분은 사법 시스템에서 근본적인 기본 가치를 고려하기 때문에 합리적인 규정으로 평가한다. H. Koziol(fn 9), no. 9/24.
113) H. Koziol(fn 9), no. 9/24
114) H. Koziol(fn 9), no. 9/21.
115) H. Koziol(fn 9), no. 9/29.

"손해발생에 대하여 너무 많은 의미와 본질적 가치를 투여하고 있는데 이것은 가치 판단에 근거한 개념이다; 기본 가치 즉 불법행위 기준이 충족되면 원칙적으로 피해자는 손해배상청구권을 가져야 한다는 것을 의미한다. **손해배상 청구**는 기본적으로 불법 책임의 근거가 충족되었을 때 가해자가 궁극적으로 손해를 담보하는 게 합리적이라는 가치에 기반하고 있다.

따라서 피해자는 보호받아야 한다. 어떤 식으로든 피해자에게 비난할 근거가 없다면, 권리행사에 객관적인 장애가 없어 소제기를 하였는데 **단지 시간이 경과했기 때문에 피해자의 권리를 빼앗고 가해자를 책임에서 벗어나게 하는 것은 합리적 정당성이 없다.**"[116]

시간 경과의 확실성 측면에서 객관적 최장기간의 '**사건이 발생한 때**(행위 시)'부터 시효가 진행한다는 규정은 **채권자의 알거나 알 수 있었을 때**부터 진행하는 주관적 소멸시효 체계를 제어해주는 역할을 한다.

그러나 미지의 환경소송 등 다변화시대에 손해가 뒤늦게 발생하는 경우, 시간의 경과로 권리자의 권리청구를 막을 수 있을지는 의문이다. 최장기간에 대한 손해발생여부는 사람의 생명·신체 침해에 대해 또다시 논쟁을 제공한다. 이 부분은 다음 제7장의 소멸시효 전망에서 다루기로 한다.

제3절 발생주의(the time of act)와 발견주의(discovery rule)

1. 발생주의(the time of act)

위스콘신 주 법령은 제소기간의 기산점을 다음과 같이 규정하고 있다.

법률에 다른 규정이 없는 한 소송을 제기할 수 있는 제소기간은 **청구원인이 시작할 때부터** 진행한다.(Unless otherwise specifically prescribed by law, a period of limitation within which an action may be commenced is computed from the time that **the cause of action accrues until the action is commenced.**)[117]

---

116) H. Koziol(fn 9), no. 9/24
117) Wis. Stat. 893.04 Computation of period within which action may be commenced.

불법행위의 손해배상청구권에는 최소한 3단계의 불법행위, 인과 관계 및 피해로 인한 손해가 있어야 한다. 불법행위가 발생하여 그에 근거한 손해배상을 청구하려면 불법행위와 결과적으로 손해의 발생이라는 피해 사실도 발생하여야 한다.

따라서 청구원인이 발생할 때부터 손해배상청구권의 제소기간이 진행한다.[118] 피해자의 불법행위 손해배상청구권의 청구원인은 언제 발생하는가? 불법행위의 전형적인 사례를 들어보자.

교통사고가 발생하였다. 이를 나눠보면 다음과 같다.

① 행위 시(the time of the negligent act or omission)
② 피해 발생시(the time of injury)
③ 피해 발견시(the time of discovery of the injury)

손해배상청구권의 피해자는 즉각적으로 자신의 피해와 가해자 행위와의 인과관계를 알기 때문에 ① 행위시 = ② 피해발생시 = ③ (채권자의) 피해 발견 시 모두 동일하다.

사건 당일(the time of the negligent act or omission)[119]에 손해배상청구권의 '청구의 원인'이 발생하였다. 이처럼 손해가 '행위 시'(the time of the negligent act or omission) 발생하여 손해배상청구권이 성립하는 것을 '발생주의'로 볼 수 있다.

동일한 사례는 교차로 충돌, 과실, 낙상과 같은 대부분 불법행위 사례에서 찾아볼 수 있다.[120] 대부분 손해배상청구권의 **청구원인**은 전형적인 고의나 과실의 불법행위에서 피해 당시에 즉각적으로 발생한다. 청구의 모든 요소가 그 당시에 명백하게 나타나기 때문이다

채권자나 채무자 양당사자 모두 불법행위가 발생하면 이로 인한 손해배상청구권의 채권·채무가 성립하고 권리자는 인식을 전제로 자신의 피해와 가해자 행위와의 인과관계, 조건이나 기한 불가항력 등 권리행사가능성을 검토하였기 때문에 손

---

118) Peterson v. Roloff 57 Wis. 2d 1, 7-17, 203 N.W.2d (1973) 반대 의견.
119) 피해(**injury**)에 대한 번역으로 부상(負傷), 불이익, 상해, 손해, 침해, 피해, 훼손 등이 있다. 여기서는 피해자의 입장을 강조하기 위해 '**피해**'라고 지칭한다. 법제처, 법령용어한영사전, 2009 참조.
120) "Developments in the Law: Statutes of Limitations", 63 Harv. L. Rev.(1950) pp. 1212-1213.

해가 사건 당일(the time of the negligent act or omission) 발생하여 손해배상청구권이
성립하고 이때부터 시효가 진행되어도 별문제가 없었다.

그런데 청구원인이 사건 당일(the time of the negligent act or omission) 에 발생
하였다고 보기 어려운 사례가 등장하면서 불법행위 시효 기산점에 '발생주의' 적용
에 도전을 받게 된다.

2. 발견주의(discovery rule)

앞서 본대로 교통사고 등 통상의 불법행위에서 채권자의 인식이 필요한지에
대해선 굳이 문제되지 않았다. ─ 행위, 피해, 피해의 원인, 피고의 신원 등 대부분
의 경우 '채권자의 발견'은 원래의 위법 행위를 둘러싼 상황에 내포되어 있기 때문
이다.121)

1960년에 들어 청구원인이 사건 당일(the wrongful event)에 발생하지 않는 사
례가 나타나게 됨에 따라 전통적인 불법행위 시효의 기산점에 대해 채권자의 손해
에 대한 '지연된 발견(delayed discovery)'이라는 개념으로의 도입을 요구받게 된다.

'지연된 발견(delayed discovery) = 발견주의(discovery rule)'란 불법행위와 손해
및 인과관계를 피해자가 '발견했거나 합리적 주의의무를 통해 발견 가능했을 때'부
터 손해배상청구권의 시효가 진행한다는 주관주의 기산점체계를 말한다.122) 1960
년대 이후 영미 판례를 통하여 구체화되었다 123)

불법행위 시효 기산점에 관하여 청구원인의 발생(accrual)을 행위시와 피해 당
일을 동일하다고 간주하는 경우(date of injury = the wrongful event)로 '발생주의'라
고 한다면 채권자가 청구원인을 발견한 날은 '발견주의(discovery rule)'로 구분할
수 있다.

다음의 사례를 살펴보자.

---

121) Christine M. Benson(fn 21), p.787; Borello v. US Oil Co. 130 Wis. 2d 397 (1986) 388
    N.W.2d 140.
122) 유럽은 캐나다에서 사용하는 발견가능성 원칙(discoverability principle) 또는 (the princi-
    ple of discoverability) 으로 사용하고 있다. '발견주의(discovery rule)'로 통일하여 사용토
    록 한다. Reinhard Zimmermann(fn 3), pp. 91-95.
123) Melissa G. Salten, "Statutes of Limitations in Civil Incest Suits: Preserving the Victim's
    Remedy", 7 Harv. Women's L.J. 189 (1984), p.213.

사례 1: 사해적 은폐행위(fraud)

원고는 피고로부터 오렌지 나무라고 보증한 'Valencias'를 구매하였다. 몇 년 후 열매를 맺었을 때 배꼽 오렌지 나무로 밝혀졌다. 채무자는 실제 배꼽 오렌지나무를 판매하였지만 채권자에겐 배꼽 오렌지 나무라는 사실을 고의로 은폐한 것이었다. 이렇게 피고가 배꼽 오렌지 나무라는 사실을 은폐하였음에도 불법행위시를 기준으로 제소기간이 경과했다고 원고의 청구를 배척할 수 있을까?

이 경우 제소기간이 경과하였다고 채권자의 청구를 배척한다면 공정성(fairness)에 반한다.

① 행위시(the time of the negligent act or omission)
② 손해 발생시(the time of damage)
③ 손해 발견시(the time of discovery of the damage)

위 도식에서 손해배상청구권의 청구원인은 언제 발생하였을까?
① 행위시 = ② 손해 발생시 ≠ ③ 손해 발견시가 된다.

사해적 은폐행위는 일찍이 형평법(equity)에 의해 영미법계 국가들은 청구원인을 손해가 나타난 날이 아닌 피해자의 "손해의 발견(discovery of damage)"로 시효기산점에 있어서 발견주의(discovery rule)를 제일 먼저 적용한 사안에 해당한다.

사해적 은폐행위의 특징은 채무자가 불법행위의 완성을 위해 제소기간을 도과하게끔 만드는 것이다. 반면 채권자는 채무자의 사해적 은폐행위를 알지 못하는 선의(blameless ignorant)의 피해자이다. 따라서 청구원인을 알지 못하는 선의(blameless ignorance)로 보아 피고의 제소기간 경과 주장은 배척된다.[124]

채무자의 부당한 영향력 행사나 강압도 마찬가지이다. 제소기간을 완화시켜 실질적 공평을 기하여야 한다. 채무자로서는 채권자의 적시에 권리행사를 막은 책임을 져야 한다. 따라서 채권자가 적시에 소송을 수행할 수 없다는 주장이 받아들여져야 하며 결국 청구원인의 발생은 영향력이나 강압이 종결된 이후로 보아야 한다.[125]

---

124) Development(fn 120), p. 1213.
125) Developments(fn 120), pp. 1214−1219.

이러한 가해자의 사해행위 및 신뢰의 위반에 대하여 시효의 예외를 두는데 형평성(equity)의 원리를 기반으로 하고 있다. 이 경우 사법적 구제를 위하여 채권자가 이를 알 때까지 시효가 연기된다.

사례 2: 이물질(foreign object)-의료과실 소송

Clara E. Huysman는 1931년 한 병원에서 자궁절개의 외과수술을 받았는데 그녀의 몸속에 플라스틱 튜브가 남은 채 봉합이 되었다. 이를 뒤늦게 알게 된 원고는 의료과실에 따른 불법행위 손해배상청구소송을 제기하였다.[126) 손해배상의 청구원인은 언제 발생한 것일까?

① 행위시(the time of the negligent act or omission)

② 피해 발생시(the time of injury)

③ 피해 발견시(the time of discovery of the injury)

피해는 행위시에 나타났지만 채권자가 인지한 시점은 피해 발견 시이다. 도식으로 나타내면 ① 행위시 = ② 피해 발생시 ≠ ③ 피해 발견의 경우에 해당한다.

의료사고에서 의사의 수술행위와 이물질이 원고의 신체에 남겨진 피해는 거의 동시에 일어난다. 캘리포니아 주 법령에 의하면 피해가 발생한 날부터 1년 이내에 소가 제기되어야 한다.[127) 재판부는 ② 행위시를 피해 당일(the time of injury)로 간주하여 '청구원인'이 발생하였다고 보았다. 이에 따르면 1931년 1월 3일부터 제소기간은 이미 경과한 것이었다.

그럼에도 피해자 Clara E. Huysman는 플라스틱 튜브 제거 수술을 받기 전까지 의료과실을 알지 못했다. 법원은 전통적인 해석 ① 의료과실행위시(the time of the negligent act or omission) = ② 피해 발생시 (the time of injury)를 배척하고 ③ 채권자가 피해 발견할 때까지(the time of discovery of the injury) 청구원인이 발생하지 않았다고 판결했다.

---

126) Huysman v. Kirsch, 6 Cal.2d 302(1936)

127) The statute of limitations pleaded by respondent provides that an action for injury caused by the wrongful act or neglect of another must be commenced within one year from the date of the injury. Huysman v. Kirsch, 6 Cal.2d 302(1936)

사례 3: 잠재적 손해(latent damage)-석면(asbestos)

대부분 피해가 나타났을 때 손해도 분명해진다. 그런데 잠복기를 갖거나 진행성 질병의 경우에[128] 피해를 처음 접촉한 때부터 손해가 발생했다고 볼 것인지 아니면 잠재적 피해가 누적되어 객관적으로 외부에 드러났을 때일지 문제가 된다. 석면 노출의 유해한 결과가 특정 시점이 아닌 일정 기간의 산물이기 때문에 최초 노출로 인해 석면폐증에 걸렸다고 할 수도 없고 X선 등 의료도구에서도 객관적으로 확인되지 않는다.

결국 일정 기간이 지나 유해 물질이 축적되어 객관적으로 표면화 되었을 때(the time of manifestation)에만 손해가 나타난다고 볼 수밖에 없다. 도식 상 ① 행위시 ≠ ② 피해 발생 = ③ 피해 발견시에 해당한다. 이 경우 피해 발생시= 피해를 발견한 때부터 청구원인이 발생하였다고 보아야 할 것이다.

이상에서 채권자가 손해를 발견한 때부터 시효가 진행된 사례를 확인하였다. 그렇다면 발견주의에 적용할 때 채권자는 무엇을 발견하여야 할까?

① 청구원인의 기초가 되는 주요 사실은 무엇인가?
② 언제 손해가 발견되었는가?
③ 합리적인 주의의무로 주요 사실은 발견될 수 있을까?

(1) 원고는 주요사실을 발견하여야 한다. 주요 사실은 가해자의 신원, 사람의 생명·상해의 침해 또는 손해, 인과관계 등을 말한다.[129] 불법행위를 촉발하는 사건(event) 뿐만 아니라 '피해(awareness of the harms)'도 발견하여야 한다.[130] 따라서 "피해자가 피해와 피해의 원인을 알기 전까지는 청구원인이 시작되지 않는다."고 본다.[131]

(2) 합리적 주의의무

채권자는 자신의 피해에 대해 합리적 주의의무를 가져야 하는데 이때 주의의

---

128) 잠행성(insidious - 증상이 거의 없는 상태로 진행되는 질병) 질병과 잠재적(latent) 질병으로 나누어 구별하고 있으나 우리의 경우 구별의 실익이 없기에 잠재적 손해로 통일한다.
129) sec 14 in Limitation Act 1980 참조.
130) Elizabeth Adjin-Tettey/Freya Kodar(fn 33), p.103
131) Christine M. Benson(fn 21), pp.785-786.

무는 주관적 주의의무가 아닌 **객관적 주의의무**를 말한다.[132] 다시 말하면 평균인의
관점에서 합리적 주의의무를 가지고 피해에 대한 발견가능성이 있을 때부터 시효
가 진행되어야 한다.

　　의료 과실 소송에서 채권자가 피해를 인지하였다고 그때부터 시효가 진행되지
는 않는다.[133] 이것은 채권자의 주관적 신념으로 채권자의 인식에 해당하지 않는
다. 의사의 진단을 통해 피해사실을 알았을 때 비로소 비로소 채권자가 인식하였다
고 볼 수 있다.[134] 따라서 청구원인은 피해자가 객관적으로 피해사실을 통보받거나
합리적 주의의무를 가진 평균인 입장에서 '알 수 있었을 때'부터 진행한다.

3. 발견주의(discovery rule) 적용 확대

소멸시효 기산점을 정할 때 다음이 필요하다.

(i) '명확성(clarity)'― 분명하고 쉽게 확인할 수 있어야 한다.
(ii) '즉시성(immediacy)'―피해가 청구를 야기하는 사건에 근접해야 한다.
(iii) '형평성(equity)'―잠재적 청구자가 반드시 알 수 있어야 한다.

　　발생주의(the time of act)는 사건 **행위시**부터 진행하므로 명확성(clarity)과 즉시
성(immediacy)에서는 우수하다.

　　그런데 불법행위와 손해가 동시에 발생하지 않는 경우(the wrongful event and
the resulting damage are not contemporaneous) 즉시성(immediacy)에서 문제가 있다.

　　반면 '발견주의(discovery rule)'는 세 가지 기준 중 형평성(equity)에 가장 적합
한 기산점체계이다. 사람의 생명·신체 상해(후유증이나 나중에 확대 손해 등)와 잠재
적 손해 같은 형평성(equity)이 문제되는 사안에서는 발생주의가 아닌 발견주의를

---

132) A v. Hoare [2008] UKHL 6.
133) Borello v. US Oil Co. 130 Wis. 2d 397 (1986) 388 N.W.2d 140 참조.
134) 여기서도 주의할 것은 피해원인을 정확히 진단하는 의사로부터 진단받았을 때 객관적 주의
　　의무를 이행한 것이고 그때부터 시효는 시작된다. Hansen 소송에서도 IUD를 체내 삽입 후
　　여러 증상을 겪었는데 이를 위장병으로 진단한 경우와 골반염으로 진단한 경우가 있었고
　　골반염으로 진단하여 IUD 피해를 발견한 때부터 시효는 시작된다고 판결했다. Hansen v.
　　A. H. Robins Co., Inc., 113 Wis. 2d 550 (1983) 참조.

적용하는 게 바람직하다.135)

앞서 본 바대로 발견주의는 영미계에서 불법행위로 인한 손해배상에 관해 시효 기산점의 일률적인 적용으로 인한 결과가 정의와 형평법(equity)에 위반될 때 합리적으로 해석하는 방안으로 발전해왔다. 사기나 사해적 은폐행위 외에도 의사, 회계사, 변호사 등 업무상과실소송,136) 제조물책임에 이어 환경소송 등 불법행위 전 영역에 걸쳐 확장되고 있다.137)

다음은 청구원인을 기존의 발생주의로 해석할 때 정의와 근본적 공정성이나 손해의 공평·타당 법리에 위배된다고 보는 경우로 '발견주의'가 적용되어야 한다고 보는 사례이다.138)

> (1) 단 한 건의 불법행위가 아니라 **지속적 피해를 초래하는 경우** 피해 원인이 되는 질병을 알거나 알 수 있었을 때까지
>
> (2) **정신적인 장애**로 인하여 자각하지 못하는 병적인 피해의 경우 채권자가 자신의 트라우마를 깨달을 때
>
> (3) 채권자가 청구를 제기하지 못한 것이 청구원인과 관련한 사실에 대해 **채무자의 사해적인 은폐**와 관련 있을 때.
>
> (4) 하자는 발생하였으나 피고의 행위나 결함 있는 제품으로 인해 피해가 발생했다는 사실을 아직 발견하지 못했을 때

이제 장을 달리하여 시효를 행위 시부터 진행하는 경우 정의와 형평성(equity)와 공정성(fairness)에 어긋나 시효의 기산점을 바꾼 판례들을 소개한다.

---

135) NH Andrews, "Reform of Limitation of Actions: The Quest for Sound Policy" (1998) 57 Cambridge LJ, pp.599-601.
136) Neel v. Magana, Olney, Levy, Cathcart & Gelfand, 6 Cal.3d 176(1971)
137) NH Andrews(fn 135), p. 595.
138) Melissa G. Salten는 시효 기산점이 달라지는 사례를 모두 제4유형으로 나눠서 발표했는데 이를 실어둔다. Melissa G. Salten(fn 123), pp.216-217.

제
2
장
/

과실책임소송

제
2
장
／

과실책임소송

들어가며

손해배상청구권의 불법행위는 발생하였으나 채권자 및 채무자 모두 알지 못하는 경우 어떻게 할까? 과실책임소송의 특징은 '불법행위 시'에 손해가 발생하였으나 그 손해를 채권자나 채무자 그 누구도 알 수 없었다는 데에 있다.

이 경우 나중에 손해를 알게 된 채권자의 인식을 기준으로 할 것인지 아니면 기존과 같이 손해가 발생한 '불법행위 시'로 볼 것인지 **손해 발생과 손해 발견이 불일치하는** 경우에 대하여 시효 기산점을 언제로 둘 것인가가 관건이 된다.

불법행위 = 피해 ≠ 피해 발견

미국에서는 기존대로 '피해를 입었을 때(when a resulting injury is sustained)'로 시효 기산점으로 삼아 채권자의 소제기에 때늦은 청구라고 피해자의 구제를 외면한다면 정의와 공정성에 위반된다면서 청구원인을 불법행위 시가 아닌 '피해자가 발견'한 때로 보았다. 미국 법원은 시효 기산점으로 원고의 주관적 인식가능성에 따른 '발견주의'를 적용하였다.

대륙법계인 프랑스의 경우도 개정 전 최장기간 제2262조의 기산점을 '손해가 발생한 때'에 대하여 **피해자가 손해를 알 수 없다면 그 손해를 피해자가 알 수 있었을 때**(la date à laquelle il est révélé à la victime)를 기준으로 하고 있다. 연금수급소송에서 손해가 나타난 시점은 연금 수급자격을 획득한 시기에 비로소 당시 고용주의 불법행위를 알 수 있었기 때문에 권리행사 가능 시기는 채권자의 인식과 무관하게 진행할 수 없음을 보여준다.

일본도 신생아 뒤바뀐 사건에서 친자가 잘못 인계된 지 40여년이 지나 '혈액형 재검사 시점'에서 신생아 뒤바뀐 사실을 알 수 있었고 이때부터 손해배상의 권리행사 가능하다고 보았다. 맹장절제수술에서도 14년이 지나 개복 후 '가해 행위가 피해 원인이라는 사실을 객관적으로 확인되었을 때'부터 손해배상청구권의 기산점으로 삼았다.

이상에서 과실책임소송은 '행위 시'에 손해가 발생하는데도 불구하고 채권자·채무자 모두 손해를 인식하지 못하였고 따라서 '행위 시'에 손해가 나타났더라도 채권자의 '권리행사의 가능성'이 없기 때문에 불법행위 시부터 시효 진행은 근본적 공정성이나 손해의 공평·부담 원칙에 위배되므로 객관적으로 인식가능한 때인 '손해가 나타났을 때'(The time of manifestation) 또는 '발견할 때'(discovery of injury)부터 시효가 진행된다.

제1절 미국

영국의 시효법은 1939년 시효법(Limitation Act 1939)은 계약상의 모든 행위와 불법행위에 대해 '청구원인의 발생'부터 6년의 기간을 규정했다. 마찬가지로 미국의 경우에도 '청구원인이 발생한 때'(a cause of action accrues)부터 제소기간이 진행하는데 주마다 차이가 있으나 1년 내지 3년으로 되어 있다.

손해 발생에 '행위 시'와 '피해 발견 시'가 다름에도 '행위 시'에 '청구원인이 발생한 때'(a cause of action accrues)로 보아 원고의 청구를 배척하자 근본적 공정성과 형평성의 문제가 제기되었다. 이렇게 '(불법)행위 시'가 타당한지 논란이 된 사안은 의료과실에서 비롯되었다.

이 경우 '행위 시'부터 시효를 진행하여 피해자의 권리구제를 배척하는 문제에

해결 방안으로 불법행위법 적용보다 시효 기간이 좀 더 긴 계약법을 적용하거나,[1]
의료과실인 경우 의사와 환자의 관계가 끝날 때까지 시효가 시작되지 않는 계속적
이행행위로 보거나,[2] 피고의 사해적 은폐행위에만 적용하던 '발견주의'를 확대 적
용하는 방안이 거론되었다.

    다음의 사례는 과실책임소송에서 청구원인(cause of action)의 발생을 '행위 시'
로 볼 것인지 채권자의 '발견 시'로 볼 것인지 관한 미국 법원의 판단이다. Carrell
v. Denton 소송에서는 행위시부터 청구원인이 발생하였다고 보아 제소기간 경과로
채권자의 청구가 배척되었다. 이후 주 법원에서 '발견주의'를 채택하여 채권자의 권
리를 구제하였다.

1. Carrell v. Denton 소송

가. 개요

    Denton은 외과의사 Carrell 등 3명에게 1931년 11월 척추수술을 받았다. 외과
의사 Carrell은 수술을 마치고 봉합하면서 Denton의 신체에 거즈 스펀지를 남겼다.
며칠 후 Denton은 퇴원하였다. 1935년 11월 Denton의 어머니가 Denton의 등에
난 상처를 드레싱 하다가 거즈 스폰지가 나오는 걸 발견하였다. Denton은 1936년
12월 소송을 제기하였다.[3]

---

1) Giambozi v. Peters, 127 Conn.380, 16 A.2d 833 (1940); Suskey v. Davidoff, 2 Wis. 2d
503, 87 N.W.2d 306 (1958); Klingbeil v. Saucerman, 165 Wis. 60, 160 N.W. 1051 (1917)
2) 전문 직업군과 계약 관계가 종료했을 때부터 제소기간이 진행된다는 종료 원칙(The termi-
nation rule) 또는 계속이론이다. 그러나 종료 원칙이 과실책임소송 같이 피해가 나중에 발견
되는 경우에 피해자에게 아무런 도움이 되지 않고 논리적 타당성도 결여되었음을 사법부는
알게 되었다. Eric L.Sisler, "Discovery Rule: Accrual Of Cause Of Action For Medical
Malpractice", Washington and Lee Law Review no. xxv(1968) p.81; Edward J. Leonard,
"Application of the Discovery Rule to the Ohio Wrongful Death Statute", Journal of Law
and Health(1989), p.245.
3) 의료과실로 Layton v. Allen, 246 A.2d 794 (Del. 1968); Parker v. Vaughan, 124 Ga. App.
300, 183 S.E.2d 605 (1971); Billings v. Sisters of Mercy, 86 Idaho 485, 389 P.2d 224
(1964); Mathis v. Hejna, 109 Ill. App. 2d 356, 248 N.E.2d 767 (1969); Franklin v. Albert,
381 Mass. 611, 411 N.E.2d 458 (1980); Moran v. Napolitano, 71 N.J. 133, 363 A.2d 346
(1976); Flanagan v. Mount Eden Gen. Hosp., 24 N.Y.2d 427, 248 N.E.2d 871, 301
N.Y.S.2d 23 (1969); Newberry v. Tarvin, 594 S.W.2d 204 (Tex. Ct. App. 1980); Foil v.
Ballinger, 601 P.2d 144 (Utah 1979) 등.

당시 텍사스 주 시효법령은 '청구원인이 발생한 때'부터 3년의 제소기간이었다. 스폰지가 Denton 체내에 남겨진 피해는 수술 직후였고 이때부터 '청구원인이 발생'하였다고 볼지가 쟁점이었다. 수술 행위시부터 시효가 진행하는 '발생주의'(the wrongful event)에 의하면 이미 3년의 제소기간은 경과하였다.

나. 법원의 판단

Denton은 3년의 제소기간이 지났지만 의사의 의료과실은 의사와 환자간의 신뢰관계를 위반한 사해적 은폐행위에 해당하므로 **'사해적 은폐행위'**를 적용하여 피해자 Denton이 스펀지를 발견한 시기로 기산해줄 것을 요청하였다.

당시 때늦은 소제기라도 소송이 가능한 경우는 **채무자가 채권자의 권리행사를 사해적으로 은폐하는 행위만**이었다. 채무자의 사해적 은폐행위는 태생적으로 채무자가 시효경과를 의도하기 때문에 채권자는 시효가 경과되기 전까지는 자신의 권리행사를 알 수 없는 특성을 지녔다.

재판부는 의료과실이 채무자의 과실(negligence)이 있을지언정 채무자의 시효경과를 사해적으로 은폐한 행위로 볼 수 없으므로 발견주의를 적용할 수 없다고 보았다.[4]

결국 재판부는 수술을 할 당시 과실(negligence)이 발생하였으므로 '발생주의(the wrongful event)'에 따라 의사의 과실로 스펀지가 채권자 신체에 남겨졌을 때(the wrongful event)부터 손해배상청구권의 제소시간이 진행되었다고 보았다. 따라서 3년의 제소기간 경과를 이유로 원고의 청구를 기각하였다.[5]

---

4) Carrell v. Denton, 138 Tex. 145, 157 S.W.2d 878(1942)
5) 동일한 판단으로 Peterson v. Roloff, 57 Wis. 2d 1, 203 N.W.2d 699 (1973) 담낭 수술 중 낭성 도관을 제거하지 못하고 원고의 복부 내에 거즈 조각을 남긴 의료사고였으나 법원은 제소기간 경과를 이유로 원고의 주장을 배척했다. 그밖에 Tessier v. United States, 269 F. 2d 305 (1st Cir. 1959); Hudson v. Moore, 239 Ala. 130, 194 S. 147 (1940); Steele v. Gann, 197 Ark. 480, 123 S. W. 2d 520, 120 A. L. R. 754 (1939); Stafford v. Shultz, 42 Cal. Rep. 2d 767, 270 P. 2d 1 (1954); Gangloff v. Apfelbach, 319 Ill. App. 596, 49 N. E. 2d 795 (1943);Guy v. Schuldt, 236 Ind. 101, 138 N. E. 2d 891 (1956) 등

2. Gaddis v. Smith 소송

가. 개요

텍사스 주 시효법은 **청구원인이 발생한 때**(a cause of action accrues)부터 2년 이내에 소를 제기하도록 규정되어 있었다.[6] 1959년 의사 WC Smith는 원고 Dorothy Gaddis 몸 안에 스펀지를 남겨둔 채 제왕절개 수술을 마쳤다. 이후 Gaddis는 장기간 통증에 시달리게 되자 종양을 의심하여 1963년 10월 개복수술을 하였다. 이때 스펀지가 몸 안에 있어 통증을 유발했음을 알고 피해자 Dorothy Gaddis는 1964년 2월 소송을 제기했다. 피고 측은 의료과실의 경우 2년의 제소기간이 이미 지났음을 주장하였다. 원심 법원은 이 같은 피고 측의 제소기간 도과의 항변을 받아들여 원고 Gaddis의 손해배상 청구를 기각하였다. 원고 Dorothy Gaddis는 상고하였다.

나. 법원 판단

텍사스 주 대법원의 고민은 깊었다. 앞서 의료과실소송에서 피해자가 패소하였지만 다른 주 법원들은 획일적인 행위 시를 기준으로 청구원인이 발생한 때로 보는 '발생주의(the wrongful event)'가 근본적 공정성(fundamental fairness)과 형평성에 어긋났음을 주지하고 있는 상황이었다. 다른 주에서도 발견주의(discovery rule)를 채택하고 있음을 알게 된 텍사스 주 대법원은 청구원인이 '스펀지가 남겨진 때'가 아닌 1963년 '환자가 스펀지를 **발견한** 시기'부터 시효가 시작된다고 보아 원심판결을 취소하였다.

환자의 신체에 이물질을 남겨둔 **의료 과실의 청구원인**은 '**발견주의(discovery rule)'의 적절한 주제가 된다.** 물체를 신체에 넣거나 신체에서 제거하는 모든 절차는 외과 의사의 통제 하에 있다. <u>환자는 수술한 날부터 절개 부위에 이물질이 남겨진 채로 오랜 동안 이를 알지 못한다는 것은 당연하다.</u> 따라서 의사가 환자의 신체에 이물질을 남겨 두었을 때 발생하는 과실에 대한 청구원인(a cause of action)은 환자가 그러한 사실을 알거나 합리적 주의의무를 가지고 알 수 있었을 때까지는

---

6) TEX. REV. CIv. STAT. ANN. arts. 5526, 5527 (Vernon 1958) 청구원인이 발생한 후부터 시효가 시작되어 2년 이내에 소가 제기되어야 하며, 이후에는 모든 소송이 법으로 금지된다. Gaddis v. Smith 417 S.W. 2d 577 (1967).

시작되지 아니한다.[7]

텍사스 주 대법원은 드디어 이전 Carrell v. Denton 소송을 파기하였다. 앞서 본대로 Carrell v. Denton 사건에서 재판부는 의료수술 당시 스펀지가 몸에 남겨졌을 때부터 시효를 진행하여 피해자가 발견한 당시엔 이미 제소기간이 경과되었다고 원고의 청구를 기각한 바 있다.

텍사스 주 대법원은 "이물질이 남아있는 경우, 환자는 그 사실을 알지 못하고 결과적으로 의료 과실로 인한 청구원인을 알지 못한다면 환자가 합리적 주의의무를 가지고 그의 신체에 이물질이 남겨졌음을 발견했을 때부터 시효는 시작된다."고 판단했다.

다. 판결의 의의

이 판결을 통하여 텍사스 주 대법원은 의료과실소송에서 지속되어 오던 '의료 (과실)행위 시'부터 제소기간이 진행되는 '발생주의(the wrongful event)'를 파기하고 채권자가 피해를 발견한 날부터 시효가 진행하는 '발견주의(discovery rule)'를 채택하였다.

실제 반대의견도 많았다. 반대 의견은 '청구원인(a cause of action)이 발생하였을 때'가 '피해의 발견'을 의미하지는 않는다면서 이러한 단어까지 첨가하는 것은 입법 제정에 관여한다고 다수 의견을 비판하였다. 따라서 입법 개정이 이루어지기 전까지는 의료 과실이 발생했던 때부터 청구원인이 시작되어야 한다고 보았다.[8]

법 논리적으로는 청구원인(a cause of action)이 발생한 때는 의사의 과실 (negligence)이 있었던 때이고 따라서 불법행위 시(the wrongful event)부터 제소기간이 진행되어야 논리합치적이다. 그러나 채권자·채무자 모두 인식하지 못한 상황에서 의료과실(negligence)에 따른 손해배상청구권의 제소기간 진행은 근본적 공정성 (fundamental fairness)과 형평성에 벗어난다.

이 판결은 미국 의료과실책임소송에서 제소기간의 기준이었던 Carrell v. Denton 소송을 20년 만에 파기하는 역사적인 판결에 해당한다. 결국 **채권자의 인식**

---

7) Gaddis v. Smith 417 S.W. 2d 577 (1967).
8) GRIFFIN and WALKER, JJ., dissenting at Gaddis v. Smith 417 S.W. 2d 577 (1967).

을 전제로 제소기간이 진행되어야 함을 '발견주의' 적용을 통하여 보여준 사례라 할
것이다.

3. Ruth v. Dight 소송

가. 개요

1944년 원고는 피고에게서 자궁 절제술을 받았다. 수술 후 원고는 통증과 복
통이 반복되었다. 1966년 외과 수술을 통해 그녀의 하복부에서 수술용 스펀지를 발
견하였고 이를 제거한 후 피해자는 고통에서 벗어날 수 있었다. 피해자는 1967년
소송을 제기했으나 3년의 제소기간이 문제였다. 워싱턴 주의 시효법은 청구원인 발
생(a cause of action accrues) 후 3년의 제소기간을 가지고 있었다.[9]

나. 법원의 판단

워싱턴 주 대법원은 사건(the occurrence of the event)이 발생했을 때 일반적으
로 불법행위에 따른 손해배상청구권은 피해도 발생하므로 제소기간을 경과한 소제
기는 배척된다는 입장이었다. 그럼에도 워싱턴 주 대법원은 시효가 완성된 이후에
피해 사실을 발견한 경우 시효 경과를 이유로 원고의 청구를 배척하는 것이 타당한
지에 의구심을 가졌다. 그 판단은 다음과 같다.

> 영미법(common law)은 모든 불법행위에 대해 법적 구제책을 제공하려는 목
> 적이지만 그렇다고 때 늦은 소송을 지속하는 것 역시 그 자체로 잘못된 일이다.
> 그러나 **피해 당사자가** 법정 시효가 경과하여 법적인 **구제방안이 소멸될 때까**
> **지 피해를 입었다는 사실조차 알지 못하는 상황이라면** 불법행위에 대한 구제수단
> 을 제공하려는 목적 하에서 만들어진 **근본적인 공정성(fundamental fairness)과 영**
> **미법(common law)의** 취지는 어떻게 되어야 하는가?[10]

워싱턴 주 대법원은 손해의 형평성면에서 제소기간이 경과한 소송에 참여하게

---

9) RCW 4.16.010 "특별한 경우를 제외하고 소송은 청구원인이 발생한 후 제소기간 내에 이루어
   져야 한다." RCW 4.16.080 "3년으로 제한된 소송 (2) 아래 열거되지 않은 사람에 대한 피해
   나 권리에 대한 침해에 관한 소송" Ruth v. Dight, 75 Wn. 2d 660, 453 P.2d 631 (1969)
10) Ruth v. Dight, 75 Wn. 2d 660, 453 P.2d 631 (1969)

된 피고 외과의사의 부담보다는 제소기간 경과로 구제수단을 빼앗긴 원고의 손해가 더 크다고 보았다. 주 대법원은 뒤늦게 손해를 발견한 비난할 수 없는 선의(blameless ignorant) 피해자에 대한 구제책이 필요하다고 보았다. 이에 대법원은 "제소기간이 피해자가 이물질을 발견했을 때 또는 합리적 주의의무를 가지고 발견할 수 있었을 때부터 진행된다."고 결정했다.

다. 판결의 의의

텍사스 주 대법원 판결이 나온 후 워싱턴 주 대법원도 의료과실에 대하여 새롭게 판단하여야 할 시기가 되었다. 워싱턴 주 대법원의 판단 중 '불법행위에 대한 구제수단을 제공하려는 목적 하에서 만들어진 근본적 공정성(fundamental fairness)과 영미법'이라는 대목이 눈에 띈다.

제소기간 경과로 인한 원고 청구의 배척이 영미법의 기본 원칙인 근본적인 공정성(fundamental fairness)과 충돌되는 것인지 아닌지 워싱턴 주 대법원은 심리하여야 했다. 근본적 공정성(fundamental fairness)과 영미법(common law)은 불법행위에 대한 구제에 목적이 있다. 그럼에도 그 목적에 위반된다면 누구를 위한 구제책인지를 되묻고 있다.

주 대법원의 판단은 제소기간이 경과된 주장이라 하더라도 **피해자가 법정에서 주장할 수 있는 충분한 기회를 제공하여야 근본적 공정성**(fundamental fairness)에 합당하다고 본 것이다. 결국 주 대법원은 이 사건과 같이 발견할 수 없었던 경우에는 피해를 발견했을 때(discovery of the injury)부터 청구원인(a cause of action accrues)이 시작된다고 판단하였다.[11]

이로써 워싱턴 주 대법원도 불법행위에서 발생주의(the wrongful event) 외에 발견주의(discovery rule)도 받아들이게 되었다.

4. Hansen v. AH Robins, Inc.

가. 개요

위스콘신 법령에서 소제기는 청구원인이 발생한(a cause of action accrues) 이후

---

11) "따라서 시효법령 RCW 4.16.010 and RCW 4.16.080 (2)에 의해 피고에 대한 청구가 금지되지 않는다." Ruth v. Dight, 75 Wn. 2d 660, 453 P.2d 631 (1969)

에 3년 이내에 청구하도록 규정되어 있었다.[12] 1974년 5월 피해자 Hansen은 Fabiny 박사에 의해 자궁에 "Dalkon Shield"라는 자궁 내 장치(IUD)를 장착했다. 이후 Hansen은 1978년 6월 13일 생리 기간 중 출혈, 복통 등을 경험하고 Macken 전문의를 찾아 검사를 받았다. Macken 전문의는 피해자 Hansen의 증상을 위장염 과 관련이 있고 골반 염증성 질환(PID) 확률은 낮다고 진단하였다. Hansen은 2주 후 다른 전문의 Fabiny를 찾아갔고 그는 PID이라고 진단하고 Dalkon Shield를 제 거하였다. Hansen은 1981년 6월 24일에 IUD 제조사인 AH Robins에 대한 손해배 상 소송을 제기했다.

원심 법원은 위스콘신 법률에 따라 부주의한 행위 결과라도 이로 인한 손해배 상 청구는 "그 행위로 인해 피해를 입었을 때" 발생하므로 1978년 6월 13일 처음 증상을 겪었기 때문에 해당 날짜 또는 그 이전부터 청구원인(a cause of action)이 시 작된다고 보았다. 따라서 재판부는 소제기일인 1981년 6월 24일은 이미 제소기간 인 3년을 경과하였으므로 소제기가 금지되었다고 판결했다.

나. 위스콘신 주 대법원의 판단

위스콘신 주 대법원은 피해가 나타나자(for such injuries sustained) 피해자의 권 리행사가 가능하다고 보아 시효를 진행한다면 공정성 원칙(fundamental fairness)에 위배된다고 보았다.

대부분의 경우 원고는 피해가 발생할 때 이를 알기 때문에 문제되지 않는데 가해행위 후 나중에 피해가 나타나는 경우도 있어서 그때까지 피해가 발견되지 않 는 경우도 있다. 그럼에도 불구하고 현재의 시효법에 따라 피해가 발생할 때부터 시효가 시작되면 피해자가 피해를 알기 이전에 시효가 경과될 수 있다.

어떤 경우에는 피해가 발견되거나 발견되기 전에 시효로 인해 청구가 금지 되어 피해 당사자의 구제를 불가능하게 만든다. **제소기간은 비난할 수 없는 (blameless ignorant) 피해자에게 지체를 이유로 청구를 금지함으로써 가해자에게 이익을 주는 역할**을 한다. 이 경우 미처 피해를 알기도 전에 공정한 청구를 금지하

---

12) "피해자가 피해를 입었을 때부터 3년 이내" Wis. Stat. secs. 893.14, (1977), Wis. Stat. secs. 893.205, (1977) Hansen v. A. H. Robins Co., Inc., 113 Wis. 2d 550, 335 *400 N.W.2d 578 (1983).

는 불공정성이 진부한 소제기의 위험을 능가한다.

위스콘신 주 대법원은 피해자인 Hansen이 1978년 6월 13일 Macken 박사에게
서 골반 염증성 질환(PID)이 있을 확률은 희박하다는 말을 들었고 기록에도 무증상
이라고 적혀있었던 점에 주목하여 2주후 골반 염증성 질환(PID)으로 진단받은 사실
에 대하여 "이로 인하여 원고가 좀 더 일찍 자신의 피해를 발견했어야 한다고 말할
수는 없다."고 강조하였다.

위스콘신 주 대법원은 Hansen의 손해배상청구권의 청구원인(a cause of action)
은 골반 염증성 질환(PID)으로 진단받은 1978년 6월 26일부터 시작되었고 이로써 3
년 내에 한 그녀의 손해배상 청구는 적절하다고 결론을 내렸다.

다. 판결 분석

불법행위와 그에 따른 피해가 발생하면 채권자는 불법행위에 의한 손해배상을
청구할 수 있다. 보통 불법행위에 대한 손해배상 청구가 발생할 수 있는 시점은 다
음과 같이 나눌 수 있다.

① 행위 시(when negligence occurs)
② 피해를 입었을 때(when a resulting injury is sustained)
③ 피해가 발견된 때(the injury is discovered)

이중 손해배상청구권의 '청구원인이 발생한 때(a cause of action accrues)'를 보
통 ② '피해가 나타났을 때'로 본다. 앞서 손해배상청구권에서 보았지만 행위와 손
해는 동시에 발생하지만 피해가 나중에 발생할 수도 있어 피해가 발생하여야 손해
배상청구가 가능하다고 봤기 때문이다.

그런데 위스콘신 주 대법원은 이 판결을 통하여 '청구원인이 발생한 때'에 대
하여 피해자의 '인식'을 기준으로 하는 ③ 피해가 발견된 때(the injury is dis-
covered)로 하는 '발견주의'를 채택하였다.

피해자의 인식 또는 인식가능성이 없음에도 불구하고 제소기간 경과를 이유로
소제기를 금지하는데서 오는 채권자의 불이익이 진부한 소제기로 인한 채무자의

불이익보다 크다고 본 것이다.

또한 위스콘신 주 대법원은 사해적 은폐행위와 제조물책임 등 법률상 '발견주의(discovery rule)'을 기준으로 하는 것 외에 모든 불법행위에 따른 손해배상청구권의 제소기간은 채권자가 손해를 안 때부터 진행한다고 공표하였다.

> 정의와 근본적인 공정성(fundamental fairness)에 따라 이미 입법으로 발견주의를 규정한 것 이외의 **모든 불법행위에 대하여 '발견주의'를 채택한다.** 불법행위는 피해가 발견되거나 합리적 주의의무로 발견할 수 있었던 날부터 발생한다. 어느 것이든 먼저 발생한 것을 기준으로 한다. 따라서 '**행위(negligent act) 시**' 또는 '**피해(injury) 시**'를 불법행위에 관한 손해배상청구권의 제소기간으로 한 모든 사건은 이로써 이유 없다.[13]

결국 위스콘신 주 대법원은 이 판결을 통하여 발견주의 적용을 사해적 은폐행위나 의료과실 영역을 넘어서 **모든 불법행위**로 확대시켰다는 점에서 의의가 있다.

5. Borello v. US Oil Co.

가. 개요

Mary Borello는 1977년 12월 석유회사 Williamson Company에서 제조한 보일러를 설치하였다. 그 후 두통과 현기증이 나기 시작했고 그녀는 보일러가 원인이라고 믿었다. 1979년 3월 12일 의사와의 상담에서 그녀는 보일러에서 알 수 없는 기체가 나오는 것을 목격하였고 지난 2월에는 병원에서 퇴원 후 집에 가니 집안 전체 붉은 먼지에 쌓인 보일러를 보았다고 말했다. 그러나 의사는 원고의 증상이 보일러와 관련되지는 않는다고 말하였다.

1979년 10월 산업 의학 전문가인 Fishburn 박사는 원고의 집에서 나온 샘플을 조사한 후 보일러를 통해 발생한 물질로 인해 그녀에게 심장병 등이 발생했다고 진단하였다. 1981년 원고 Mary Borello는 석유회사를 상대로 손해배상청구의 소송을 제기하였다. 피고 측에선 그녀가 피고측 회사에 이상한 냄새가 난다며 항의 서한을

---

13) Hansen v. A. H. Robins Co., Inc., 113 Wis. 2d 550, 335 *400 N.W.2d 578 (1983).

보낸 점이 보일러로 인하여 자신이 피해를 입고 있다는 것을 나타내므로 이때부터 청구원인이 발생하여 소를 제기한 1981년은 이미 제소기간이 경과하였다고 주장하였다.

나. 위스콘신 주 대법원의 판단

앞서 Hansen v. A. H. Robins Co., Inc.소송에서 보듯 위스콘신 주 시효법령은 청구원인이 발생한 날부터 3년이 제소기간이었다. 쟁점은 '청구원인 시'를 피고 측 주장대로 그녀가 회사에 보일러에 대해 불만을 표시한 편지를 보내 주관적인 선입견이 형성된 시기인지 아니면 Fishburn 박사의 진단일로 볼 것인지에 있었다. Fishburn의 진단 및 결과는 1979년 10월 30일에 작성되었고 소제기는 1981년 11월 25일로 진단 시에 청구원인이 발생하였다고(a cause of action accrues) 보면 제소기간 이내였다.

이 사건은 **피해와 그 인과관계의 발견이 동시에 일어나지 않는 경우**에 해당한다. 청구원인은 원고가 그가 피해를 입었다는 것뿐만 아니라 그 피해가 피고의 행위에 기인했음을 발견하거나 합리적 주의의무를 가지고 발견할 수 있었을 때까지 발생하지 않는다. Stoleson v. United States 소송[14]처럼 **피해자의 주관적인 선입견으로는 제소기간을 시작하는 데 불충분하다.**

의료 자문을 확보하기 위해 합리적인 노력을 기울인 사람은 비난할 수 없는 선의로 보호받아야 한다. 일반인이 완전한 의학 분석을 확보하기 위해 합리적 주의의무 이상의 특별한 조치를 취할 것으로 기대할 수는 없다. 따라서 피고 측에서 설치한 보일러에서 발생하는 매연이 **피해의 원인**이라는 **객관적 결론이 나왔을 때부터 청구원인이 발생하였으므로** Fishburn의사로부터 습득했을 때 비로소 시작한다.[15]

위스콘신 주 대법원은 Stoleson v. United States 사례를 통하여 피해 성질, 피해의 원인 및 피고에 대한 정보가 원고에게 제공될 때까지 제소기간이 시작되지 않는다고 보았다. 그럼 Stoleson v. United States은 무엇인가? 다음에서 Stoleson v.

---

14) Stoleson v. United States 629 F.2d 1265 (7th Cir. 1980)
15) Borello v. US Oil Co. 130 Wis. 2d 397 (1986) 388 N.W.2d 140

United States 사건을 알아본다.

다. Stoleson v. United States

Stoleson v. United States 소송이란 원고 Stoleson이 니트로 글리세린 생산 회사를 상대로 자신이 심장질환이 니트로 글리세린에 의한 것이라며 손해배상청구를 한 사건이다. 글리세린 작업장에서 일하던 원고는 어느 날 심장에 통증을 감지하였는데 당시 심혈관과 니트로 글리세린 노출과 연관성이 있다는 신문 기사를 접하였다. 산업 안전 전문가도 원고 Stoleson이 제기한 연관성에 대하여 인정하였고 마침내 위스콘신 의대의 Lange 박사가 니트로 글리세린에 대한 직업적 노출과 심혈관 질환의 인과관계 있음을 확인해주었다.

연방대법원은 "합리적 주의의무를 가지고 의학적인 조언을 구했던 사람은 비록 직감이 나중에 맞았다고 하더라도 비난할 수 없는 선의(blameless ignorant)로 인해 보호되어야 한다."면서 '랑게박사가 인과관계를 알려준 시기'에 청구원인이 발생하였다고 보았다. 즉 Stoleson의 심장 통증에 대한 원인으로 니트로 글리세린을 신문 기사와 산업 안전 전문가 그리고 랑게 박사를 통하여 알게 되었다. 어느 때 청구원인이 발생하였을까를 살펴본다면 신문기사나 산업전문가의 습득시기가 아닌 랑게박사가 객관적으로 확인하여주었을 때부터로 연방대법원은 판단하였다.

라. 판결에 대한 분석

앞서 본대로 손해배상청구권의 세 요소인 불법행위가 발생하여 손해가 나타나고 이 불법행위와 손해사이에 인과관계가 성립해야 청구권이 발생한다. 위스콘신 주 대법원은 청구원인에 관하여 ③ 피해가 발견된 때(the injury is discovered)로 '발견주의'를 모든 불법행위에 적용한다고 판시한 바 있다.

이 판결은 '지연된 발견(delayed discovery)'에서 무엇을 발견하여야 하는지를 말하여준다. 위스콘신 주 대법원은 "피해와 인과관계가 동시에 발생하지 않는 사건에서 대다수 법원에서 채택하고 있는 발견주의(discovery rule)에 따르면 피해뿐만 아니라 그 피해가 피고의 행위로 야기되었음을 발견할 때부터 청구원인이 시작된다."16)라는 점을 분명히 하였다.

---

16) Borello v. US Oil Co. 130 Wis. 2d 397 (1986) 388 N.W.2d 140 at 410

보일러 설치 직후 그녀에게 생긴 두통 현기증의 손해 발생에 대해 원인이 보일러라고 할 때 인과관계를 발견하였다고 볼 것인가에 대하여 위스콘신 주 대법원은 원고의 **주관적 신념**(subjective belief)일 뿐이라고 보았다. 즉 원고가 "질병과 보일러 사이의 인과관계를 단순히 추측하는 것 이상의 어떠한 합리적인 정보를 가지고 있지 않아" **인과관계**를 발견하였다고 볼 수 없다고 위스콘신 주대법원은 판단하였다. 원고가 느낀 경험과 증상은 주관적 신념(subjective belief)에 불과하고 그 후 의사로부터는 원고의 증상이 보일러의 설치와는 관련 없다는 진단을 받아 더욱 주관적 신념 이상의 정보를 받지 못했다고 본 것이다.

발견주의를 따를 때 두통과 현기증이라는 피해는 발견하였으나 Dr. Fishburn으로부터 보일러에 기인한다는 객관적 정보를 습득할 때까지 청구원인이 진행하지 않는다. 따라서 이 판결은 피해뿐만 아니라 **피해의 원인인 객관적 인과관계**를 발견하였을 때부터 **청구원인이 발생함을** 보여준 사례라 할 것이다.

제2절 프랑스

1. 노령 연금 소송

가. 개요

원고는 Snecma 중앙 법인위원회에서 1954년에서 1959년까지 직원으로 근무하였다. 원고는 은퇴시기인 1990년 연금관리회사에 노령 연금을 청구하였다. 연금관리회사는 원고에게 Snecma가 노령연금 분담금을 납부하지 않았기 때문에 그 기간만큼 노령연금이 감소된다면서 미납 부분 상당액을 납부할 것을 통지하였다.

원고는 미납금액을 납부한 후에 이전 근무한 회사 Snecma를 상대로 미납 분담금에 상당한 손해배상을 청구하였다. 원심 법원은 회사 Snecma의 납부채무는 이미 계약관계에 따른 30년의 소멸시효가 경과하였다는 점과 계약상 채무불이행에 관한 손해배상청구의 시효 중단을 위한 어떤 조치도 없었다며 원고의 손해배상청구를 기각하였다. 원고는 이에 불복 상고하였다.

나. 프랑스 파기원(Cour de cassation)의 판단

프랑스 파기원(Cour de cassation)은 소멸시효가 지나지 않았고 원심의 판결이
법령에 위반하였다며 다음과 같이 설시하였다.

> 고용 계약과 관련하여 발생하는 의무를 위반함으로 발생하는 손해에 관한 소
> 멸시효는 **손해가 현실화**되었을 때(la réalisation du dommage) 또는 원고가 이전
> 에 손해발생 사실을 **알지 못했다**(n'en avait pas eu précédemment connaissance)
> 고 증명하면 **원고에게 알려진 날**(la date à laquelle il est révélé à la victime) 부
> 터 진행된다.[17]

프랑스 파기원(Cour de cassation)은 소멸시효가 손해가 발생하였을 때부터 진
행한다고 설시하면서 권리자가 알지 못하였다면, 손해의 발생을 알게 된 때부터 소
멸시효가 진행된다고 판단하였다. 즉 원고가 퇴직 연령기가 되어 노령연금을 지급
받으려는 과정에서 이전 고용 회사가 분담금 납입을 미납하였다는 사실을 비로소
알 수 있어 이때 손해가 나타났다고 보았다.

다. 판결 분석

개정 전 프랑스 민법 제2262조는 30년의 시효로 모든 소권이 소멸된다고 규정
하고 있었다.[18] 여기서 30년은 장기시효에 해당한다.[19] 이 판례에서 손해배상청구
권의 장기시효 기산점을 채무불이행 행위시로 볼 것인지 손해가 발생한 시점으로
볼 것인지를 알 수 있다.

프랑스 파기원(Cour de cassation)은 먼저 손해배상청구권의 시효는 행위 시가
아닌 '**손해 발생시**'라는 점을 밝혔다. 피고 측 고용주의 불법행위를 원고는 '불법행

---

17) Cass. soc. 1 avril 1997, Bull. civ. V, N° 130
18) Article 2262 Toutes les actions, tant réelles que personnelles, sont prescrites par trente
    ans, sans que celui qui allègue cette prescription soit obligé d'en rapporter un titre ou
    qu'on puisse lui opposer l'exception déduite de la mauvaise foi. 모든 소권은 인적 소권
    이든 물적 소권이든 간에 30년의 기간으로 시효가 완성하며, 시효를 원용하는 자는 그 권원
    을 제출할 의무를 부담하지 않으며 누구도 그에게 악의가 있다는 항변을 가지고 대항하지
    못한다.
19) Reinhard Zimmermann(fn 23), p. 51.

위 당시'에 알 수 없기 때문에 연금 수급자격을 획득하였을 때 비로소 과거 회사가 노령연금 분담액을 제대로 납부하였는지 확인할 수 있어 이때를 **손해가 현실화된 시기**(la réalisation du dommage)로 본 것이다. 영미법에서 '행위 시'(negligent act)가 아닌 '**피해가 발생하였을 때**'(when a resulting injury is sustained)와 동일하다.

판례는 '손해가 현실화되었을 때' 또는 원고가 이전에 손해 발생 사실을 알지 못했다고 증명하면 '원고가 **손해를 알았을 때**'를 기준으로 하고 있다. 이는 손해가 현실화되었다면 원고가 인식할 수밖에 없음이 전제로 한다. 따라서 손해가 나타나고 피해자가 손해를 인식한 날부터 30년의 소멸시효가 진행됨을 말해준 것이다.

그러면 사건과 같이 손해배상청구권의 존재를 채권자가 알지 못하는 경우 어떻게 할까? 일찍이 채권자가 채권발생을 알지 못하는 경우(l'ignorance) 뒤늦게라도 원상회복(in integrum restitutio)을 청구할 수 있다.

파기원은 원고가 Snecma 회사가 직원으로 실제 근무할 당시에는 회사가 분담금을 납부하고 있는지를 알 수 없다는 점을 고려한 것으로 판단된다. 채권자로서 회사에 대해 분담채무를 이행하고 있는지 일일이 확인하기는 어렵다. 회사 직원으로서 채무자인 회사가 직원의 장차 미래의 노령연금에 대한 회사 분담금을 이행하고 있을 것이라고 신뢰하고 있을 뿐이다.

그렇다면 회사의 노령연금 분담지급 채무불이행 미지급 상당의 손해가 나타나는 시기는 언제일까? 원고인 직원이 '자신의 권리를 행사할 수 있을 때부터'라고 설시한 후 원고가 자신의 연금을 회사에서 제대로 납부하였는지 알 수 없었다면 원고에게 **알려진 때**부터 시효가 진행됨을 밝히고 있다. 이 판결은 다음 판례를 통해 좀 더 정교해진다.

2. 연금 미지급 소송

가. 개요

원고는 1964년 3월 1일부터 1970년 4월 30일까지 피고 회사에 근무하였다. 30년이 지난 후 노령기에 접어들어 원고는 사회보장제도로 마련된 노령 연금을 신청하였다. 이 과정에서 1964년에서 1968년까지의 연금의 25% 분담금을 당시 고용주였던 피고 회사에서 납부하지 않았다는 사실을 원고가 알게 되었다. 2001년 5월 원고는 피고 회사에 대해 미납금 상당에 손해배상소송을 제기하였다.

원심 법원은 1964년부터 1968년 12월 31일까지 미납 분담금에 상응하는 권리 상실로 인한 손해배상의 소권이 1968년 12월부터 진행하여 프랑스 구민법 제2262 조의 30년의 최장기간이 지났다고 판단하고 원고의 청구를 기각하였다. 원고는 상고하였다.

나. 프랑스 파기원(Cour de cassation)**의 판단**

프랑스 파기원(Cour de cassation)은 프랑스 구민법 제2262조 계약상 채무불이행으로 인한 손해배상책임의 시효는 '손해가 발생하였을 때' 또는 이를 알지 못하였다면 '이를 인식한 때'부터 시효가 진행된다고 보고 다음과 같이 설시하였다.

연금 계획에 고용주 미납부한 기여금에 상응하는 연금 권리 상실로 인한 손해(le préjudice né de la perte des droits)는 **직원이 연금에 대한 권리 청산을 청구할 자격이 갖추어졌을 때**(moment où la salariée s'était trouvée en droit de pré-tendre à la liquidation de ses droits à pensions)부터 확실하게 나타난다.[20]

파기원(Cour de cassation)은 앞선 판결과 동일하게 '손해가 나타났을 때' 또는 '원고가 이를 알지 못했음을 증명하면 원고에게 알려진 날부터 진행한다.'고 설시하였다. 그러면서 파기원은 사용자에 의한 분담금 미납에 상응하는 연금 권리 상실로 인하여 발생한 원고의 손해는 원고가 '**연금 권리 청산을 청구할 수 있는 자격을 갖추었을 때**'부터 비로소 피고에 대한 손해배상청구권의 소권이 나타난다고 판단하였다.

따라서 파기원은 원심 법원이 1964년부터 1968년 12월 31일까지 미납 분담금에 상응하는 권리 상실로 인한 손해배상의 소권이 회사의 마지막 미납 시점인 <u>1968년 12월부터 진행하여 30년의 최장기간이 지났다고 판단</u>한 것은 구 프랑스 민법 제2262조를 위반하였다고 결정하였다.

---

20) Cass, soc, 26 avril 2006, Bull. civ. V, N° 146.

다. 판례 분석

원심 판결은 피고 회사의 연금의 25% 분담금을 마지막으로 미납한 시점인 1968년 12월부터 원고의 손해배상청구권이 진행된다고 보아서 원고의 2001년 소제기 때에는 30년의 최장기간이 경과하였다고 보았다.

반면에 파기원(Cour de cassation)에서는 연금의 25% 분담채무 미납으로 인한 손해배상청구권의 소멸시효 기산점을 '손해가 나타날 때'를 기준으로 하였다.

두 판결을 비교하면 다음과 같다.

1) 원심 판단:
   회사의 분담금 채무불이행시(연금의 25% 분담금을 마지막으로 미납한 시점)
   =불법행위시(1968년 12월)
2) 파기원 판단:
   미납으로 손해가 나타난 시점(le préjudice né de la perte desdroits)
   =연금에 대한 권리 청산을 청구할 자격이 갖추어졌을 때(moment où la salariée s'était trouvée en droit de prétendre à la liquidation de ses droits à pensions)

연금 권리에 대한 미납으로 발생한 손해는 피고 회사에서 연금의 25% 분담채무를 미납했을 때부터 발생한다. 그러나 원고는 이를 알 수 없다. 원고는 연금에 대한 권리청산을 청구할 시기에 접어서야 자신의 손해를 알 수 있다.

앞서 Cass. soc. 1 avril 1997, Bull. civ. V, N° 130 판결에서 손해를 알 수 없다면 '**손해가 밝혀진 날**(la date à laquelle il est révélé)'부터 소멸시효가 진행한다는 의미가 이를 가리킨다.

이 판결은 앞선 판결의 "손해가 나타났을 때"를 "연금에 대한 권리청산을 주장할 자격이 되었을 때"로 보다 구체화하였다. N° 130 판결이 원고가 손해를 알게 된 날을 증명하여야 한다면 이 판결은 '**연금에 대한 권리 청산을 청구할 자격이 갖추어졌을 때**' 손해도 나타난다고 본 것이다.

우리의 최장기간에 대한 시효 기산점의 "손해의 현실화"를 비교한다면 고용주인 회사가 분담금 미납행위를 할 당시에 손해가 관념적이고 잠재적인 상태에 있다가 "연금을 청산할 자격이 된 때" 비로소 '손해가 현실화'되었다고 본 것이라 할 수 있다.

제3절 일본

일본의 경우 피해 원인이 불확실하고 피고 책임도 불분명하여 사실관계를 찾는데 버거운 재판부가 소멸시효를 이용한다는 비판을 받아왔었다.[21] 일례로 코 성형수술 판결이 그러하다.

이 사안은 피해자가 1972년 코 성형수술을 받고난 뒤 이후 계속되는 통증에 시달리다가 1987년 타 병원에서 성형수술 시 남겨진 이물질이 있음을 발견하고 소를 제기하였다. 그러나 재판부는 코 수술을 받고 난 뒤 여러 차례 피고 병원에 통증을 호소한 사실로 피해자가 피고의 불법행위를 인식하였다고 보고 불법행위의 일본민법 제724조 본문에 의해 시효가 경과되었다고 판단하였다.[22]

앞서 영미판례에 따른다면 통증을 호소하였다는 피해자의 주관적 신념(subjective belief)으로 피고의 불법행위에 기인했다는 사실을 알았다고 볼 수 있을까? 통증을 호소하였다고 이물질이 남겨지는 하자 있는 코 수술 때문인지를 단순히 추측하는 것 이상의 어떠한 합리적인 정보를 가지고 있지 않았음에도 피고가 불법행위를 인식하였다는 추론이 가능한 것인지 매우 의문이다.

Borello v. US Oil Co.소송에서처럼 **비난할 수 없는 선의**(blameless ignorant) 피해자로 보호받아야 하지 않을까?

이러한 가운데 다음의 사례들은 과실책임 소송에서 기산점의 변동된 판례에 해당한다.

1. 맹장절제 의료과실소송

가. 개요

원고는 1965년 하복부에 통증을 느껴 피고 측 병원에서 급성 맹장염 진단을

21) Naoki Kanayama, in Ewould H. Hondius(fn 10), p. 245.
22) 東京地裁, 平成 1年 10月 19日(判時 1352号 86頁)

받고 즉시 입원 맹장절제수술을 받았다. 퇴원 후 2-3일을 집에서 쉰 후에 직장에
복귀했지만, 변비, 식욕 감퇴 등의 증상과 하복부에 응어리가 남아있는 느낌은 수
술 전과 변함없었다. 타 병원에서 진찰을 받았으나 충수에 기인하는 것은 아니라는
진단을 받아 원인 불명으로 지내왔다.

14년이 지난 후 통증으로 타 병원에서 개복 수술의 결과 충수가 잔존하여 궤
양, 충수 낭종 등이 발병했음을 알게 되었고 원고는 피고 병원을 상대로 손해배상
을 청구했다. 피고 병원 측은 진료 계약에서 불완전 이행에 의한 손해배상청구권은
피고가 충수 절제술을 한 날부터 10년이 경과하여 소멸하였다고 주장하였다.

나. 법원의 판단

후쿠오카 법원은 이 사안에 대하여 소위 진료 계약의 불완전 이행으로 인한
손해가 발생한 사안으로 계약은 이행되어 법률상 장애는 소멸하였지만 동시에 충
수의 잔존을 확인할 때까지 소멸시효는 진행하는 것으로 볼 수 없다고 판단하였다.
그 이유는 다음과 같다.

일반적으로 소멸시효는 '**권리행사 가능할 때**' 진행하는데 채권행사에 대해 엄
격하게 **법률상의 장애 없이 하게 된 때를 지칭하는 것이 아니라** 권리자의 직업, 지
위, 교육 및 권리의 성격, 내용 등 제반 사정으로 그 '**권리행사를 현실적으로 기대
내지 요구할 수 있는 시기**'를 의미한다.

다시 말해 '권리를 행사할 수 있음을 알게 된 시기'를 의미하는 것으로 해석이
상당하다. 권리자의 지위, 권리의 성질 등 제반 상황에 비추어 권리행사를 기대하
기가 사실상 불가능한 경우까지 시효의 진행을 용인하면 권리자에게 정당한 권리
행사를 제한하는 것과 같고, 나아가 시효 제도의 취지에 어긋나는 부당한 결과를
초래한다.[23]

후쿠오카 법원은 "(불법행위로 인한 손해배상청구권의 손해 및 가해자를 안 때 일치)
까지 이에 대한 **손해배상청구권의 실제 행사를 기대하기가 사실상 거의 불가능했
다**"[24]고 보았다. 따라서 재판부는 의사의 채무 불완전이행을 근거로 맹장 절제수술

---

23) 福岡小倉支部 昭和 58年 3月 29日 判決 判時 1091号 126頁

을 한 후 원고가 "타 병원에서 개복수술을 한 날"= "수술이 잘못되어서 신체문제
를 알았을 때"부터 채무불이행에 기한 손해배상청구권의 소멸시효의 기산점이 된
다고 보고 개복 후 1년 안에 소를 제기했기에 아직 소멸시효가 완성하지 않은 것으
로 보아 원고의 청구를 인용하였다.

다. 판결 분석

이 판결도 Borello v. US Oil Co.소송처럼 인과관계가 나중에 밝혀진 사안이
다. 의료과실로 인한 충수 잔존의 피해는 일찍이 수술행위 시에 발생하였지만 피해
에 관한 인과관계는 14년이 경과하여 밝혀졌다. 이때 손해배상청구권의 시효 기산
점을 '의료행위 때'로 볼 것인지 아니면 14년이 지나 '충수 잔존을 발견한 때'로 볼
것인지가 쟁점이 된다.

대륙법계인 일본에서는 의료과실에 대해 불완전한 이행으로 보고 채권관계의
경우 일본민법 제166조의 '권리행사를 할 수 있는 때'를 적용하여 기산점을 상정하
고 있다. 5장에서 '법률상 장애 없는 시기'와 '사실상 장애'에 대해서는 자세히 다루
기로 하고 여기서는 이 판결에 대한 선 이해를 위한 설명만 한다. 개복 수술을 통
해 충수의 잔존을 확인한 사실은 시효의 '법률상 장애'가 아닌 '사실상 장애'에 해당
한다.

일본에서는 1970년 '권리자의 현실적인 권리행사가 기대되는 때'로 기산점을
변동한 최고재판소의 공탁물 판결이 나오기 전까지 '권리 행사할 수 있을 때'를 '법
률상 장애 없을 때'부터 진행한다고 보아 피해자가 권리를 구제받는 경우가 드물었
다. 이 판결은 최고재판소의 공탁물 판결 이후 하급심 판결 중 '권리자의 현실적인
권리행사가 기대되는 때'를 반영한 판결이어서 눈길을 끈다.

원고는 피고 병원에서 충수 절제 수술한 이후 통증에 시달렸고 타병원에서 통
증의 원인을 검사하였다. 그러나 이전 충수 수술 때문은 아니라는 전문의의 판단을
받아 피고에 대한 의료과실에 대한 손해임을 알 수 없었다. 결국 법원은 개복수술
을 통해 피해자가 충수의 잔존이 확인하였을 때 비로소 불완전한 이행에 따른 손해
배상청구권의 권리행사가 가능하다고 보았다.[25] 손해가 확인되는 **개복수술 이전까**

---

24) 福岡小倉支部 昭和 58年 3月 29日 判決 判時 1091号 126頁
25) 福岡小倉支部 昭和 58年 3月 29日 判決 判時 1091号 126頁

지 채권자의 불완전 이행에 대한 권리행사를 기대하기가 사실상 불가능함을 인정한 것이다.

2. 신생아 뒤바뀐 사건

가. 사실관계

1958년 4월 10일부터 14일경 원고들은 피고 산부인과에서 각각 신생아를 출산을 하였다. 며칠 후 퇴원 시에 피고 산부인과의 과실로 각각의 부모들에게 친자가 아닌 신생아를 인계하였다. 부모들은 이 사실을 모른 채 각각 친자가 아닌 신생아를 양육하였다. 1997년 10월경 혈액형 재검사를 통해 아이가 바뀐 사실을 알게 되었고 원고들은 산부인과를 상대로 불법행위 및 채무불이행에 기한 손해배상청구를 제기하였다.

원심 재판부는 ① 불법행위로 인한 손해배상청구권은 신생아끼리 바뀌는 시점이 1958년 4월 10일부터 같은 달 14일경부터 기산하여 20년의 제척기간이 경과하였고 ② 채무불이행의 경우 퇴원한 1958년 4월 17일 무렵부터 10년 시효가 지났다며 원고들의 청구를 모두 기각했다. 이에 불복하는 원고들이 항소했다.

나. 항소법원의 판단

항소 법원은 원고의 채무불이행에 의한 손해배상청구권의 권리행사가 가능한 때를 "법률상의 장해가 없을 뿐만 아니라 권리의 성질상 그 권리행사가 현실에 기대할 수 있을 때"라고 판시하였다.

신생아가 뒤바뀐 경우 분만 계약의 채무불이행 사실 자체는 퇴원한 1958년 4월 17일이고 잘못된 친자의 인도가 이루어진 시기 이후 채무불이행에 기한 손해배상청구권이 발생했다고 생각할 수 있으나 그 **권리행사가 현실에 기대할 수 있는 때가 언제인지를 기준으로 판단**되어야 한다.

이런 종류의 사안에서는, 부모나 산부인과 의사와 간호사 등 의료 종사자에게도 외관상 그 사실을 알기 어렵고 따라서 이로 인한 손해의 발생이 잠재화하고 있다고 말할 수 있다. 실제는 부모에게 친자를 인도하는 그 권리의 특성상 분만

조산 계약의 당사자인 부모 및 자식이 오인 사실을 **알 수 있는 객관적인 사정이 발생하여 그 피해가 표면화하고 처음으로 권리행사를 기대할 수 있게 되었을** 때이다.[26]

항소법원은 일본민법 제166조 '권리를 행사할 수 있는 때'에 대하여 친자가 바뀌었다는 사실은 외관상으론 알기 어려워 손해의 발생이 잠재화되어 있다고 보고, 1997년 10월경 혈액형 재검사한 시점에 분만 계약의 당사자인 부모와 아이가 뒤바뀐 사실을 알 수 있는 객관적인 사정이 발생하고 그 피해가 표면화되어 처음으로 권리행사를 기대할 수 있다고 판단하였다.

결국 항소 법원은 1997년 10월 경 혈액형 재검사 때에 '손해가 표면화되고 권리행사가 현실에 기대 가능할 때'부터 10년의 소멸시효가 진행된다고 보아 원고의 항소를 인용하였다.

다. 판결 분석

이 판결은 피해자가 채무동일성을 파기했다는데 의미가 있다. 채무동일성에 대해서는 후술할 진폐소송에서 자세하게 다룬다. 채무동일성론에 따르면 친자 인도청구권이 발생한 시기에 이에 대한 채무불이행에 따른 손해배상청구권이 발생한다. 법률상 장애와 관련한다면 친자 인계 채무불이행에 따른 손해배상청구권을 행사하는데 법률상 장애는 없으므로 법 논리상 1958년 친어머니들의 퇴원 때에 피고 산부인과에서는 친자 인계의무 발생과 동시에 친자 인계의무 불이행에 따른 손해배상청구권이 발생한다. 그런 경우 원고들의 손해배상청구권은 1968년 10년의 시효가 경과한다.

그런데 법원은 인수받을 당시 피고의 채무불이행에 따른 원고들의 손해배상청구권이 <u>현실적으로 기대할 수 없었다</u>고 보았다. 원고에게 손배청구권 행사를 현실적으로 기대를 할 수 있으려면 <u>피고의 '친자인계채무불이행'이라는 사실을 알 수 있어야 한다</u>고 법원은 지적한다. 원고가 인식할 수 있을 때는 언제일까? 단순한 친자 아닐 수 있는 의심으로는 안다고 할 수 없다. 객관적으로 채무불이행을 알 수 있을 때가 현실적으로 원고에게 권리행사를 기대할 수 있는 때일 것이다.

---

26) 東京高裁 平成 18年 10月 12日 判時 1978号 17頁

그렇다면 그동안 가졌던 친자가 아닐 가능성에 대한 주관적 의심(subjective belief)이 사실상 '권리행사를 현실적으로 기대할 수 있는 때'인 **'혈액형 재검사'**를 통해 객관적으로 피고에 대한 본인의 친자 인도청구권을 행사할 현실적 기대가능성이 나타났다고 본 것이다.

이 같은 판단 배경에는 일본민법 제166조 제1항에서 '권리를 행사할 수 있는 때'에 대하여 '법률상 장애'와 같은 형식적 논리에서 벗어나 '권리행사의 현실적인 기대 가능성'을 염두에 두고 유연하게 해석하여 구체적으로 타당성을 도모하여야 한다는 1970년 최고재판소의 공탁물 판결과 2003년 보험금청구 판결 취지에 따른 것이다.

결국 '권리를 행사할 수 있을 때'란 '권리를 현실적으로 기대할 수 있는 때'로 '법률상 장애 없는 시기' 또는 채무동일성에 따른 '친자인계채무 불이행 때'부터 손해배상청구권이 발생하였다고 본다면 손해의 형평·타당성에 맞지 않음을 보여주는 사례가 된다.

3. 예방접종 사건

가. 사실관계

1952년생인 원고는 같은 해 근처 보건소에서 수두 예방접종을 받았는데 같은 달 27일부터 경련, 발열 등 경련이 멈추지 않았고 일어설 수도 없는 상태가 되었다. 그 후 원고는 고도의 정신장애, 지능장애, 운동장애 및 빈번한 경련 발작을 수반하는 중증 심신장애자가 되었다. 1974년 피해자와 친권자는 국가를 상대로 예방접종에 따른 손해배상소송을 제기하였다. 1984년 1심 판결이후 피해자는 금치산선고를 받아 앞서 소송에서 친권자가 후견인으로 선임되었다.

원심은 일본민법 제724조 후단을 들어 손해배상청구권의 제척기간을 "법률관계를 확정하기 위해 피해자 측의 사정 등 고려되지 않고 획일적으로 규정하는 제척기간의 취지에서 제척기간의 경과를 인정하여도 정의와 형평법에 현저히 반하는 결과를 초래한다고 볼 수 없다."고 보고 당사자의 주장이 없더라도 제척기간의 경과에 따라 청구권이 소멸되었다고 보고 원고의 청구를 기각하였다.

나. 최고재판소의 판단

최고재판소는 원심의 제척기간의 성격상 신의칙을 적용할 수 없다는 점은 인정하면서도 다음과 같이 시효정지 규정 일본민법 제158조의 취지를 준용하여 20년의 불법행위에 관한 제척기간을 배척하였다.

> 그 심신 상실의 불법행위로 인한 경우에도 피해자는 권리행사가 불가능하다는데 <u>단순히 20년이 경과한 것만을 가지고</u> 일체의 권리행사가 허용되지 않는 반면, **심신 상실의 원인을 제공한 가해자는 20년의 경과에 의해 손해배상의무를 면하는 결과가 현저하게 공정·공평의 이념에 반하는 것이라 할 수밖에 없다.**
> 불법행위의 피해자가 불법행위 때부터 20년이 경과하기 전에 6개월 내에서 <u>심신 상실 상황에 법정대리인이 없는 경우</u> 해당 피해자가 금치산 선고 후 후견인에 선정되어 그 때부터 6개월 내에 손해배상청구권을 행사하는 등 특별한 사정이 있는 때에는 일본민법 **제158조(시효정지)에 뜻에 비추어** 동법 **제724조 후단의 효과는 발생하지 않는다.**[27]

최고재판소는 20년의 단순 경과로 인하여 피해자는 일체 권리행사가 불가능한 반면, 심신상실의 원인을 제공한 가해자는 20년의 경과에 의해 손해배상의무를 면하는 결과를 초래하여 "현저하게 공정·공평의 이념에 반하는 것"이라 설시하였다. 따라서 최고재판소는 무능력자의 시효정지 규정을 준용하여 일본민법 제724조 후단의 제척기간의 효과가 발생하지 않는다고 보았다. 이렇게 피해자를 보호할 필요성이 있을 때는 시효와 마찬가지로 그 한도에서 제척기간 규정인 일본민법 제724조 후단의 효과를 제한하는 게 조리에도 부합한다고 설시하였다.

다. 판결 분석

이 판결은 이제껏 일본민법 제724조 불법행위 손해배상청구권의 최장기간을 제척기간으로 보아 어떠한 예외도 없이 제척기간의 경과로 판단하여 피해자의 권리구제를 배척해왔던 종전 판결과 달리 **제척기간에도 시효정지를 준용하여** 피해자를 구제한 첫 최고재판소 판례로서 주목된다.

---

27) 最判 平成 10年 6月 12日 民集 第52卷 4号 1087頁.

일본의 다수설과 판례는 민법 제724조 후단에 대해 이제까지 최장기간 20년을 피해자의 인식 불문하고 획일적 존속기간으로서 **신의칙의 일반조항**이나 **시효 정지나 시효중단이 적용되지 않는 '최대기간(maximum period')=제척기간**으로 보았다. 따라서 후단의 규정을 일의적인 적용만 가능한 '제척기간'으로 판단하였다. 실제 시효의 정지 규정을 적용하여 제척기간을 배척하는 것이 가능한지에 대해서는 부정설이 유력하다.28)

미군 불발탄사건에서 최고재판소는 일본민법 제724조 후단 규정을 제척기간으로 보아 당사자의 원용이 불필요하고 따라서 신의칙 위반 및 권리 남용에 의한 원용 제한도 받지 않는다고 보았다. 신의칙에 대해선 적용이 불가능하다고 이미 밝혔던바 최고재판소의 고민은 깊었다.29) 최고재판소가 **피해자를 구제하기 위하여 시효의 정지의 준용**을 선택하였다.

일본민법 제158조를 직접 적용하는 경우에는 시효 기간 만료의 6개월 전에 금치산 선고를 받고 있을 필요가 있다. 그런데 이 사안에서 피해자는 불법행위시인 1952년부터 20년이 경과하였다. 이미 제척기간이 도과한 것이다. 제척기간에 시효정지를 적용하진 못한다고 본 일본 최고재판소는 **직접 적용이 아닌 준용**을 선택하였다.30) 대법원은 일본민법 제158조의 입법 취지를 반영하여 금치산 선고를 받아 법정 대리인이 선임되어 6개월 이내에 제소한 경우에 제척기간의 효과를 제한하였다.

20년이 경과한 것만 가지고 심신 상실의 원인을 제공한 가해자는 손해배상의무를 면하는 결과는 '현저하게 공정·공평의 이념에 반한다'고 판단한 것이다. 소멸시효의 경우, 시효는 완성되었으나 채권자 보호의 필요성이 아주 크고 채무이행 거절을 인정하는 것이 현저하게 공정·공평에 반하는 경우에 **'신의칙'의 일반조항을 들어서 시효의 완성을 배척**한 것과 다름 아니다.31)

---

28) 判例タイムズ, 予防接種禍東京訴訟上告審判決, 1998. 980号 85頁
29) 最判 平成 元年 12月 21日 民集 43巻 12号 2209頁 참조. 유사한 하급심 판결로는 東京高判 昭和 53年 12月 18日; 大阪地判 昭和 55年 5月 28日; 東京地判 昭和 56年 2月 23; 神戸地判 昭和 56年 11月 20 ; 東京高判 昭和 57年 4月 28日; 東京地判 昭和 58年 2月 21日; 東京地判 平成 2年 8月 7日 등. 이 같은 법원의 해석은 학계의 비판을 받아왔다.
30) 松本克美, 最高裁 1998·6·12 最高裁民事判例集52巻4号1087頁の意義, 立命館大学, 2022. 5 e−mail.
31) 香川崇"消滅時効の起算点·停止に関する基礎的考察", 富山大学経済学部富大経済論集 第54巻 第3号, 2009, 61頁.

內池慶四郎교수는 **정의·공평·条理**라는 논거를 이용하는 것은 **신의칙 위반과 권리남용 법리의 복귀**이며 실질적으로 일본민법 제724조 후단이 제척기간으로 보는 최고재판소(最判, 平成 元年 12月 21日 民集 43卷 12号 2209頁) 판결의 내용을 뒤집은 것으로 본다.[32]

결국 일본 개정민법은 제724조의 법조명에 소멸시효를 명시하였다. 제척기간이 아닌 **소멸시효**로 명시하여 신의칙이나 시효정지 등의 적용이 가능하도록 한 것이다.

4. B형 간염 소송 판결

가. 사실관계

X1은 1964년생으로 1964년부터 1971년까지 예방접종을 받았는데 1986년 B형 간염을 진단받았다. X2도 1964년생으로 1965년부터 70년까지 예방접종을 받았고 1990년 만성 B형 감염자로 확인되었다. X3은 1983년생으로 그해 집단 BCG예방접종을 받았는데 다음해 만성 B형 감염자로 확인되었다. X4는 1951년 5월 태어나 같은 해 9월부터 1958년 3월에 받은 집단 예방 접종 등을 통해 B형 간염 바이러스에 감염되었고 1984년 8월 무렵 B형 간염으로 진단받았다. 원고 X5는 1961년 7월생으로 1962년 1월부터 1967년 10월에 받은 집단 예방접종 등을 통해 B형 간염 바이러스에 감염되었고 1986년 10월 B형 간염을 진단받았다. 원고 X1와 원고 X5를 비롯 피해자들은 유아기에 받은 예방접종으로 인하여 B형 간염에 걸렸다고 1989년 국가에 대한 손해배상 소송을 제기하였다.

원고 X4, 원고 X5는 모두 영유아때 예방접종을 받아 B형 바이러스에 감염되었다. 그런데 원고 X1은 첫 예방접종후 22년이 지나 B형 간염으로 진단 원고 X4는 33년이 지나서 감염 진단을 받았고 원고 X5는 25년이 지나 B형 감염 진단을 받았다. 모두 B형 감염이 영유아때 예방접종으로 인한 것인지의 인과관계가 문제되었다. 1심 재판부는 집단 접종과의 B형 간염과의 인과관계가 없다고 원고의 청구를 기각하였다.[33]

---

32) 內池慶四郎, "近時最判判決と 民法724条 後段の20年期間", 法学研究 73卷 2号, 2000, 185頁.
33) 札幌 地判 平成 12年 3月 28日 民集 60卷 5号 2077頁

나. 법원의 판단

(1) 인과관계 인정

원고들은 항소하였다. 항소법원은 예방접종으로 인하여 B형 간염이 발병하였다고 보고 인과관계를 인정하였다. 이 부분은 최고재판소의 판단도 동일하다.

> 유아기에 집단 예방 접종으로 인해 X1~X3이 B형 간염 바이러스에 감염되었음을 인정하는 판단으로 (1) B형 간염 바이러스는 혈액을 통해 사람에서 사람으로 감염되며, 집단예방접종 등 피 접종자 중에서 감염자가 존재하는 경우 주사기의 연속 사용에 의해 감염될 위험이 있다. (2) X1~X3은 어린 시절에 **집단예방접종을 받으면서 주사기의 연속 사용이 된 것이다.** (3) X1~X3은 B형 간염 바이러스에 감염 지속 감염자가 되고, 그중 X1 및 X2는 성인기에 들어 B형 간염이 발병하였다.
> (4) X1~X3은 출산 때 어머니의 피가 아이의 체내에 들어가는 감염(수직 감염)에 의한 것이 아니라, 그 이외의 감염(수평 감염)에 의해 감염된 것이다. (5) 1986년에서 모자(母子)간 감염 방지 사업이 시작된 결과 수직 감염을 차단하여 어린 아이에 대해서는 집단 예방 접종 등의 주사기의 연속 사용에 의한 것 이외는 수평 감염의 가능성이 극히 낮다. (6) **X1~X3 대해 예방 접종 등과 X1~X3의 B형 간염 바이러스 감염 사이의 인과 관계를 긍정하는 것이 상당하다.**[34)]

법원은 주사기가 연속 사용되었다는 점과 어머니에 의한 수직감염이 아니라는 점을 인정하면서 수평감염 중 예방접종 시 주사기의 연속 사용으로 B형 간염이 발병하였다고 보았다. 이로써 국가의 예방접종에 따른 B형 감염책임은 인정되었다.

(2) 항소심 판단

이제 예방접종에 따른 B형 감염 피해는 언제 발생하였는지 판단하여야 했다. 항소법원은 예방접종으로 인하여 B형 감염 발병하였다고 보고 '마지막 예방접종시'를 기산점으로 삼았다. 이에 따라 X4와 X5는 마지막 예방 접종시부터 일본민법 제724조 후단의 20년 제척기간을 도과했다고 원고의 청구를 배척했다.

> "이 사건처럼 모두 유아기에 접종인 것으로 인과관계가 밝혀진 경우에는 그

---

34) 最判 平成 18年 6月 16日 民集 第60卷 5号 1997頁

마지막 접종시를 제척기간으로 삼는 것이 상당하다. **X1의 마지막 집단 예방 접종**
은 1971년 2월 5일, X2의 마지막 접종은 1970년 2월 4일이다. X4의 마지막 접종
은 1958년 3월 12일, X5의 마지막 접종은 1967년 10월 26일이다. 따라서 X1 의
마지막 접종 및 X2의 마지막 접종 시에 발생한 손해배상청구권은 소제기 때(1989
년 6월 30일) 제척기간을 경과하지 않았지만 X4와 X5의 손해배상청구권은 제척기
간이 경과했다.”[35]

항소심인 원심은 손해 발생시에 대해 ‘마지막 예방 접종시’에 B형 바이러스 감
염되어 그 마지막 접종시기를 제척기간의 기산점으로 보았다.

(3) 최고재판소의 판단
최고재판소는 기산점에 대해 치쿠 진폐 최고재판소 판결과 미나마타 병 최고
재판소 판결의 기산점 해석을 인용한 뒤 “B형 간염이 발병한 데 따른 손해는 그 손
해의 특성상 <u>가해 행위가 종료한 후 상당 기간이 경과한</u> 후에 발생하는 것으로, 제
척기간의 기산점은 ‘예방접종 시’가 아니라, **손해의 발생**(B형 간염의 발병) **때**”라면서
다음과 같이 판단하였다.

B형 간염이 발병한 데 따른 손해는 그 손해의 특성상 가해 행위가 종료한 후
상당 기간이 경과한 후에 발생하기 때문에, **제척기간의 기산점은 예방 접종이 이
루어진 가해 행위가 아니라 B형 간염의 발병**(손해의 발생 때인 진단을 받은)**때가**
민법 제724조 후단 소정의 제척기간의 기산점이 된다. 판시 사정 아래에서는 집단
예방 접종 등(가해 행위)의 때가 아니라 **B형 간염의 발병 (손해의 발생) 시간이 민
법 724조 후단 소정의 제척기간의 기산점이** 된다.[36]

최고재판소는 의사가 ‘B형 간염을 진단한 때’에 손해가 발생하였다고 보아 이
때를 제724조의 기산점으로 삼았다. 따라서 X4와 X5를 포함하여 피해자 모두 진
단일을 기준으로 시효기간 내에 B형 간염에 따른 손해배상을 청구하였다고 판단

35) 札幌高裁, 平成 16年 1月 16日 判決 民集 60卷 5号 2171頁
36) 最判, 平成 18年 6月 16日 民集 第60卷 5号 1997頁.

하였다.[37]

다. 판결 분석

앞서 예방접종 소송과 차이는 무엇일까? 예방접종을 받은 후 바로 '중증 장애'라는 손해가 발생하였으나 제척기간의 경과를 인정할 것인지 문제라면, 이 소송은 손해의 특성상 잠복기를 가져 예방접종 후 20년의 상당기간이 지난 후에 B형 간염이라는 손해가 발생한 경우에 해당한다. 다시 말하면 가해행위와 손해발생 사이에 이격이 있는 사건이다. 사건은 다음 장에서 다룰 잠재적 손해와 그 특성이 비슷하다.

그런데 예방접종 때 B형 간염바이러스가 발생하였고 이때 손해가 발생한 것은 아닌지 확인할 필요가 있다. 유아기에 받은 예방접종으로 인해 B형 간염 바이러스가 간세포에 침입하면 지속 감염자가 된다. 지속 감염자가 된 경우에도 그 후 혈청 전환이 일어나면 간염은 거의 없어진다. 그러나 혈청 전환이 일어나지 않은 채 성인기에 들어가면, B형 간염 바이러스와 면역 기능과의 공존 상태가 무너져 간염이 발병할 수 있고, 간경변이나 간암으로 진행할 수 있다. 따라서 **B형 간염 바이러스가 침입했다고 바로 B형 간염으로 발병하진 않으므로** 손해의 발생이 '가해 행위시'에 있다고 할 수 없다.

최고재판소는 이점에 주목하여 손해의 발생은 'B형 간염으로 발병한 때'에 시작된다고 보고 진폐소송과 동일하게 가해행위 후 상당기간이 경과한 후에 손해가 발생된 때를 기산점으로 삼은 것이다.

5. Eşim v Turkey ECtHR

가. 사실관계

1969년에 태어난 피해자는 군인으로 1990년에 테러 진압에 참여하였다가 부상을 당하였다. 이후 치료를 받은 후 1992년 군에서 전역하였다. 2004년에 피해자는 심한 두통과 현기증으로 병원을 찾았다가 뇌에 미확인물체가 있는 것으로 나타

---

37) 松本克美교수는 판례가 일본민법 제724조 후단의 "불법행위의 때"를 피해자가 인식할 수 없는 "사실상의 잠재적인 손해"가 아니라 "규범적 손해가 확대 표면화된 때"로 보고 있다고 평가하였다. 松本克美(fn 103), 250頁.

났고 2007년 GATA 군병원에서 총알이 피해자의 머리에 박혀있음이 확인되었다. 피해자는 튀르키예 국방부에 보상을 요청하였지만 거절당하였다.

2008년 피해자는 튀르키예 최고 군사 행정법원(AYİM)에 금전 및 비 금전적 손해배상 소송을 제기하였다. 그러나 군사 행정법원은 이미 1995년 5월 25일에 5년의 소멸시효가 경과되었다고 그의 청구를 배척하였다. 피해자는 유럽인권재판소에 제소하였다.

나. 유럽 인권재판소의 판단

유럽 인권재판소는 튀르키예 행정법원이 2004년 7월 22일자 의료기록에 대해선 살펴보지 아니하고 소멸시효의 기산점을 사건이 발생한 1990년부터 시작하여 5년의 시효가 경과하였다고 보는 것은 타당하지 않다고 보았다. 소멸시효는 절대적인 원칙이 아니며 사건의 특성에 따라 고려되어야 한다고 보았다. 그렇지 않으면, **법의 실현을 위한 규칙이 법의 장벽으로 변할 수 있다**고 명시하면서 이 사건은 손해가 나중에 발생한 사건으로서 보아야 한다고 말했다.[38]

구체적으로 그 피해가 수년 후에 발견되었고 피해를 초래한 총알이 사건이 발생했을 때 몸속에 들어왔으나 치료하는 동안 발견되지 않았다. 튀르키예 군사법원이 손해의 발생을 고려하지 않았다고 보면서 피해의 원인이 되는 물체가 무엇인지 밝혀지지 않았음에도 5년의 시효를 시작할 수는 없다고 하였다. 이러한 점에서 시효로 청구를 제한하는 것은 재판받을 권리가 침해한다고 밝혔다.

---

38) EGMR, Urt. v. 17. 9. 2013 — 59601/09

제
3
장
/

잠재적 손해

잠재적 손해

　해악 물질에 대한 손해배상청구권의 청구원인 발생을 '노출 시' 또는 '흡입 시' 등 '행위 시'로 볼 수 없다는 점은 '장기간의 잠복기를 갖는 이른 바 잠재적 손해인 석면 등 환경소송에서 비롯되었다. 환경소송과 같은 잠복기를 갖는 손해의 경우는 행위 시에 손해가 발생하지 않는 대표적인 사례에 해당한다.

　시효법 역사상 행위 시에 손해가 발생하지 않는 경우를 예정한 적이 없었기에 지연된 손해가 발생한 경우 언제를 손해배상청구권의 기산점으로 삼을지가 관건이었다. 피해자를 '권리 위에 잠자는 자'로 보아 피해자의 손해배상청구를 배척할 수는 없다.[1]

　1960년 들어 세계 각국은 석면으로 인한 손해배상에서 시효에 대해 논의하기 시작했다. 석면 등 잠재적 손해는 여러 가지 중증의 폐질환과 폐암으로 이어지는데 20~40년이 걸린다. 흡입이나 노출의 특정 시점(a point of time)이 아닌 일정 기간의 (the product of a period of time) 축적된 결과가 20~40년 후에 나타나기 때문이다. 흡입이나 노출시에 손해가 발생하였다고 누구도 인식할 수 없었을 뿐 아니라 노출되었다고 손해로 나아갈지도 불확실한 상황에서 손해배상청구권을 행사할 수는 없다. 오직 유해한 결과(injurious consequences of the exposure)가 나타나는 시점에 비로소 객관적으로 인식 가능하다. 이러한 점에서 채권자의 인식 기준인 발견주의를

---

1) Fairness and Constitutionality of Statutes of Limitations for Toxic Tort Suits, Vol 96 Harv. L. Rev.(1983), p. 1685

적용해야 하는 대표적 사례에 해당한다.[2)]

제1절   영국

1. 개요

1939년 시효법(Limitation Act 1939)은 계약상의 모든 행위와 불법행위에 대해 '청구원인의 발생'부터 6년의 기간을 규정했다. 이 기산점 규정은 그 기원이 1623년 시효법(Limitation Act 1623)으로 거슬러 올라간다.[3)] 1954년 의회는 Act 제2조 하위 (1)항을 두어 사람의 생명·신체 상해에 따른 청구에 대해선 '청구원인의 발생 때'부터 3년으로 단축하였다.[4)]

잠재적 손해에 대하여 영국의 재판부는 원고의 합리적 주의의무를 갖더라도 그 손해를 발견할 수 없음을 인정하였으나 청구원인의 기산점에 대해선 여전히 '행위 시'에 따른 해석에서 벗어나질 못하였다. 결국 피해자에게 엄격하고 비합리적인 판결은 같은 영연방국 캐나다, 뉴질랜드의 비판을 받았다.[5)]반면 미국 법원의 경우 '근본적 공정성(fundamental fairness)'에 따라 잠재적 손해에 대한 청구원인 발생을 유연하고 합리적 해석하여 영국 재판부와 대비를 이룬다.

결국 영국의 잠재적 손해의 해결은 시효법을 개정하거나 입법을 통해 이루어 졌다. 오늘날 영국의 전통적인 6년 제소기간은 일반 불법행위에만 적용되고 사람의 생명·신체 피해(3년), 과실(3년), 제조물 책임(3년) 및 명예훼손(1년)은 별도로 규정하여 적용하고 있다.

현행 시효법(Limitation Act 1980)은 "청구원인이 발생한 날" 또는 "이를 안 날 또는 알 수 있는 날(나중에 있을 경우)"부터 3년으로 피해자의 권리를 보장하

---

2) Melissa G. Salten(fn 123), pp. 216－217.

3) Margaret Fordham, "Sexual Abuse and the Limitation of Actions in Tort － A Case for Greater Flexibility", Sing. J. Legal Stud. (2008), p.293.

4) "과실, 불법방해 또는 의무위반(negligence, nuisance or breach of duty)에 관한 손해배상은 사람의 생명·신체 상해에 대한 손해배상을 포함하여 (계약 또는 법령에 의해 또는 그와 같은 조항과 별도로 마련된 조항으로 인해 의무가 존재하는지 관계없이) 이 하위조항은 3년의 효력을 갖는다." Letang v. Cooper [1965] Q.B. 232

5) Mcgee Andrew, Limitation Periods, The Modern Law Review, 1 November 1984, Vol.47(6), pp.730－733.

고 있다.[6]

2. Cartledge v. E. Jopling & Sons Ltd. 소송

영국 법원은 1956년 Cartledge v. E. Jopling & Sons Ltd 소송으로 인하여 전에 없는 고민에 휩싸였다. 1956년 수년간 유해한 먼지 입자를 흡입하여 진폐 질환에 걸린 노동자들이 고용주를 상대로 손해배상을 청구하였다.[7] 노동자들은 수 십년 전부터 환기가 제대로 이루어지지 못한 사업장에서 일했는데 1950년이 될 때까지 누구도 해악을 알지 못하였다. 고용주였던 피고 측은 시효법(Limitation Act 1939) 제2조에 따른 제소기간 제한에 의해 원고의 청구가 금지되었다고 주장했다.

영국 최고법원도 피해자가 피해를 발견할 때까지 청구원인이 발생해서는 안 된다는 의견이었다.

Reid 판사는 다음과 같이 말하였다.

> 피해자가 피해를 발견할 때까지 합리적인 사람이라면 그 피해를 발견할 수 있을 때까지 청구원인은 시작되지 않는다. 이것이 법의 지배를 받는 문제라면, **피해자가 피해를 입었거나 그 손해를 발견하거나 할 수 있었을 때까지 청구원인이 발생해서는 안 되며,** 영미법(common law)은 절대로 불합리한 결과를 내놓지 않아야 한다.[8]

그러나 최고법원은 당시 제정법을 이유로 피고의 의무위반으로서의 최소한 (being de minimis)이라도 '피해가 발생한 최초의 날'이 '청구원인이 발생한 날'(accrual of the cause of action)이라고 보고 원고의 청구를 저지하였다.[9]

'석면의 최초 흡입 시'='피해가 발생한 최초의 날'에 누구도 진폐 질환의 피해

---

6) sec. 14 Limitation Act 1980 참조; Reinhard Zimmermann(fn 23), p.48.
7) Cartledge v. E. Jopling & Sons Ltd. [1962] 1 (QB) 189; Cartledge v. E. Jopling & Sons Ltd. [1963] AC 758 (HL).
8) Cartledge v. E. Jopling & Sons Ltd. [1963] AC 758 (HL).
9) Reid 판사 역시 "현재의 문제는 시효법 (Limitation Act 1939)에 있으며 내가 지적한 결과에 도달하는 것은 불가능한 것처럼 보인다."고 했다. Cartledge v. E. Jopling & Sons Ltd. [1963] AC 758 (HL).

를 발견하지 못했지만 청구원인이 발생하였다고 보아 여전히 '청구원인이 발생한 날'(accrual of the cause of action)을 '행위 시'로 보는 시각에서는 벗어날 수 없었다.

1975년의 시효법 (Limitation Act of 1975)은 장기간의 잠복기를 가진 손해에 대비하여 시효를 개정하였다.[10] 이 개정으로 사람의 생명·신체 상해의 경우 시효 기산점은 청구권자가 청구를 제기하는 데 필요한 손해 등을 "인식한 날(date of knowledge=발견주의)"을 기준으로 하였다.

3. Pirelli General Cable Works Ltd. v. Oscar Faber & Partners

앞서 Cartledge v. E. Jopling & Sons Ltd 소송에서 법원은 "청구원인이 발생한 날"을 엄격하게 해석하여 손해와 관계없이 '행위 시'부터 소멸시효를 기산하여 왔다. 이후 시효법을 개정하여 사람의 생명·신체 상해에서만 피해자의 인식을 기준으로 시효를 진행하여 왔다. 그런데 사람의 생명·신체 상해를 제외한 불법행위에도 피해자의 인식을 기준으로 할 것인지 여부가 수년간 불분명했다.

사람의 생명·신체 상해 외의 불법행위에 대해서는 1982년 Pirelli General Cable Works Ltd. v. Oscar Faber & Partners 소송에서 나타났다.[11] 1967년에 피고는 건축가로 새 공장을 짓는 설계에 참여하여 굴뚝에 Lytag 물질을 사용하였다. 부적절한 자재가 구조물에 첨가되었다는 점에서 설계부터 하자가 있었다. 작업은 1969년 완성되었으며 다음 해에 균열이 발생했는데 1972년 10월까지 원고는 합리적 주의의무를 갖는다 하더라도 발견할 수 없는 상황이었다.

1977년 하자를 발견한 원고는 1978년 피고를 상대로 손해배상을 청구하였다. 문제는 청구원인이 언제 발생하는가에 있었다. 설치나 균열 때부터인지 또는 하자(fault)를 발견하거나 합리적 주의의무를 가지고 발견할 수 있었던 때인지가 쟁점이었다. 전자의 경우 청구는 시효법 제2조에 의해 시효가 경과한다. 최고법원은 만장일치로 굴뚝의 균열이 발생한 날부터 피고에 대한 청구원인이 발생하여 6년의 시

---

10) 큰 변화는 시효 기산점에 ① '알게 된 날'이 추가되었고 ② 제33조에 사법 재량권을 주었다는 점이다. 특히 잠복기 소송과 같이 그전에는 시효 경과로 인해 소송이 금지되었던 원고의 지위가 향상되는 입법으로 개선되었다. A v. Hoare [2008] UKHL 6.

11) Mcgee Andrew, Limitation Periods, The Modern Law Review, 1 November 1984, Vol.47(6), pp.732-733.

효가 지났다고 보았다.[12)]

　이러한 판단은 시효가 경과될 때까지 청구원인을 발견할 수 없었던 과실 없는 원고에겐 가혹한 것이었다.[13)] 최고 법원의 판단은 입법을 주관하는 법률위원회로 하여금 다시 개정의 필요성을 느끼게 하였고, 시효법의 개정(Limitation Act 1980)과 잠재적 손해법(Latent Damage Act 1986)을 제정하게 만들었다.[14)]

제2절 미국

1. 개요

　미국은 잠재적 손해에 관해 ① 원고의 권리 침해가 처음 발생할 때 시작된다는 견해 ② 불법행위의 계속되는 한 별도의 청구원인으로 간주될 수 있다는 견해 ③ 피고가 자신의 불법행위를 중단할 때까지 모든 피해에 대해 시효가 시작되지 않는다는 견해 ④ 손해가 드러날 때까지 모든 손해의 시효가 연기될 수 있다고 보는 견해로 나뉜다. 다수설은 잠재적 손해에 대하여 '본질적으로 알 수 없는' 손해로 보아 '발견주의'에 입각하여 ④설의 원고가 합리적으로 청구원인을 발견할 때까지는 시효가 연기된다고 본다.[15)]

　미국도 처음에는 잠재적 손해에 관해 다른 손해와 마찬가지로 그 손해가 불명확하더라도 청구원인은 '해악의 노출(harmful exposure)시'부터라고 보았다. Schmidt v. Merchants Despatch Transportation Co. 소송에서 원고는 산업 먼지를 흡입한 결과 진폐증에 걸렸다고 주장했다.

　뉴욕 항소법원은 피해 사실이 명백하지 않더라도 원고가 유해한 먼지를 흡입했을(inhale the deleterious dust)때 피해를 입었기 때문에 이 상해로 인한 손해에 대해서는 피고가 책임을 져야 하고 석면폐증이 그 상해의 결과라고 하면서 "원고가 질병을 일으킨 먼지를 흡입한 직후부터 피고에 대한 제소기간이 진행한다는 점에

---

12) Pirelli General Cable Works Ltd v Oscar Faber &Partner [1983] 2. A.C.1, HL
13) Mcgee Andrew, Limitation Periods, Sweet & Maxwell, 2006, no. 5.008.
14) 특별 시효기간을 14A에 규정하여 청구원인이 있는 날부터 6년 이외에 청구자의 인식한 날부터 3년을 추가하였다. Limitation Act 1980 ; Latent Damage Act 1986.
15) Developments(fn 120), pp.1205－1210.

의문의 여지가 없다"고 하였다.[16)

그러나 해악의 노출(harmful exposure)로는 피해자는 손해 존부를 비롯하여 발생여부를 알 수 없어 해악의 흡입했을 때가 아닌 **실제 손해가 나타났을 때**부터 제소기간이 진행되어야 '근본적 공정성(fundamental fairness)'에 부합한다는 견해가 급부상하였다. 캘리포니아 항소 법원은 원고가 실리콘 폐 질환에 관한 손해배상 청구에서 청구원인인 피해가 충분히 나타날 때까지 시효가 진행되지 않았다고 보았으며 '피해가 나타난 날'은 피해를 야기하는 '사건이 발생한 날'이 아니라 배상받을 '권리가 발생한 날'이라고 밝혔다.[17)

그러므로 잠재적 손해에 대하여 손해가 드러났을 때 피해자는 인식하거나 인식 가능하므로 청구원인으로서의 '발견주의' 채택은 다른 나라에 비해 신속히 이루어졌다.[18) 결국 '발견주의'에 입각하여 ④ 설의 원고가 합리적으로 청구원인을 발견할 때까지는 시효가 연기된다고 보았다.[19)

2. Urie v. Thompson 소송

가. 사실관계

원고는 미주리 기관차 회사에 직원으로 1910년대부터 30년간 일하면서 실리카 먼지를 흡입을 하였고 이로 인해 1940년 폐 질환인 규폐증 진단을 받았다.

그는 1941년 고용주인 미주리 태평양 철도회사를 상대로 연방 고용주 책임법(FELA) 위반을 이유로 손해배상소송을 제기하였다. 피고 측은 1910년 실리카에 노출될 당시부터 3년의 시효가 진행되어 소 제기 기간이 지났다고 항변하였다.

나. 판단

미국 연방대법원은 먼저 잠재적 손해를 일으키는 직업병으로 인한 피해자를 보상하기 위해 제정된 연방고용책임법(FELA)에 위반된다고 보았다. 그리고 제소기

---

16) Schmidt v. Merchants Despatch Trans. Co. 270 N.Y. 287 (N.Y. 1936)
17) Associated Indem. Corp. v. Indus. Acc. Com 124 Cal. App. 378 (Cal. Ct. App. 1932)
18) Kim M. Covello, Wilson v. Johns—Manville Sales Corp. and Statutes of Limitations in Latent Injury Litigation: An Equitable Expansion of the Discovery Rule, 32 Cath. U. L. Rev.(1983) p.471.
19) Developments(fn 120), pp.1205—1210.

간에 대해 '실리카의 흡입시'로 1938년 11월 이전으로 본다면 시효법의 3년의 기한에 따라 그 청구는 기각될 수밖에 없다면서 연방 대법원은 다음과 같이 판단하였다.

> 흡입이나 노출의 유해한 결과(injurious consequences of the exposure)가 특정 시점(a point of time)이 아닌 **일정 기간의 산물**(the product of a period of time)이기 때문에 해악 물질에 접촉한 **특정 시를**(specific date of contact) **피해가 발생한 날**(the date of injury)로 보아 소 제기할 수는 **없다**. 결과적으로 고통을 당한 피해자는 **해로운 물질로 인한 축적된 결과가 나타날 때**(manifest themselves)만 '**피해 입은**(injured)' **것으로 볼 수 있다.**[20]

연방대법원은 피고의 주장을 받아들여 피해자가 해악물질을 흡입한 시점부터 제소기간을 진행시킨다면 (그 누구도) 미처 그 손해를 알 수 없었던 **피해자의 손해배상을 배제하는 것**이므로 입법 취지와도 어긋난다고 보면서 앞서와 같이 판단했다.[21] 따라서 원고가 자신의 건강 상태를 명백하게 알거나 진단받았을 때까지 청구원인이 발생하지 않았다고 연방 대법원은 판결했다.

다. 판결 분석

과실소송에서는 가해행위시에 손해나 발생하였으나 채무자나 채권자 모두 인식하지 못하였다면 잠재적 손해는 손해가 가해행위시가 아닌 나중에 나타난다는 점이다.

앞서 도식에 ① 행위시 ≠ ② 피해 발생 = ③피해 발견시에 해당한다. 해악 물질에 노출시(harmful exposure) = 특정시점(specific date of contact)이 아닌 **일정 정도 축적되어**(the product of a period of time) 흡입이나 노출의 유해한 결과(injurious consequences of the exposure)가 **외부적으로 나타나야 한다.**

이 판결은 미국 연방 대법원이 잠재적 손해에 관하여 **해로운 물질로 인한 손해가 나타날 때**(manifest themselves)만 비로소 손해배상청구권의 시효가 진행한다고 판

---

20) Urie v. Thompson 337 US 163 (1949)
21) Urie v. Thompson 337 US 163 (1949)

단한 사례에 해당한다.

실리카의 특성상 해악은 기간의 산물이어서 특정 접촉 시점에서 피해가 발생했다고 볼 수 없고 손해가 '규폐증'으로 나타났을 때 비로소 제소기간이 시작된다고 파악한 점이다. 앞서 영국에서 최초 접촉한 시점에 피해가 발생하였다고 본 것과 대비된다.

규폐증이 나타나기도 전에 실리카로 인한 것이라고 소제기를 할 수는 없다면서 미국 연방 대법원은 청구원인으로 규폐증이라는 피해가 나타났을 때(manifest) 비로소 제소기간이 진행된다는 점을 분명히 하였다.

이 연방대법원의 판결이 잠재적 손해에 대한 청구원인 발생에 중대한 발전을 가져왔음에도 불구하고 각 주 법원에서는 여전히 최초 해악 접촉시(harmful ex-posure)부터 제소기간이 진행되어 실제 청구원인에 '발견주의' 적용은 매우 천천히 진행되었다.[22]

3. Wilson v. Johns-Manville Sales Corp.

가. 사실관계

30년 넘게 석면에 노출되었던 Henry Wilson은 1973년 석면폐증 진단을 받았으나 근무를 계속 하였다. 석면폐증으로 인한 치료를 받던 중 1978년 2월 그는 중피종을 진단받았고 9개월 후 악성 중피종으로 사망했다. 1979년 유족이 Johns-Manville Corp.을 상대로 손해배상청구를 하였다. 문제는 제소기간이었다.

피고 측에선 석면 노출(harmful exposure)에 초점을 두어 1973년 석면으로 인한 진단인 석면폐증을 통해 해악이 명백해졌으므로 이 해악에 대한 청구뿐만 아니라 장래에 발생할 수 있는 해악에 대해서도 청구가 가능하므로 그때부터 중피종을 포함하여 모든 해악에 대한 손해배상청구권의 제소기간이 진행한다고 주장하였다.

따라서 장래에 중피종을 포함하여 모든 손해가 1973년 석면폐증 진단으로 발생하여 3년의 제소기간이 지났다고 피고 회사는 주장하였다. 재판 법원은 피고측

---

22) 예를 들어 석면과 같은 잠복기를 가지다가 나중에 손해가 나타난 다음의 사례는 피해자의 발견이 아닌 최초 해악을 접촉하였을 때를 기준으로 하고 있다. Karjala v. Johns-Manville Prods. Corp., 523 F.2d 155 (1975); Borel v. Fibreboard Paper Prods. Corp., 493 F.2d 1076 (1973)

항변을 받아들여 원고의 청구를 배척하였다.

나. 법원의 판단

항소법원은 제소기간이 원고의 현재에 "타당하고 확실한(reasonably and cer-tain)" 손해배상청구권을 심각하게 제한한다고 보았다. 즉 잠재적 손해에 대한 공정한 원상회복이 채무자의 제소기간 경과로 인한 소송에서 벗어나는 이익보다 크다고 보았다.

잠재적인 질병의 경우에 제기되어야 할 주요 쟁점은 질병의 존재, 그 피해 원인 및 그에 따른 손해이다. 이러한 쟁점은 시간이 지남에 따라 사라지기보다는 발전하는 경향이 있다. 일반적인 **신체 피해에 대해 타당하고 확실하게(reasonably and certain) 예측되는 손해만 구할 수 있는 현재 법령에서 장래에 발생하는 잠재적 질병 등의 손해까지 포함하여 제소기간을 적용하는 것은 적절하지 않다.**

즉 피고의 이익, 심각한 피해에 대한 공정한 배상, 원고의 증거 확보, 미래의 제기될 수 있는 소송으로 인한 소송 경제의 문제 등 이익 균형이 중요하다.[23]

항소법원은 장래의 잠재적인 손해가 점증하고 더 악화될 수 있음을 인정한다 하더라도 피고 측에서 주장한 앞서 가벼운 석면폐증에서 중한 질병까지를 예측하여 손해배상청구를 할 수 없다고 판단하였다.

초기 질병인 석면폐증을 진단받았을 때에는 사법적 구제 외에 산재 보상이나 민간 보험으로 초기 질병에 대해 적절한 보상을 제공받을 수 있다. 이후 후속 질환이 발생하지 않으면 피해자는 소송을 제기할 필요가 없다. 그런데 나중에 더 심각한 질병이 나타날 수 있다는 사실 때문에 현재 법적 조치를 하지 않는다면 오히려 나중에 제소기간 경과로 인하여 법적 구제가 상실되는 모순이 발생한다.[24]

항소법원은 원고의 청구원인이 동일한 석면 관련 질환이라고 할지라도 1973년

---

23) Wilson v. Johns—Manville Sales Corporation 684 F. 2d111(D.C. Cir. 1982)
24) Wilson v. Johns—Manville Sales Corporation 684 F. 2d111(D.C. Cir. 1982)

2월에 가벼운 석면폐증이라는 전(前)손해와 이후 1978년 중피종으로 사망이라는 후발 손해를 구분하여 <u>후(後)손해인 중피종으로 인한 사망은 중피종으로 진단받았을 때부터 후발 손해가 발생한다고 판단하였다.</u> 따라서 석면 관련 질환으로 중피종에 관한 손해가 나타난지 1년 내에 제소되어 제소기간이 경과되지 않았다고 보았다.

다. 판결 설명

이 판결은 앞서 경증의 **석면폐증 진단으로 발생한 전(前)손해**와 이후 중피종으로 발생한 후 후발 손해에 대해 앞서의 전(前)손해에서 **후(後)손해를 포함할 것인가**에 있다.

항소법원은 증거에 대한 고려, 사법 경제 및 원고 구제의 이익이 피고의 이익을 능가한다고 보아 윌슨이 중피종에 걸렸다는 사실을 발견하였을 때 후발 손해의 제소기간이 진행된다고 보았다. 피해자가 제소기간으로 인하여 초기 상해의 진단으로 더 중한 질병까지 포함한 소제기를 강요받아서는 안 된다는 것이 항소법원의 판단이다.

이 같은 판단의 배경에는 장래 손해를 청구하는 경우 발생가능성에 관해 50% 이상의 거증책임을 원고에게 요구하는데 암 등의 중한 질병 등 장래의 모든 손해에 대한 증거가 부족하거나 발생가능성이 50% 미만의 경우에도 제소기간 제한으로 인해 장래의 모든 손해를 청구하도록 조장한다는 문제점을 법원이 판단한 데에 따른 것이다.

후술할 일본 **진폐소송에서** 각 단계별로 그 손해가 **양과 질 모두 다르므로** 앞서의 손해를 가지고 예측 불가능한 후발 손해까지 포함하여 시효 기산점을 삼을 수 없다는 판단과 동일하다. 잠재적 소송의 특성상 일반적인 손해와 달리 그 해악은 더 점증되고 시간이 지남에 따라 확실시되는 경향이 있기 때문에 앞선 손해에서 후발 손해가 발생할 확률이 50% 미만임에도 청구하여 후손해의 기산점을 앞선 손해의 기산점으로 앞당길 수 없다는 것이다.

4. Martinez-Ferrer v. Richardson-Merrell

가. 사실관계

Martinez는 1960년에 항콜린성 약물인 MER-29를 복용했다. 6개월 후, 그는 황반부종, 망막 부종 및 심한 피부염을 앓게 되었다. 그는 MER-29의 부작용 때문이라고 여겨 약물을 중단하였고 황반부종 등의 질환은 모두 개선되었다. 이후 1961년과 1975년까지 아무런 합병증도 겪지 않았다. 1976년 Martinez는 백내장 진단을 받았다. 전문의는 MER-29로 인하여 백내장이 발생하였다고 진단했다. Martinez는 1976년 MER-29 제조업체에 손해배상소송을 제기했다.

피고측은 처음 원고의 약물복용시에 백내장과 같은 심각한 부작용에 대해서도 경고문을 보냈고 따라서 원고가 예측가능했다고 주장하였다. 또한 피고측은 '발견주의'를 적용한다고 하더라도 처음 황반변성 등이 나타났을 때부터 제소기간이 진행된다고 주장하였다. 재판 법원은 피고 측 의견을 받아들여 원고 Martinez가 1961년 황반부종 망막 부종 등 첫 질환이 나타났을 때부터 제소기간이 진행되어 경과하였다고 보고 원고의 청구를 기각하였다.

나. 항소법원의 판단

캘리포니아 항소법원은 잠재적 손해에 대해 원고가 1976년에 백내장을 발견했을 때 제소기간이 진행한다고 보았다. 원고가 1960년 복용 직후 발생한 황반부종을 비롯한 여러 부작용의 피해에 관한 제소기간은 경과하였지만, '백내장'이라는 피해는 잠재적 손해로서 1976년 발생한 때부터 제소기간이 시작된다고 판단하였다.[25]

백내장에 대한 현재 손해가 청구원인에서 소제기가 금지되는 분할청구에 해당하지 않는다. 우리는 이 사건과 같이 특수한 상황에서 원고의 청구를 허용하지 않는다면 잘못된 판결(miscarriage of justice)이 될 것이다.

항소법원은 먼저 약물에 의해 발생되는 모든 손해가 불가분의 관계이어서 소

---

25) Martinez-Ferrer v. Richardson-Merrell 105 Cal. App. 3d 316, 164 Cal. Rptr. 591 (1980). 이밖에 DES 약물의 부작용으로 인한 잠재적 손해로는 Wetherill v. Eli Lilly & Co., 678 North-Eastern Reporter 2d series (N.E.2d) 474 (New York 1997)

송이 금지되는 일부청구에 해당하는지 판단하여야 했다. 항소법원은 황반변성에 대해 소송을 하여 백내장까지 모든 손해에 대하여 청구를 하였다면 과연 법원을 물론 사기성이 농후한 원고라는 악명을 듣지 않았겠냐며 반문을 하면서 백내장 손해는 따로 청구 가능하다고 판단하였다. 그리고 Coots v. Southern Pacific Co. 소송 판결을 항소법원은 제시하였다.

Coots v. Southern Pacific Co. (1958) 49 Cal.2d 805 [322 P.2d 460] 사건에서 원고는 1949년 7월 규폐증으로 인한 피해를 알게 되었고 1954년 10월에 소송을 제기하였다. 연방고용책임법(Federal Employers' Liability Act)에 제소기간은 피해를 발견하고 1년이었다. 법원은 어떤 화학물질과의 지속적인 피부 접촉으로 인한 규폐증이나 피부염과 같은 진행성 질병(progressive occupational diseases)에 대해서는 원고의 상태가 **실제 악화**(real worse)된 1953년부터 제소기간이 진행된다고 보고 연방고용책임법(Federal Employers' Liability Act)에 제소기간 1년 안에 이루어져 적법하다고 판단하였다.[26]

마찬가지로 법원은 이 소송에서 1961년 MER‒29 약물복용의 부작용으로 나타난 황반부종을 비롯한 피해 중에서 백내장은 없었고 이 약물이 백내장을 유발할 수 있다는 전문의의 진단도 없었다는 점을 들었다. 결국 **백내장이라는 잠재적**(latent) **손해가 외부로 나타났**을 때부터 제소기간이 시작되고 제소기간 내에 소가 제기되어 적법하다고 판단한 사례에 해당한다.

제3절 덴마크

1. 서설

대륙법계를 따르는 덴마크의 경우 시효법(precriptiop Act)의 5년 시효와 덴마크 법률(Danske Lov)의 20년 최장기간이 있었다.[27] 시효법(precriptiop Act)의 3년 시효

---

26) Coots v. Southern Pacific Co. (1958) 49 Cal.2d 805 [322 P.2d 460]
27) 원래 덴마크에서는 형사적인 상해에 대한 배상에는 시효가 없다는 게 일반적이었다. 1930년 범죄행위에 대한 소멸시효법이 만들어지면서 이로 인한 시효는 20년이었다. 여기서 눈여겨 볼 것은 일반적인 시효 기산점인 청구권의 발생 시가 아니라 불법행위의 경우 원고가 청구에 대한 소송요건을 갖추었을 때부터 시작한다고 규정한 점이다. Gomard & Simonsen, in Ewould H. Houndius(fn 10), pp. 11‒13.

는 '청구원인 발생하였을 때'부터 시작하는데 채권자가 청구원인 또는 채무자의 신원 등에 선의를 주장하면 시효는 정지된다.

시효가 계속 연기되는 것을 방지하기 위해 20년의 최장기간이 있다. 사람의 생명·신체 상해나 환경 소송 소음이나 진동과 같은 손해배상청구에서는 그 기간이 30년이다. 산업재해보상청구는 5년의 시효기간을 갖는다.[28] 계약 등 대부분의 소송은 시효법(precriptiop Act)의 적용을 받는데 예외적으로 20년의 덴마크 법률을 적용한다.[29]

덴마크 법률(Danske Lov)에서는 불법행위에 대한 손해배상청구를 청구원인이 발생한 날(accrual of the cause of action)부터 불법행위에 관한 손해배상청구의 시효가 진행한다. 이 청구원인이 발생한 날은 보통 '행위 시'(the occurrence of the event)로 간주한다. 20년의 최장기간에 대해서 일반적으로 시효정지를 인정하지 않는다.[30] 따라서 불법행위가 일어난 후 20년이 경과한 후 손해가 나타나 그 배상을 청구한다면 피해자가 청구원인을 알지 못했다는 사실에도 불구하고 시효 완성으로 인하여 청구는 배척된다.

그런데 덴마크 법률 5-14-4조항의 20년에 대해 시효 정지가 불가능한 최대기간(maximun period)에 해당하는지 의문이 제기되었다. 사람의 생명·신체 침해에 관한 소멸시효는 원고가 그 손해를 제기할 수 있는 지위에 있을 때부터 진행되어야 한다는 견해가 제기되었다.[31] 특히 잠재적 손해의 경우 불법행위 발생 이후에 해악으로 인한 손해가 상당한 기간까지 나타나지 않는 특성을 감안하여야 한다는 주장이었다.

2008년 새로운 시효법이 시행되어 통상의 시효는 3년으로 채권자가 채무 또는 채무자에 대해 알지 못하면 그 시점을 연기할 수 있다. 시효는 채권자가 합리적 주

---

28) 5년 시효는 폐지되어(section 29 (2). 1 of Act No. 522 of 06.06.2007) 2008년 1월 1일부터 3년 시효로 변경되어 현재 시행되고 있다. Lov om foreldelse av fordringer (foreldelsesloven) 참조.
29) Gomard & Simonsen, in Ewould H. Houndius(fn 10), pp. 11-13.
30) 1966년 2월 2일, 직장에서 작업 중 사고로 인해 오른 손의 부상을 당한 피해자는 보험법에 의해 보상금을 받았다. 1999년 갑자기 상태가 악화되었고, 2000년 추가 보상을 요구하였으나 재심위원회(Social Appeals Board)에서 불허결정을 받았다. 이에 원고는 소를 제기하였으나 덴마크 법원은 사고가 발생한 1966년 2월부터 시작되어 덴마크 법률 5-14-4의 20년이 지났다고 보았다. Højesteretsdom, 27.11.2002 UncategorizedDanske Lov 5-14-4, forældelseFavola
31) Gomard & Simonsen, in Ewould H. Houndius(fn 10), p. 120.

의의무를 가지고 자신의 권리행사를 할 수 있을 때부터 진행한다. 손해배상 청구는 피해 당사자가 손해 및 책임자에 대해 알거나 알 수 있을 때부터 3년이다.

2. Dansk Eternit-Fabrik v. Möller 소송

가. 개요

1927년에 창립된 Dansk Eternit Fabrik Ltd는 석면을 사용하는 대규모 제조사로 1928년 알 보그(Aalborg)의 공장에서 지붕 덮는 타일 Eternite를 생산했다. 타일 Eternite이 제조되는 과정에 석면이 사용되었고 석면이 사용되는 동안 회사 직원들은 석면 먼지를 흡입하였다.

1975년경부터 석면이 점차적으로 다른 물질로 대체되었으나 이미 직원 중 대부분이 석면폐증 및 폐암에 걸렸다. 1985년 35명의 노동자들은 Dansk Eternit Fabrik Ltd 회사에 석면으로 인한 손해배상청구를 하였다. 당시 덴마크는 20년의 최장기간을 가지고 있었다.

원고는 "그 질병이 발견이나 발견될 수 있었을 때까지 20년의 소멸시효는 진행되지 않아야 한다."라고 주장하였고 반면 피고 회사는 청구원인이 발생할 때부터 시효가 진행되어 직원의 퇴사 전후에 시효가 완성되었다고 항변하였다.

1988년 5월 Retslagerådet(의료협회)는 석면이 Xrays를 사용하여 폐에 나타나려면 보통 10~20년의 기간이 경과하며 그전에 노출되는 경우는 드물다고 발표하였다. 실제로 피해자들을 진단한 결과 몇 가지 예외를 제외하고, 피폭이 1970년 이전에 일어난 게 분명하였다.

나. 최고법원(Højesteret)의 판단

최고법원(Højesteret)은 직원들이 대부분 석면 먼지를 흡입하였고 오래 동안 석면 먼지에 노출되면 생명과 건강에 심각한 위험을 초래하여 질병이 발생할 수 있다는 것을 피고 회사가 잘 알고 있었다고 보고 관리책임을 인정하면서 시효에 대해 다음과 같이 판단하였다.

1988년 5월 4일 Retslagerådet(의료협회)의 발표에 따르면, 석면폐의 경우

Xrays를 사용하여 폐에 명확한 변화를 보이기 전에 보통 10−20년의 기간이 경과하며 석면으로 인한 암 질환이 20년 기간 전에 나타나는 것은 매우 드물다. 실제로, 개별 청구자에 관한 Retslagerådet 선언에 따르면, 몇 가지 예외를 제외하고, 피해를 초래하는 노출 흡입 등은 1970년 이전에 일어났음이 분명하다. Danske Lov 5−14−4에 따른 **20년의 시효는 손해가 나타나는 순간**(skaden kan konstateres)**부터 진행하도록 시효를 정지하지 않는 한, 사람의 생명·신체에 관한 손해배상 청구는 의미가 없다.** Danske Lov에 시효 조항이 시효정지를 배제하지 않기 때문에 Højesteret는 원고가 가지는 어떠한 청구든지 시효에 의해 제한될 수 없음을 인정한다.[32]

20년의 최장기간에 대해 발생주의(the time of ocurrence)에 따르는 경우 행위시=석면을 흡입한 때부터 시효가 진행한다면 시효는 경과한다. 그러나 해악이 표면화되는 발현주의(the time of manifestation)를 적용하면 석면 폐증이나 폐암 진단받은 때부터 1975년부터 시효가 진행하여 1985년 소제기는 10년 이내로 문제되지 않았다.

최고법원(Højesteret)는 Dansk Eternitfabrik의 사업규모가 컸고 석면의 위험에 대해 잘 알고 있었다는 점, 회사 소속 직원들이 이로 인해 상당한 질병을 갖게 되었다는 점, 결국 생산 공정에서 석면 사용이 중단된 사실 등을 근거로 피고 측의 책임을 인정하였다. 또한 최장기간에 대해서는 Retslagerådet (의료협회)의 발표를 근거로 석면 폐증이 외부로 나타나기 전까지 시효정지를 손해가 나타나는 순간부터 손해배상청구권의 최장기간 20년의 시효가 진행한다고 판단하였다.

---

32) Den 20−årige forældelse efter Danske Lov 5−14−4 ville derfor ofte medføre, at krav på erstatning for sådanne helbredsskader ville miste eres betydning, hvis forældelsesfristen ikke suspenderes således, at fristen først regnes fra det tidspunkt, skaden kan konstateres. Da formuleringen af Danske Lovs forældelseregel ikke udelukker en sådan suspension af forældelsesfristen, tiltræder Højesteret, at krav, som de erstatningssøgende måtte have, ikke kan anses forældet, hverken helt eller delvis. (Walter van Gerven, Pierre Larouche and Jeremy Lever, Cases, Materials and Text on National, Supranational and International Tort Law (Oxford, Hart Publishing, 2000 발췌− 이하 Ius Commune Casebooks − Tort Law) Højesteretsdom, 27 October 1989 Dansk Eternit Fabrik Ltd. v. Möller UfR.1989.1108.H

다. 판결분석

이 판결은 덴마크 소멸시효에서 획기적인 판결에 해당한다.[33] 앞서 본대로 구 시효법(Prescription Act)의 5년의 경우 채권자를 선의로 "청구원인을 알지 못하는 경우(bona fide)"에 시효정지가 가능하였으나 덴마크 법률(Danske Lov) 5−14−4조항 최장기간 20년에 대해선 시효정지를 적용한 예가 없었다.

따라서 덴마크 법률(Danske Lov) 5−14−4조항은 배타적이고 일의적인 최대기 간(maximun period)으로 보아 불법행위 발생 시(the time of accruence)부터 20년이 경과하면 청구가 배척되는 것이 입법자의 의도였다.

그런데 덴마크 최고법원(Højesteret)에서 이러한 구분을 없애고 Danske Lov 5−14−4조항의 20년 최장기간에 시효정지를 적용했다. 즉 석면과 같은 잠재적 손 해에 대해 그 피해가 나타날 때까지 시효가 정지되어 시효의 진행은 발현시(the time of manifestation)부터로 보았다. 학계는 발견주의(discovery of defect)를 채택하 였다고 본다.[34]

석면과 같은 잠재적 손해의 경우 외부에 나타나는 데만 10년~20년 이상 경과 하기 때문에 손해가 외부로 나타났을 때는 시효는 이미 경과하여 피해자의 손해배 상청구가 배척되는 문제점을 덴마크 최고법원(Højesteret)은 외면할 수 없었다.

결국 덴마크 최고법원(Højesteret)은 잠재적 손해로 인해 사람의 생명·신체에 대해 침해가 나타난 경우에는 잠재적 손해는 발생을 객관적으로 인식할 수 없다는 점과 사람의 생명, 건강 및 신체적 완전성에 관한 법익에 관한 특별한 보호의 취지 를 살려 "사람의 생명·신체에 관한 손해배상에서 **손해가 나타날 때까지 시효는 정지** (skaden kan konstateres)"된다고 본 것이다.

3. Phønix 소송과 Cheminova 소송

가. A/S Phønix Contractors mod Frederikssund Kommune

피고 회사는 소유주와 계약을 맺고 소유주의 땅에 1953년부터 타르 생산을 해 왔다. 1958년 피고 공장의 페놀 유출로 인하여 지하수가 오염되어 수돗물 공급이

---

33) Ius Commune Casebooks − Tort Law, 3.DK.8. p.297.
34) Gomard & Simonsen, in Ewould H. Houndius(fn 10), p.122

중단된 사태가 있었다. 이로 인하여 피고는 최고법원 판결(U.1958.365 H)을 받아 페놀 유출에 따른 원상복구의무를 이행하여야만 했다. 1975년 피고 회사는 회사 이전으로 타르 생산시설은 모두 철거하였다.

그런데 1958년 페놀 유출 후 최고법원 판결에 따른 오염물을 완전하게 제거하지 못하여 페놀은 토양에 침투하였고 1981년 페놀의 침투로 인한 토양 오염이 또다시 외부로 드러났다. 행정당국은 1981년에서 1982년 걸쳐 오염물질을 제거하여야만 하였다. 제거 후 1982년 5월 피고 회사에 제거비용에 따른 구상금 소송을 청구하였다.

피고 회사는 피고 회사가 이전하여 철거가 완성된 1975년 무렵에는 원고 당국도 피요르드 오염 위험을 알고 있었기에 5년 시효가 경과하였고 1958년 페놀 유출시부터 덴마크 법률(Danske Lov 5−14−4)에 따른 장기시효도 지났다고 주장하였다.

원심 법원은 첫 페놀유출로 인한 1958년 2월 최고법원 판결에도 불구하고 피고 회사가 지하수의 오염 방지에 필요한 조치 없이 토양을 처리, 저장함으로써 페놀이 토양에 침투한 결과를 낳았다며 피고 책임을 인정했다.

최고법원도 1958년 최고법원 판결과 법 No. 274 또는 Danske Lov (DL 5−14−4)의해 피고인은 더 적극적으로 토양 오염에 대한 페놀 유출 방지를 위해 적극적으로 행동했어야 할 의무가 있다고 판단하였다. 대법관 4대3 비율로 시효법이나 덴마크 법률 모두 시효가 지나지 않았다고 판단하였다.[35] 페놀오염이라는 손해가 외부적으로 유출되었을 때(damage is established)인 1981년부터 시효가 진행된다고 본 것이다.

결국 1989년 최고법원(Højesteret)에 의해 결정된 Dansk Eternit−Fabrik 소송과 Phønix사건 모두 **객관적으로 손해가 나타날 때**(skaden kan konstateres)**까지** 그 누구도 손해에 대해 알 수 없다는 특성을 인정하면서 손해의 객관적 **인식가능성**을 기준으로 시효가 진행함을 보여주는 사례가 된다.

나. Cheminova 소송

Cheminova 소송도 토양오염에 대해 당국이 비용을 청구한 사안이다. 1954년

---

35) U.1989.692H H.D. 11. maj 1989 i sag I 267/1987 A/S Phønix Contractors (adv. Niels Søby)mod Frederikssund Kommune (adv. Christian Molde)

피고 회사는 공장 설비를 철거하면서 공장에서 배출한 화학용 오염물질을 제대로 수거하지 못하고 그대로 토양에 매립하였다. 이로 인한 유해성분이 토양에 스며들었고 토양의 황폐화가 진행되었는데 이러한 피해를 1980년대 들어서 지역 당국이 알게 되었고 환경 오염 물질을 제거하였다. 이후 이러한 피해에 대한 원상회복 등 지출비용을 청구하였다.

시효법에 따른 5년 기간에 대하여 1982년부터 피해자가 알거나 알 수 있을 때라고 보는 데는 원고·피고 양 당사자의 의견이 일치하였고 법원도 지난 시효법에 따른 5년 내에 원고가 청구했다는 사실은 인정하였다. 문제는 덴마크 법률(Danske Lov) 장기시효 20년의 기산점이 언제인지가 쟁점이 되었다.

최고법원은 덴마크 법률(Danske Lov 제 5-14-4)의 불법행위에 대한 손해배상 청구권의 최대기간 20년의 기산점을 피고 회사가 1954년에 화학 쓰레기를 토양에 매립할 때부터 시작되었다고 판단하였다. 따라서 원고의 오염물질 처리에 따른 비용청구는 시효를 경과했다고 보았다.

최고법원의 판단을 선해하면 Cheminova 소송은 단회적=1회적인 손해에 해당하는 환경 오염관련 손해배상소송은 장기간 동안 사람의 생명·신체 침해와는 다르므로 소멸시효 정지 규정을 적용할 수 없다고 이해할 수 있다.[36] 그러나 비판이 우세하였다. 앞서 Phønix 소송과의 구별이 불분명하다는 지적이었다.[37] 이 판결에 대해 재판부의 한명은 다수 의견이 시효가 갖는 법적 안정성과 확실성에 무게를 두어 그 결과 '정의'가 실현되지 못했다고 논평하였다.[38]

제4절 일본

1. 개요

일본도 1960-70년대 고도의 산업화시기로 접어들어 전후 오염물질에 의한

---

36) 이 경우 Gomard & Simonsen 교수는 일반적인 1회적 손해에 해당하는 환경 소송은 손해의 잠복기를 갖는 석면으로 인한 손해와 구분하여 판례가 판단하는 것으로 보고 있다. ibid, p.124.
37) Gomard & Simonsen, in Ewould H. Houndius(fn 10), pp. 122-123.
38) ibid, p.124.

환경소송이 본격적으로 제기되면서 잠재적 손해에 대한 피해자의 구제가 절실하였다. 그런데 손해배상청구에서 피해자 구제를 막는 것은 소멸시효의 장벽이었다. 일본민법 제166조 '권리행사를 할 수 있는 때'에 대하여 소멸시효에 대한 법률상 장애가 없는 경우에만 시효가 진행된다고 보아 시효가 정지되는 경우는 거의 없었다. 또한 일본민법 제724조 최장기간에 대해서도 일의적인 적용만 가능한 최대기간=제척기간으로만 보는 것이 통설이자 판례였다.

따라서 잠재적 손해에 대하여 사회통념상 현저히 정의에 부합하지 않을 정도로 당사자의 권리구제에 미흡한 경우에 이미 시효는 완성되었지만 시효 완성의 피고측 주장이 일반조항 **신의칙에 반하는 권리남용**으로 시효를 제한하여 피해자를 구제하였다. 다음의 판결은 그러한 사례에 해당한다. 다만 삿포르 크롬 소송은 소멸시효 기산점을 재산정하여 판단하였다.

가. 아연제련소 소송

1982년 아연 제련소에서 나오는 오염물질로 대기와 토양이 오염되어 농작물 피해를 보았다고 인근 지역 주민 108명이 제기한 손해배상청구 소송에서, 마에바시 지방법원 재판부는 가해 기업의 손해배상채무에 대한 소멸시효의 원용 주장을 '신의칙에 반하는 권리 남용'으로 보아 원고의 청구를 인용하였다.[39]

나. 크롬 소송

크롬에 의한 피해 소송에서도 도쿄지방법원은 3년의 단기시효나 최장기간 모두 도과하였다는 피고 측 주장에 대하여 '신의칙에 반하는 권리남용'으로 보아 피고의 시효 항변을 배척하였다. 이에 따라 252명의 원고는 손해배상을 받았다.[40]

다. 삿포로 크롬 소송

한편 삿포로 지방법원은 크롬 피해자들이 회사를 상대로 청구한 손해배상소송에서 피고회사 측의 "피해자 퇴직 시"부터 제척기간이 진행되어 제척기간이 도과하였다는 항변을 배척하였다.

---

39) 前橋地裁 昭和 57年 3月 30日 判時 1034号 3頁 判例タイムズ 469号 58頁
40) 東京地裁, 昭和 56年 9月 28日 判例タイムズ458号 118頁

즉 일본민법 제724조 후단의 최장기간에 대하여 "그 각 장애에 대해 각각 시
효가 진행하는 것이 아닌 복수의 장애가 모든 나타나고 **표면화하여** 그 손해의 진행
과 **확대가 멈춰지고 고정된** 시점에서 피해자의 피고 회사에 대한 해당 장애에 대해
일률적으로 **장기의 제척기간이 시작**된다."[41]고 보았다.

2. 비소 중독소송

가 개요

피해자들은 1945년 전후로 광석 작업장에서 일하였다. 은퇴한지 20년이 지나
비소중독 등으로 인한 신체에 중상해와 사망까지 발생하자 피해자들은 불법행위로
인한 손해배상을 청구하였다. 재판부는 가해행위 후 손해가 늦게 발생하는 경우 가
해 행위 때부터 기산점을 삼는다면 손해배상청구권이 발생하기 전에 소멸시효가
완성되어 전혀 피해자를 구제하지 못하는 모순이 발생한다면서 다음과 같이 판단
하였다.

> '불법행위 때'는 불법행위의 성립 요건이 충족되었을 때, 즉 가해 행위와 그로
> 인한 손해가 발생했을 때를 의미한다. <u>가해 행위시 만일 손해가 현실화, 표면화되
> 고 있지 않는 경우에도 그것이 장래 손해가 발생하는게 객관적으로 인식 가능하다</u>
> 면 그때부터 소멸시효의 진행이 시작하는 것으로 취급하는 것이 상당하다고 해석
> 되나 **손해의 객관적 인식 가능하다는 전제가 충족시키지 않는** 경우에는 **손해가 현
> 실화, 표면화**될 때까지 **시효는 진행하지 않는** 것으로 보아야 한다.[42]

이 판결은 잠재적 손해에 대하여 객관적으로 손해가 표면화되었을 때부터 시
효를 진행한다는 점을 앞서 삿포로 크롬소송에 이어 설시한 판결에 해당한다. 미야
자키 법원은 만성 비소 중독으로 신체 상해나 사망이 흡입 시에 객관적으로 예상되
지 않는 한 흡입만으로 손해가 발생하였다고 볼 수 없다고 판단하였다. 결국 비소
로 인한 손해배상의 단기시효나 최장기간이 모두 지나지 않았다고 보아 원고의 손
해배상청구를 인용하였다.

---

41) 札幌地裁, 昭和 61年 3月 19日 判時 1197号 1頁
42) 宮崎地裁 昭和 58年 3月 23日 判時 1072号 18頁 判例タイムズ493号 255頁.

나. 판결 분석

미야자키 지방법원은 채석장에서 작업을 하면서 단순 비소 흡입만으로 손해가 부족하다고 보았다. 만성비소 흡입시에 신체 상해나 사망이 객관적으로 예측가능하다면 시효를 진행할 수 있으나 흡입시에 예측 가능성이 없는 경우 손해가 나타날 때부터 시효가 진행되어야 한다는 점을 분명히 하였다.

재판부는 프랑스 연금 소송 Cass. soc. 1 avril 1997, Bull. civ. V, N° 130 판결과 동일하게 손해가 현실화되었다면 원고가 인식할 수밖에 없음을 말하고 있다. 여기서의 손해는 신체의 상해나 사망이고 그 원인이 비소 중독이라는 점이 표면화되고 현실화되었을 때 비로소 시효가 진행한다는 것이 재판부 판단이다.

3. 진폐 관련 소송

일본은 1960년 고도 성장기에 따른 환경오염이 대두되면서 진폐법을 제정하였다. 이에 따라 일본 건강관리 담당 부처인 후생청은 제철회사 등 분진작업 노동자 및 과거 종사자들을 대상으로 정기적으로 건강검진을 하여 왔다.[43] 진단 결과 진폐증의 위중 정도에 따라 1단계에서부터 진폐에 의해 폐기능에 현저한 장애를 갖게 된 4단계까지 구분하였다. 이러한 가운데 다음의 소송이 제기되었다.

가. 개요

일본 제철회사에서 채굴 업무를 담당한 회사 소속 노동자들은 갱내 작업을 하면서 분진을 흡입하게 되었다. 이로 인한 폐에 치명적인 손상이 발생한 것을 안 것은 광산회사에서 퇴직 후 11년이 흐른 뒤였다. 63명의 원고는 회사를 상대로 1979년 11월 1일 안전배려의무 불이행에 따른 손해배상청구를 하였다. 모두 행정당국의 진폐 질환 진단을 받았는데 원고 58명 대다수가 진폐에 의한 현저한 폐기능 장애라는 4단계 진단을 받았고 2명은 3단계 진단 및 2단계 진단은 원고 3명이 받았다.[44]

그런데 원고 63명 중 20명의 안전배려의무 위반에 따른 손해배상소송은 4단계 진폐 진단을 받고 본소 제기까지 10년 이상의 기간이 경과하였다. 채권관계에 대한

---

43) 진폐증이란 주로 먼지 흡입으로 인한 폐의 섬유증식성 변화에 의해 발생하는 질병을 말한다. じん肺法, 昭和 35年 3月 31日 法律 30号

44) 長崎地裁 佐世保支部, 昭和 60年 3月 25日 判決 判時 1152号 44頁

소멸시효는 일본민법 제166조에 의해 규율되면서 권리행사를 할 수 있을 때부터 10년이었다.

나머지 원고 43명의 손해배상소송은 진단받은 날부터 10년 경과되기 전에 소가 제기되었지만, 이 중 10명의 청구는 최초 행정관리당국의 진폐 진단결과를 받은 날부터 본소 제기까지 10년 이상 경과하였다.

1966년 진폐 1단계 진단을 받은 후 4년 뒤 1970년 4단계 진폐진단을 받은 원고와 1955년 1단계 진폐 진단을 받았으나 21년이 지나 1976년에 3단계 진폐진단과 1978년에 4단계 진폐 진단을 받은 원고도 있었다.

피고 측은 원고가 피고 작업장에서 일했다고 하여 진폐증이 발생한 것은 아니라며 인과관계를 부정하는 상황에서 <u>처음 진폐진단을 받은 때부터 손해배상청구권의 시효가 진행하는지</u> 아니면 <u>위중한 4단계 진단을 받은 때부터</u> 시효를 진행한다고 보아야할지 쟁점이 되었다.

나. 법원의 판단

(1) 나가사키 법원 판단

1심 나카사키 법원과 항소심 후쿠오카 고등법원은 서로 다른 소멸시효 기산점을 내놨다. 1심인 나가사키 지방법원은 일본민법 제166조에 따른 '권리를 행사할 수 있을 때'를 일본 학계 다수설인 '법률상 장애 없는 때'라는 시각에 따라 회사 소속 채굴 노동자가 '진폐에 걸린 것을 명확하게 인식하게 된 때'가 법률상 장애 없는 때라고 보고 "진폐에 대한 **위중한** 행정결정을 받은 날"부터 권리행사가 가능하다고 판단했다.[45]

> 이 사건 손해배상청구권은 채권·채무 관계에서 손해배상청구권이기 때문에 일본민법 제166조, 제167조의 적용을 받는 것으로 해석해야 한다. 그러므로 권리행사 가능한 순간으로써 시효의 기산점으로 삼아야 한다. <u>즉 '권리행사할 수 있는 때'</u> 에 대해서 법적 장애가 없는 때에 관하여 **이 건에 맞게 말하면 손해가 발생한 것을 '채권자에서 인식 또는 인식가능성이 있을 때'**와 해석할 수 있다.

원고들인 직원이 진폐에 걸린 것을 명확하게 인식한 것은 행정당국에 의한

---

45) 長崎地裁 佐世保支部, 昭和 60年 3月 25日 判決 判時 1152号 44頁

진폐 진단 결과를 알았을 때이며, <u>적어도 각 원고에게 가장 치명적인 진폐 진단</u> <u>결과를 받았을 때 죽을 수도 모른다는 인식 또한 인식가능성이 인정된다.</u> 따라서 원고들 각자에게 가장 위중한 진폐 진단 결과를 받은 날 즉 최종 단계 진단결과일부터 사망을 포함한 손해에 대해 예측이었다고 봐야 하고 진폐 건강검진결과일 또는 그 통지서를 받은 날짜 중 **늦은 날부터 시효의 기산일로 삼아야** 한다.”

(2) 후쿠오카 고등법원 판단

이와 반대로 후쿠오카 고등법원은 진폐 증상의 발현 방법이 일정하지 않고 시간의 경과에 따라 다양한 증상을 보이는 질환이므로 원고들이 진폐증에 대한 “<u>최초</u> <u>의 진폐진단증을 받은 날</u>”부터 시효가 진행된다고 보았다.[46)]

손해배상청구권도 계약 채권이기 때문에 민법 제166조와 제167조 소멸시효 기간에 맞추어 권리를 행사할 수 있는 때로 해석해야 한다. 이는 권리를 행사할 수 있는 때에 대해 법률상의 장해가 없고, 또한 권리의 성질상 그 권리행사를 현실에 기대할 수 있는 때로 해석하는데, 이것을 본 건에 맞게 말하면 안전배려의무 위반으로 인한 손해가 발생했을 때, 즉 <u>원고들의 진폐병적 증상이 현실화, 표면화했을</u> <u>때(발병시)부터 소멸시효가 진행하는 것으로 해석하는</u> 것이 타당하다.

나가사키 1심 재판부는 원고들의 손해배상청구권의 기산점을 각 <u>최종 위중진</u> <u>단결과를 받은 때부터</u> 진행된다고 보았다. 항소심 후쿠오카 고등법원은 1심 법원과 반대로 <u>진폐진단이 처음 나온 때부터</u> 진행한다고 보았다. 1심 판단에 따르면 손배청구권의 기산점이 늦게 시작되는 반면 항소심 판단의 경우 위중과 관계없이 각 노동자의 첫 진폐 진단때부터 손해배상청구권의 시효가 진행된다.

(3) 최고재판소 판단

이제 손해배상청구권의 기산점이 언제부터 진행하는 것인지는 일본 최고법원인 최고재판소의 판단만 남은 상황이었다. 최고재판소는 항소심 판단에 대하여 최초 진폐 진단 단계에서 나중의 진폐 진단의 손해까지 포함하여, 또한 최초 진폐 진

---

46) 福岡高裁, 平成 元年 3月 31日 判決 民集 48卷 2号 776頁

단 결과 이후 환자의 병이 진행하여 더 위중한 진단 결과를 받은 경우에도 "위중한 결정에 상당하는 건강 상태에 따른 손해를 포함하여 **전체 손해가 먼저 진폐 진단 관리 결과를 받은 시점에서 발생하였다고 볼 수는 없다.**"고 항소심의 판단을 배척하였다.[47] 그 이유는 다음과 같다.

> "진폐의 소견이 있다는 취지의 첫 진폐 진단 관리 결과를 받은 후 더 위중한 진폐 진단 결과를 받기까지 각 환자마다 그 진행의 유무, 정도, 속도도 환자에 따라 다양하다. 따라서 진폐 진단 관리 단계가 올라갈수록 손해배상청구권의 범위가 **양적으로 확대한 것으로는 볼 수 없고** 현재 의학 상태로 그 병세가 향후 어느 정도까지 진행하는지는 물론 **진행하는지 정지되는지조차도** 현재의 의학으로는 **확인할 수 없다.**"[48]

일본 최고재판소는 진폐 질환의 특징이 단계별로 진폐 진단에 따른 각 손해가 **질적으로 다르다는** 사실에 주목하였다. 제1단계 진단 관리 결과에 이어 차례로 하나의 손해배상청구권의 범위가 양적으로 확대한 것으로 볼 수도 있으나 특정 시점에서 그 병세가 향후 어느 정도까지 진행하는지는 물론, 진행하고 있는지 정지되었는지조차도 현재의 의학으로는 예측할 수 없다고 보았다.

> 일반적으로 안전배려의무 위반으로 인한 손해배상청구권은 그 손해가 발생한 때에 성립하는 동시에 그 권리를 행사하는 것이 **법률상 가능한 때이어야 하는데** 진폐에 걸린 사실은 진폐 진단 결과가 없으면 일반적으로 인정하기 곤란하여 본건에서는 진폐의 소견이 있다는 취지의 첫 진폐 진단 관리 결과를 받은 때에는 적어도 손해의 일단이 발생한 것이라 할 수 있다. 그러나 이로부터 진폐에 걸린 환자의 병이 진행하여 더 위중한 진폐 진단 결과를 받은 경우에도 위중한 진폐 진단 상태에 따른 손해를 포함하여 **전체 손해가 첫 진폐진단 결과를 받은 시점에서 발생하고 있었던 것으로 볼 수는 없다.** (중략) 요컨대 고용주의 안전배려의무 위반하여 진폐에 걸린 것을 이유로 하는 손해배상청구권의 소멸시효는 **최종의 단계 진**

47) 最判, 平成 6年 2月 22日 民集 48. 2号 441頁.
48) 最判, 平成 6年 2月 22日 民集 48. 2号 441頁.

폐 진단 결과를 받은 때부터 진행하는 것으로 해석하는 것이 상당하다.[49)]

최고재판소는 진폐증의 진행 유무, 정도, 속도 등 환자에 따라 다양한 특성과 제1단계 진폐 진단 결과를 받은 시점에서 손해를 예측할 수 없어 제2단계 진폐 진단 결과나 제3단계, 제4단계 진폐 진단 결과에 따른 손해배상을 청구할 수 없다는 점을 고려하여 고용주의 안전배려의무 위반으로 하는 손해배상청구권의 소멸시효의 기산점을 "**최종의 진폐 진단 결과를 받은** 때부터 진행하는 것으로 해석하는 것이 상당하다."고 판시했다.

다. 판결 분석

이 판결은 두 가지 의미에서 이전 시효에 관한 판례와는 다른 면이 있다. 먼저 안전배려의무가 채무자인 회사의 채굴노동자에 대해 채굴할 수 있는 장소 제공 등의 본래 급무의무 내에 부수적 의무로 본래 급부의무 제공 때부터 부수적인 안전배려의무도 주된 급부의무의 시효진행과 동일하게 시효가 진행할 것인가?

채무 동일성에 따르면 안전배려의무는 본래의 급부의무에 부수적인 의무로 보아 본래의 급부의무의 이행청구가 가능한 시기는 '늦어도 퇴직 시'가 되므로 이때가 안전배려의무 위반을 이유로 한 채무 불이행에 기한 손해배상청구권의 기산점이 된다.[50)]

후쿠오카 고등법원은 "안전배려의무는 본래의 급부 의무에 관련되기는 하나 그 내용을 이루는 것이 아니라, 법적 성질을 달리하여 안전배려의무의 불이행은 적극적인 채권 침해로 본래의 급부 의무의 불이행의 경우와 다르게 이해되어야 한다."고 보았다. 이른 바 채무동일성 법리에 따라 시효를 진행되는 것을 부인하였다는데 있다.[51)] 그 이유는 다음과 같이 법원은 설명한다.

소멸시효의 관계에서 안전배려의무 불이행으로 인한 손해배상청구권은 그 발생 때부터 소멸시효가 진행하여 본래의 급부 의무와 동일한 운명으로 이와 함께

---

49) 最判, 平成 6年 2月 22日 民集 48. 2号 441頁.
50) 神戸地裁尼崎支判 1979.10.25. 943号12頁; 東京地判 1979.3.29. 954号56頁; 東京高判
    1983.2.24. 1073号 79頁
51) 松本克美, "消滅時効と損害論 —じん肺訴訟を中心に", 立命館法学", 268호 2000, 1302頁.

소멸하는 것으로 해석할 것은 아니다. 진폐는 그 발병까지 장기 잠복기가 갖고 진행하는 것임을 감안할 때 본래의 급부 의무의 이행 청구 가능한 마지막 순간인 <u>퇴직부터 시효기간인 10년이 지나 발병한 경우</u> 안전배려의무 불이행으로 인한 손해배상청구권은 그 행사의 기회가 전혀 없는 상태에서 시효로 인하여 소멸하게 되므로 현저하게 불합리한 결과가 되기 때문이다.[52]

채무 동일성 법리에 따르면 급부의무의 종된 의무로 안전배려의무를 해석하면 주된 의무가 끝나면 종된 의무도 소멸한다. 회사의 직장급부의무도 직원의 퇴직시에 종료된다. 따라서 종된 의무 안전배려의무도 퇴직 시에 종료한다.

그런데 석면의 특성상 장기간 잠복기를 가지므로 퇴직 후 10년도 지나 석면으로 인한 진폐증이 발병하면 채무불이행에 따른 손해배상청구권 10년의 시효가 경과한 것이다. 이 같은 불합리성은 1심재판부터 문제가 되었고 법원은 본래의 급부의무와 동일하게 소멸하지 않음을 위의 판시와 같이 인정하였다.

그렇다면 적극적 채권 침해로서 안전배려의무 불이행은 언제 발생하였을까? 진폐의 손해의 현실화에 대하여 살펴보아야 한다. '손해의 현실화'를 항소심은 '최초 진폐진단 결과'를 받았을 때 진폐에 대한 예측가능성이 있다고 보아 시효가 진행한다고 본 반면, 최고재판소는 항소심이 말한 최초의 진단 결과는 각 단계별 질적인 차이가 있어 최초 진폐진단에 의해 나중의 위중한 진폐 피해까지 포함하여 전체 손해가 최초 진폐 진단 받은 때부터 진행한다고 볼 수는 없다고 판단하였다.

안전배려의무 위반이 따른 손해배상청구권은 '손해의 발생'이 시효 진행의 전제가 되므로 손해가 '현실화내지 표면화'된 **'발병을 진단받은 때'**를 시효 기산점으로 삼아야 한다.[53]

최초 진폐 진단에서 나온 손해로써 장래의 진폐에 대한 손해 전부를 청구할 수는 없다. 최초 진폐 진단 결과에서 나타나는 손해와 장래에 위중한 진폐의 손해는 질적인 차이가 있고 무엇보다 최초 진폐 진단 결과로 장래 위증한 손해까지 예측가능한 손해(vorhersehbarer schaden)에 해당하지 않는다.

---

52) 福岡高裁, 平成 元年 3月 31日 判決 民集 48卷 2号 776頁
53) 松本克美(fn 51), 1301－1303頁. 加藤一郎, 不法行為 法律学全集, 有斐閣, 1974, 265頁; 植林 弘, 注釈民法(19), 有斐閣 2013, 381頁; 幾代通, 不法行為法, 有斐閣, 1993, 349頁; 平井宜雄, 債権各論Ⅱ 不法行為, 弘文堂, 1992, 170頁

따라서 현 진폐진단에 의해 향후 진행정도나 정지여부도 알 수 없는 현재 의학적 수준에서 원고에게 손해배상의 증명책임까지 있는 이상 최초 진폐진단으로 이후 위중 진폐 손해까지 포함하여 최초 진폐진단때부터 시효가 진행한다고 볼 수는 없다. 이 점은 항소심 결과에 대한 상고 이유가 되었고 최고재판소는 최종 위중한 진폐 진단때 손해배상청구권의 시효가 진행한다고 판단한 것이다.

피해자의 입장에서 손해의 인식으로 피해자 측의 현실적인 권리행사가 기대되는 시기로 "최종 진폐 진단 결과를 받았을 때"부터 시효가 진행된다는 점을 보여준 사례라 할 것이다.

아쉬운 점은 일본민법 제166조 '권리 행사할 수 있을 때'를 1970년 공탁금판결에서 '법률상 장애 없을 때'가 아닌 "권리행사를 현실에서 기대하거나 요구할 수 있는 때"라고 변경하였음에도 여전히 '법률상 장애 없을 때'를 원칙으로 각 재판부마다 해석을 편의에 따라 해석하고 있다는 점이다. '손해의 현실화, 표면화'라고 한다면, 인식을 전제로 한다는 점에서 '법률상 장애 없을 때'는 폐기하는 것이 마땅하다.

4. 치쿠호 진폐 소송

가. 개요

Chikuho 지역에 위치한 광산회사 및 하청회사에 다녔던 피해자들은 진폐 흡입으로 여러 종류의 진폐증에 걸렸고 피해자들 중 사망자도 발생하였다. 피해자와 유족들은 국가를 상대로 당국이 석탄 생산하는데 진폐 발생방지를 위한 광산보안법상의 권한을 행사하지 않은 것이 위법이라고 주장하면서 안전배려의무 위반에 따른 위자료 등 손해배상을 청구하였다. 1995년 1심 재판부는 국가의 위법을 인정할 수 없다고 청구를 기각하였다.[54]

이에 피해자들은 항소하였고 후쿠오카 항소심은 국가의 책임을 다음과 같이 인정하였다.

> 통상 산업장관은 늦어도 1960년 3월 진폐법 성립 때까지 진폐에 관한 의학적 연구 결과를 기초로 석탄 광산 보안 규칙의 내용을 검토하고 일반적으로 분진발생

---

54) 福岡地飯塚支判, 平成 7年 7月 20日 判時 1543号 3頁.

방지책을 의무화하는 등의 새로운 보안 규제 조치를 취한 후, 법에 따른 감독 권한을 적절히 행사하여 분진 발생 방지 대책의 신속한 보급, 실시를 도모해야 할 상황에 있었다. 위 보안 규제 권한이 적절하게 행사되었으면, 이후 탄광노동자의 진폐로 인한 피해를 상당 부분 방지할 수 있었다.55)

항소법원은 진폐법이 성립한 후 금속 광산과 마찬가지로 모든 석탄 광산에서 착암기의 습식형화를 꾀하는데 특별한 장애가 없었음에도 광산보안법 법령의 개정을 행사하지 않은 것은 국가배상법 제1조 제1항에 근거하여 위법하다면서 원고의 손을 들어주었다. 이제 기산점이 쟁점이 되었다. 언제 손해가 발생한 것인가?

나. 법원의 판단

항소법원은 불법행위에 의해 발생하는 손해의 성질상 가해 행위가 종료하고 나서 상당한 기간이 경과한 후에 손해가 발생하는 경우에는 "해당 손해의 전부 또는 일부가 발생했을 때부터 제724조 후단 소정의 제척기간이 진행한다."면서 노동자들이 진폐증과 사망 등 피해가 외부로 나타났을 때부터로 기산하였다. 2004년 일본 최고재판소도 동일하게 다음과 같이 판단하였다.

몸에 축적되면 사람의 건강을 해칠 물질에 의한 손상이나 일정한 잠복 기간이 경과한 후에 증상이 나타나는 손해처럼 해당 불법행위로 인하여 발생하는 손해의 특성상 가해 행위가 종료한 후 상당한 기간이 경과한 후 손해가 발생하는 경우에는 **해당 손해의 전부 또는 일부가 발생했을 때가 제척기간의 기산점이 된다고 해석해야** 한다. 왜냐하면 이러한 경우에 손해의 발생을 기다리지 않고 제척기간의 진행을 인정하는 것은 피해자에게 상당히 가혹하다. 또 가해자도 자기의 행위로 인해 발생할 수 있는 손해의 성질로 보아 상당 기간이 경과한 후에 피해자가 나타나 손해배상의 청구를 받을 것을 예상해야 한다고 생각되기 때문이다. (중략) 진폐 피해를 이유로 하는 손해배상청구권은 그 **손해 발생시가** 제척기간의 기산점이 된다.56)

---

55) 福岡高判, 平成 13年 7月 19日 判時 1785号 89頁.
56) 最判 平成 16年 4月 27日 民集 第58巻 4号 1032頁.

최고재판소도 불법행위 손해의 특성상 가해 행위가 종료한 후 상당한 기간이
경과한 후 손해가 발생하는 경우에는 "해당 손해의 전부 또는 일부가 발생했을 때
제척기간의 기산점이 된다."면서 항소법원의 판단을 받아들였다.[57]

한편 광산회사 피해자들은 회사를 상대로 안전배려의무 위반을 이유로 손해배
상소송도 제기하였다. 여기에서 재판부는 이전 최고재판소 판결(最判, 平成 6年 2月
22日 民集 48. 2号 441頁.)과 동일하게 진폐법 소정의 관리 구분 중 최종 진단결과를
받은 때부터 손해배상청구권의 소멸시효는 진행한다고 판단하였다. 또한 "피해자가
사망한 경우 손해는 사망한 때부터 손해배상청구권의 소멸시효가 진행된다고 해석
하는 것이 타당하다."고 보았다.[58]

다. 판결 분석

앞의 진폐소송은 회사를 상대로 소송을 제기하여 채권·채무관계에 따라 일본
민법 제166조이 적용되었다면 치쿠호 진폐소송은 국가의 부작위에 대한 손해배상
소송으로 일본민법 제724조가 적용되었다는 점이 구별된다. 앞서도 보았듯이 법 적
용 조문만 다르고 손해의 발생은 동일하게 잠재적 손해에 대해 언제 손해가 발생하
였다고 볼 것인가에 있다.

법원은 잠재적 손해에 대하여 판례는 일본민법 제724조 후단의 '불법행위의
때'를 손해의 발생시로 '잠재적인 사실상의 손해의 발생'이 아닌, "해당 손해의 전부
또는 일부가 발생했을 때"로 손해가 표면화되었을 때(manifestation)'로 보았다.

치쿠호 진폐 소송에서 문제된 진폐증은 직장에서 분진에 노출됨으로써 피해자
의 체내에서 잠재적으로 진폐 질환의 손해가 사실상 발생하기 때문에 이 때 손해가
발생했다고 할 수 있다. 그러나 그러한 손해가 잠재적으로 발생하고 있어도 표면화
(manifestation)하지 않으면 **손해의 객관적 인식가능성이 없으므로** 손해배상청구권을
행사할 수 없다.

치쿠 진폐 소송의 판결은 잠재적 손해가 발생한 '행위'시가 아니라 손해가 표
면화되었을 때(manifestation)부터 손해배상청구권의 제척기간이 시작된다고 본 판
결로 의미가 있다.

---

57) 最判 平成 16年 4月 27日 民集 第58卷 4号 1032頁.
58) 最判 平成 16年 4月 27日 民集 第214号 119頁

5. 미나마타 소송

가. 개요

1908년 8월 일본 미나마타에 칫소 질소비료 주식회사가 설립되고 1932년 미나마타 공장에서 아세트 알데히드 생산 개시하고 공장 폐수를 방출하기 시작하였다. 당시 피해자들은 미나마타만 주변 지역에 거주하고 미나마타만 해역의 해산물을 섭취하고 있었다.

1956년 5월 미나마타 보건소에 원인불명의 괴질환자 4명이 발생하였다고 보고되면서 미나마타병이 외부로 드러나기 시작하였다. 1959년 구마모토 대학에서 미나마타병은 미나마타만의 수은에 중독된 어패류에 의해 발생하는 신경계 질환이라고 발표하였다. 1953년 무렵부터 미나마타병과 비슷한 증상을 보이는 환자가 발생하였고 1959년 8월 미나마타 병 환자는 71명, 사망자는 28명에 이르렀다.

1968년 5월, 국가는 미나마타병은 칫소 미나마타공장의 아세트 알데히드 제조시설에서 생성된 공장의 폐수가 공장 밖으로 유출되어 어패류에 축적되었고 그 해산물을 다량으로 섭취한 피해자들 체내에 흡수되어 신체의 상해 또는 사망 결과를 낳았다고 공식적으로 발표했다. 피해자들은 1969년 칫소회사를 상대로 민사소송을 제기하였고 승소한 이후 1980년 국가를 상대로 손해배상을 청구하였다.

수은 등 함유된 해조·해산물 섭취한 지역 주민들이 그 섭취를 중단하였음에도 중단한지 4년 후에 미나마타질병 증상이 나타났다. 쟁점은 이러한 지연된 손해에 대하여 손해의 기산점을 주민들이 해조 해산물을 처음 섭취하여 체내 축적된 시기로 볼 것인지 미나마타 증상이 나타난 시기로 볼 것인지에 있었다.

제1심 재판부는 손해배상청구의 기산점을 가해 행위의 종료 후 상당 기간이 경과한 미나마타 질병 증상이 객관적으로 나타났을 때부터 시효 기산점을 삼았다.[59]

나. 최고재판소 판단
(1) 손해배상책임 여부

최고재판소는 국가가 1959년 11월말 현재 다수의 미나마타 병 환자가 발생하고 사망자도 상당수에 이르렀고 미나마타 병의 원인 물질이 유기수은 화합물이며

---

59) 大阪地判 平成 6年 7月 11日 判例タイムズ 856号 81頁

그 배출원이 특정 공장의 아세트 알데히드 제조 시설임을 고도의 개연성을 가지고 인식할 수 있었다고 판단하였다. 또한 해당 당국은 이 공장의 폐수에 포함된 미량의 수은의 정량 분석이 가능했던 점 등을 고려하여 다음과 같이 판단하였다.

> 같은 해 12월말까지 미나마타병에 의한 심각한 건강 피해의 확대 방지를 위해 공용 수역의 수질 보전에 관한 법률 및 공장 폐수 등의 규제에 관한 법률에 따라 지정 수역을 지정하고, 수질 기준 및 특정 시설의 규정을 상기 제조 시설에서 공장 폐수에 대한 처리 방법의 개선, 동 시설의 사용을 일시 중지 기타 필요한 규제 권한을 행사하지 않은 것은 국가배상법 제1조 제1항의 목적에 위배된다.[60]

(2) 기산점 판단

미나마타병에 의한 신체 피해의 확산 방지를 위해 이른바 관계 법령에 근거한 규제 권한을 행사하지 않은 부작위가 국가배상법에 위반된다면서 기산점에 대해선 다음과 같이 판단하였다.

> 민법 제724조 후단 소정의 제척기간은 "불법행위시"로 규정되어 있으며, 가해 행위 시 손해가 발생하는 불법행위의 경우에는 가해행위 때가 기산점이 된다.
> 그러나 몸에 축적되는 물질로 인해 사람들 건강을 해치는 손상이나 일정한 잠복 기간이 경과한 후에 증상이 나타나는 질병으로 인한 손해처럼 불법행위로 인하여 발생하는 손해의 특성상 가해 행위가 종료한 후 상당한 기간이 경과한 후 <u>손해가 발생하는 경우에는 해당 손해의 전부 또는 일부가 발생했을 때가 제척기간의 기산점이 된다</u>. 환자의 각각 미나마타만 주변 지역에서 다른 지역으로 이사한 시점이 각자에 대한 가해 행위의 종료한 때이지만 미나마타 병 환자 중에는 잠복기 있는 이른바 지발성(遲發性) 미나마타 환자에서는 해산물 섭취를 **중단한지 4년 후 미나마타 병의 증상이 객관적으로 나타나는 때가 기산점이 된다**.[61]

최고재판소는 미나마타 병에 대해서도 석면과 동일하게 손해의 특성이 가해행

---

60) 最判, 平成 16年 10月 15日 民集 第58卷 7号 1802頁
61) 最判, 平成 16年 10月 15日 民集 第58卷 7号 1802頁

위 종료 후 상당 기간이 경과한 후 손해가 발생하는 치쿠 진폐소송 판례[62]를 준용하였다.

다. 판결 분석

미나마타소송은 일본에서 대표적인 환경소송으로 50년 넘게 소송이 진행되어 해조류 섭취를 중단하였음에도 4년 후에 미나마타 증상이 나타난 경우 언제를 기산점으로 할지가 쟁점이었다. 최고재판소는 가해 행위와 손해 발생 사이에 시간적 차이가 있는 이른 바 잠재적 손해로 보아서 그 손해가 나타난 시기를 기산점으로 삼았다.[63]

손해의 특성상 가해 행위가 종료한 후 일정 잠복기간을 거쳐 상당한 기간이 경과한 후 질병으로 손해가 발생하는 경우에는 해당 손해의 전부 또는 일부가 발생했을 때가 제척기간의 기산점이 된다. 마찬가지로 미나마타 주변에 오염으로 이사를 하게 된 시점에 질병이 나타난 경우엔 그 시점부터 손해배상청구권의 기산점이 된다.

제5절   네덜란드

1. 서설

네덜란드는 일반적인 규정으로 주관주의 5년의 시효기간과 최장기간 20년 또는 위험물질로 인한 환경 피해의 경우 30년으로 규정하였다.[64]

네덜란드 법(Art. 3 : 310 [1] BW)에 따르면, 일반적인 시효기간 5년은 손해배상청구의 피해자가 손해에 대한 인식이 있어야 한다. 이때 손해에 대해서 네덜란드 대법원은 "5년의 시효 기간의 시작을 위해선 어떤 경우에도 손해가 실제 발생하여야 한다."고 설시하였다.[65]

---

62) 最判, 平成 16年 4月 27日 民集 第58巻 4号 1032頁

63) 判例タイムズ 1070号, ハンセン病訴訟熊本地裁判決 熊本地裁 判例タイムズ社, 2001, 153頁.

64) Dutch Civil law Art 3:310 (1) (2) 참조.

65) Voor het aanvangen van de vijfjarige verjaringstermijn is hier dus in elk geval vereist dat daadwerkelijk schade is ontstaan. HR, 10 October 2003, Nederlandse Jurisprudentie (NJ)

2004년 네덜란드는 민법 개정을 통하여 사람의 생명·신체 완전성에 대한 권리 침해에 관해서는 최장기간의 제한을 두지 않기로 하였다.[66] 앞으로 다가올 미지의 위험물질에 대한 소송에 적용될 예정이다.

그렇다면 개정 이전에 발생한 석면과 같은 잠재적 손해에 대해선 어떻게 해결할 것인가? 다른 국가들이 석면소송에 대해 <u>기산점의 변동을 통해 석면 피해자들을 구제한 것과 달리</u> 네덜란드는 **네덜란드 민법 제6조 제2항 '합리성과 공정성'**이라는 일반 조항 적용을 활용하여 시효 완성을 배척하였다. 흡사 우리나라나 일본에서 일반 조항 '신의칙'을 이용하여 채무자의 시효 완성 주장을 '신의칙에 반하는 권리 남용'으로 본 것과 비슷하다. 이를 소개한다.[67]

2. Van Hese v. Schelde 소송

가. 사실관계

1959년 3월 16일부터 1963년 6월 7일까지 Van Hese는 Royal Schelde Group 조선소에서 일했다. De Schelde에서의 작업 도중 석면 먼지에 노출되었다. 1996년 9월 그는 불치의 악성 종양 석면암 진단받았는데 석면과 접촉한 지 30년이 넘은 상황이었다. 1996년 11월 그가 사망하자 그의 유족은 Schelde Group 조선소를 상대로 손해배상청구소송을 제기했다.

원심 법원에선 최장기간 30년을 이유로 이미 1993년에 시효가 완성되었다고 유족의 손해배상 청구를 기각했다. 원심 법원에 따르면 네덜란드 민법 제6조 제2항의 합리성과 공정성이 최장기간에 대하여 적용될 수는 없다고 판단하였다. 원심법원은 네덜란드 민법 3:310 제2항의 "손해를 야기한 사건(gebeurtenis)"부터 시효는 진행하므로 1963년 6월 7일 **석면을 흡입한 순간부터 소멸시효가 시작되어** 30년이 경과한 1993년 6월 7일에 완성되었다고 보고 원고의 청구를 기각하였다.

원고는 상소하면서 네덜란드 민법 3:310조의 "사건(gebeurtenis)"는 석면에 노출되는 순간이 아니라 **석면 입자가 신체에서 반응하기 시작하고 종양이 자라기 시작**

2003, 680

66) Dutch Civil law Art 3:310 (5) 참조. Reinhard Zimmermann(fn 23), p. 57.

67) HR 20 October 2000, NJ 2001,268; HR 25 November 2005 Rechtspraak van de Week (RvdW) 2005, 130

하는 순간이라고 주장하였다. 석면 입자의 흡입으로 손상 원인이 있는 사건(ge-beurtenis)이 시작되었다고 해도 석면으로 인하여 종양 등 피해가 객관적으로 외부에 나타났을 때부터 손해배상청구의 시효가 기산되어야 한다고 주장하였다. 또한 최장기간에 네덜란드 민법 제6조 제2항의 '합리성과 공정성'이 적용되어야 한다[68]고 피력하였다.

피고 측은 이에 대해 **석면에 노출된 시점부터** 시효를 기산하여야 하며 3:310 BW의 최장기간은 **절대기간**(maximun period)**으로 제6조 제2항의 '합리성과 공정성 (redelijkheid en billijkheid)'이 적용될 수 없다**고 항변하였다.

나. 최고법원(Hoge Raad) 판단

최고법원(Hoge Raad)은 네덜란드 민법 3:310조 제1항의 경우 피해자가 손해 및 손해배상의 가해자를 알게 되었을 때부터 시효가 진행되므로 피해자가 1996년 중피종(mesothelioom)을 받고 바로 손해배상청구를 하였기 때문에 5년 시효 도과여부는 문제되지 않았다.

문제는 2000년 4월부터 석면 노출되었으나 피해는 발견되지 못한 채 30년 이상 경과한 후에 중피종(mesothelioom)이 발견된 경우 손해배상청구가 가능한지가 관건이었다. 네덜란드 민법 3:310조 제2항의 30년 기간을 합리성과 공정성 조항이나 시효정지가 불가능한 절대기간(maximun period)으로 볼 것인가에 있었다.

30년의 최장기간에 합리성과 공정성의 기준인 네덜란드 민법 6:2 BW를 적용하면 안 된다는 근거는 없다. 조항이 추구하고자 하는 이해관계를 고려할 때 **절대 수용할 수 없는 행위에 대한 예외적인 경우**에 적용이 가능하다. 따라서 석면처럼 손해가 나타났는지 불확실한 예외적인 경우에는 적용할 수 있다.

최고법원(Hoge Raad)은 원칙적으로 30년의 최장기간에 대하여 피해자의 정의의 관점에서 받아들이기 어려우나 객관적이고 절대적인 성질을 가지므로 거래 상

---

68) redelijkheid en billijkheid: Art. 6:2 [2] BW : 채권자와 채무자 간의 관계 내에서의 합리성 및 공정성 1. 채권자와 채무자는 합리적이고 공정한 기준에 따라 상대방에게 행동하여야 한다. 2. 합법성과 공정성 기준에 의해 허용될 수 없는 경우에는 채무자와 채무자간에 법률, 통상 관행 또는 법률 행위로 인한 효력을 적용하지 않는다.

대방을 위해 법적 안정성(HR November 3, 1995, No. 15801, NJ 1998, 380)이 준수되어
야 한다고 보았다.[69] 그러나 석면과 같은 **예외적인 상황에서** 30년의 최장기간에 네
덜란드 민법 제6조 제2항의 '합리성과 공정성(redelijkheid en billijkheid)'을 적용하여야
한다고 판단하였다. 그 이유를 다음과 같이 설명하였다.

> 석면 노출에 의해 중피종(mesothelioma disease)이라는 손해의 경우 그 발생
> 이 석면의 특성상 오랫동안 존재에 대해 불확실하고 숨어 있어 피해가 실제로 발
> 생한 때에는 이미 소멸시효가 경과한 후이다. **시효법은 피해가 뒤늦게 발생한 경
> 우를 예상하진 못하였다.**
> 따라서 <u>기간 전에는 손해가 발생하지 않았다는 이유로, 기간이 경과한 후에는</u>
> <u>법적 청구권이 소멸했음을 이유로,</u> **질병이 밝혀지기 전에** 시효가 완성되어 청구권
> 을 행사할 수 없다면 합리적이지 않다.[70]

최고법원은 최장기간 30년 동안에는 중피종이 나타나지 않아 피해자가 손해배
상을 청구할 수 없고 중피종이 객관적으로 나타난 경우엔 이미 최장기간 30년이 지
나 청구권이 소멸되는 문제에 직면하였다. 결국 석면과 같은 잠재적 손해의 특성을
고려할 때 '사건 발생일(gebeurtenis)'부터 30년의 최장기간을 적용하는 것은 '합리성
과 공정성(redelijkheid en billijkheid)'에 위배된다고 판단하였다.

따라서 네덜란드 민법 제6조 제2항의 '합리성과 공정성'에 따라 30년의 최장기
간 적용을 제한하는 것이 <u>유럽인권재판소의 재판받을 권리(ECHR 제6조)</u>에 부합하
고 <u>네덜란드 민법 개정에서 사람의 생명·신체 침해에 대해서는 최장기간을 배제하</u>
는 규정과도 부합한다고 설시하였다.

다. 판결 설명

앞서 보다시피 네덜란드는 2004년 시효 개정을 단행하면서 사람의 생명·신체
침해에 관한 청구에 대하여 최장기간을 적용하지 않기로 하였다. 그런데 이 사건처
럼 개정 전 발생한 잠재적 손해의 경우 어떻게 처리해야할지가 고민이었다. 네덜란

---

69) HR 28 April 2000, NJ 2000, 430. Nederlandse Jurisprudentie 430/431.
70) HR 28 April 2000, NJ 2000, 430. Nederlandse Jurisprudentie 430/431. Hoge Raad
ECLI:NL:HR:2000:AA5635

드 최고법원은 시효법의 최장기간 30년은 이러한 잠재적 손해에 대해선 예상하지 못하고 제정되었다는 점을 인정하였다.

이 경우 최장기간의 손해발생의 기산점을 변동하여 손해가 표면화(the time of manifestation)된 때부터로 볼 것인지에 대하여 네덜란드 최고법원은 사건이 발생한 때 석면이 원인이므로 석면을 접촉한 때＝사건발생일(gebeurtenis)부터 인식여부와 관계없이 최장기간이 진행한다고 보았다. 따라서 피해자가 석면을 회사에서 마지막 흡입시인 1963년부터 30년이 경과하여 중피종 질병에 대한 손해배상청구는 그 기간이 도과하였다는 것이 법원의 판단이다.

그렇다면 피해자에 대한 구제안은 없는 것인가? 최고법원은 유럽인권재판소에서의 성 학대에 관련하여 최장기간을 배제하는 판결에 주목하였다.[71] 또한 네덜란드 개정법 사람의 생명·신체 침해에 관한 청구에 대하여 최장기간을 적용하지 않기로 한 법률도 참고하였다. 최고법원(Hoge Raad)은 최장기간에 대한 네덜란드민법 제6조 제2항 '합리성과 공정성' 조항을 적용하였다.

이 기준에 대해서는 다음 Nefalit 사건에서 다루기로 한다. 최고법원(Hoge Raad)은 합리성과 공정성 적용 기준인 피고의 보험여부에 대하여 피고 측이 보험에 가입했다고 하여 원고의 합리성과 공정성 기준을 적용하는 충분조건은 아니고 De Schelde가 보험에 가입한 상황은 관련 요소 중 하나라고 보았다.[72]

최고법원(Hoge Raad)은 현행법을 그대로 적용하여 30년의 최장기간의 기산점에 대해서 "흡입 시＝사건 발생시(gebeurtenis)"로 보는 데엔 원심 법원과 동일하였다. 그러나 최고법원은 원심 법원이 피고 De Schelde의 고의 또는 중대한 과실이 추정되는 상황을 충분히 고려하지 않았다고 판단하였다.

최고법원(Hoge Raad)은 석면과 같은 잠재적 손해는 사건 발생시(gebeurtenis)에 손해의 발생 자체가 불확실한 경우라고 보고 30년의 최장기간에 '합리성과 공정성'으로 적용하여 원고의 청구를 배척하는 것은 합리성과 공정성에 위배된다고 결정하였다.[73] 결국 '합리성과 공정성(redelijkheid en billijkheid)'이라는 민법의 일반원칙

---

71) Stubbings v Webb [1993] AC 498 (HL). Stubbings and Others v United Kingdom (Reports 1996－IV, p.1487, NJ 1997, 449
72) Hoge Raad ECLI:NL:HR:2000:AA5635.
73) 자세한 사항은 Harriët N. Schelhaas, The Principles of European Contract Law (Part III) and Dutch Law, Kluwer Law, 2006, chap.14. prescription. 참조.

을 적용하여 30년의 최장기간을 배제하였다.[74]

3. Nefalit 사건

가. 개요

피고 Nefalit은 1935년부터 1983년까지 석면 시멘트 생산업체였다. 원고는 피고 Nefalit측으로부터 1976년에 생산된 Nobranda 판을 구매하여 집 개조공사를 약 8주에 걸쳐 시행하였다. 2007년 11월 원고는 중피종 진단을 받았는데 Nefalit의 Nobranda판을 생산하고 가공하는 과정에서 발생한 석면 흡입으로 인한 것이었다.

원고는 2008년 피고 측에 손해배상 청구의 소를 제기하였다. 원·피고 모두 30년의 최장기간이 지났다는 데는 이견이 없었다. 문제는 **네덜란드 민법 제6조 제2항의 '합리성과 공정성'**을 적용하여 최장기간을 배제할 지에 있었다. 원고 측은 **네덜란드 민법 제6조 제2항의 '합리성과 공정성'**을 적용하여 최장기간의 배제를 주장하였다. 반면 피고 측은 **네덜란드 민법 제6조 제2항의 '합리성과 공정성'이 적용될 수 없다고 주장하였고** 회사 보험도 없으며 1985년 이후 Nefalit 폐업으로 자금이 없다는 점도 강조하였다.

나. 최고법원(Hoge Raad) 판단

네덜란드 최고법원(Hoge Raad)은 앞서 Van Hese v. Schelde 소송에서 사람의 생명·신체 상해에 대한 네덜란드 대법원의 판결(HR 28 NJ 2000, 430)을 그대로 준용하여 판결하였다.

조항이 추구하고자 하는 이해관계를 고려할 때 **절대 수용할 수 없는 행위에 대한 예외적인 경우**에 적용이 가능하다. 석면처럼 손해가 나타났는지 불확실한 예외적인 경우에는 적용할 수 있다. 불확실성이 매우 오래도록 지속되는 질병인 중피종(mesothelioom)은 그 성질상 잠재되어 있어 시효가 종료한 후에 그 질병이 나타난다.

---

74) Eveline T. Feteris, Argument Types and Fallacies in Legal Argumentation, Springer, 2015, p.194

최고법원(Hoge Raad)은 네덜란드 대법원의 판결(HR 28 NJ 2000, 430)의 최장기 간에 대한 네덜란드민법 제6조 제2항 '합리성과 공정성' 조항의 적용을 고려하였다. 네덜란드민법 제6조 제2항을 적용하는데 다음이 기준이라고 보았다.

합리성과 공정성(redelijkheid en billijkheid)을 적용 기준으로는 채권자와 채 무자의 이익 형량을 전제로 (i) 금전적 손해에 대한 배상인지 - 손해배상청구가 피 해자 자신을 위한 것인지 또는 제3자를 위한 것인지 여부 (ii) 피해와 관련하여 피 해자 또는 그의 생존자가 기타 이유로 이득을 얻을 수 있는 정도 (iii) 피해자가 소 제기를 할 수 있는 범위 (iv) 시효 경과 전 채무자가 손해배상책임을 고려하거나 고려할 수 있었는지 (v) 채무자가 여전히 손해배상청구로부터 방어할 합리적 가능 성을 가지고 있는지? (vi) 채무자의 책임이 보험 대상인지 (vii) 손해가 발생한 후 에 합리적인 기간 내에 손해배상 청구가 제기되었는지 여부이다.

합리성과 공정성 적용 기준으로 볼 때 당시 피고 Nefalit이 민사 책임에 관한 보험에 가입하지 않았다는 사실 혹 보험에 가입했다면 장기보험을 왜 제공하지 않 았는지에 대해 아무런 자료를 제출하지 않았다면서 피고의 항변을 받아들이지 않 았다.

따라서 최고법원은 "30년의 객관적 최장기간은 경과되었지만 HR 28 NJ 2000, 430 판결의 합리성과 공정성에 의하여 시효의 완성을 받아들일 수 없다."며 피고의 시효항변을 배척하였다.[75]

다. 판결 설명

Nefalit 판결은 석면의 피해는 잠재적 손해로 30년 이상 나타나지 않는다는 점, 그럼에도 생명 신체에 심각한 위험을 초래한다는 점이 부각되어 앞서 판결과 동일 하게 30년의 객관적 최장기간은 경과하였으나 **네덜란드 민법 제6조 제2항의 '합리성 과 공정성'을 적용하여 최장기간을 배제하였다.** 피해자의 생명·신체상의 상해가 발생 한 경우 **최장기간의 경과로 피해자의 권리구제를 외면하는 것은 네덜란드 민법 제6조 제2항의 '합리성과 공정성'에** 위배된다는 것을 보여준 판결로 그 의미가 있다.

---

75) ECLI: NL: RBMAA: 2007: BA3241 16-04-2007

한편 원고가 2002년 5월 폐와 복막암인 중피종 진단을 받은 후 Eternit를 상대로 손해배상소송에서 재판부는 피고 측의 항변을 받아들였다.[76] 원고는 1971년 중개인을 통해 집 창고를 짓기 위해 Eternit로부터 석면 골판지 시트를 구매하여 창고에 석면시멘트 패널 지붕을 설치하던 와중에 석면에 노출되었다. 원고는 피고 Eternit 석면 시멘트시트의 사용자들에게 건강 위험에 대해 경고하지 않았다고 주장했다. 피고는 최장기간의 경과와 vi) 보험에 가입하지 않아 막대한 재정 지출로 인하여 파산 위기에 있다고 주장하였다. 네덜란드 최고법원(Hoge Raad)은 피고 측 주장을 받아들였다.

일반조항인 합리성과 공정성을 적용하는 경우 기준을 어떻게 보느냐에 따라 재판부마다의 견해가 다를 수 있다. 이런 면에서는 앞서의 합리성과 공정성의 기준이 채무자의 항변으로 활용되는 경향이 있다.[77]

결국 최장기간을 행위 시부터 진행하는 전제에서 일반조항 '합리성과 공정성' 적용으로 최장기간을 배제하기에 앞서 소멸시효 기산점으로 검토하는 것이 타당함을 시사한다. 이 경우 손해배상청구권 최장기간은 '손해가 표면화(the time of man-ifestation) 되었을 때'인 '중피종 진단받았을 때'부터 시효가 진행하므로 채권자의 권리행사가 배척되진 않을 것이다.

제6절 프랑스

1. 암염 광산 소송

가. 사실관계

1886년 프랑스 행정 당국은 토지 개발을 위하여 암염 개발회사에 대해 소금 채취 중단 명령을 내렸다. 이 명령에 따라 피고 측 회사는 개발한 곳을 매립하였다. 그런데 피고 측 회사는 행정당국에서 제시한 방식을 제대로 갖추지 않은 채 매립하였다. 이어 매립지 위에 도심지가 조성되었는데 1924년, 1928년, 1950년, 1956년 여러 차례 매립지가 침수되는 재해를 겪었다. 행정 당국은 1957년 그동안 발생한

---

76) HR 25 November 2005 Rechtspraak van de Week (RvdW) 2005, 130.
77) 비슷한 사례로 ECLI: NL: HR: 2004: AO4596, ECLI: NL: HR: 2017: 494 참조.

모든 피해를 복구하였다. 이후 행정 당국은 피고 회사를 상대로 1928년에 발생한 피해부터 1956년까지의 손해 전보에 관한 구상금 소송을 제기하였다.

피고 측은 30년 넘게 광산 지역 소유자였다는 사실과 1886년 매립할 때부터 매립의 하자가 있었으므로 최장기간의 30년 소멸시효가 완성되었다고 주장하였다.

나. 파기원(Cour de cassation)의 판단

문제는 시효의 기산점을 '행위 시'로 볼 것인지 '손해가 발생한 때'로 볼 것인지에 있었다. '불법행위 시'는 피고측 회사가 '매립한 때'부터이므로 이때를 기산일로 삼으면 시효는 경과한다. 그러나 손해가 발생한 날인 '매립지가 침수된 날'부터 시효가 진행된다면 아직 시효가 완성되지 않는다.

> "손해배상소송에서 시효의 기산점은 **손해가 발생한 날**(le jour où le dom‐ mage s'est réalisé)이며 **하자가 발생한 날**(la faute a ete commise)이 아니다."

파기원(Cour de cassation)은 손해배상소송의 기산점은 하자가 발생한 날이 아니라 손해가 발생한 날이라면서 매립 당시에 행정 당국에서 제시한 방식을 제대로 갖추지 않은 채 매립한 하자가 발생하였으나 **매립지가 침수되었을 때 비로소 손해가 발생하였다**고 보았다. 따라서 원고의 소제기는 시효에 의해 금지되지 않았고 원고의 1928년부터 1956년까지의 발생한 손해에 관한 처리비용의 구상금 청구는 적법하다고 원심을 확정하였다.[78]

다. 판결 분석

암염 개발회사는 행정당국과의 계약과 달리 매립을 제대로 하지 않은 채무불이행이 있다. 손해는 언제 발생하였는가? 당국이 제시한 매립의무를 제대로 이행하지 않은 하자는 '매립 행위 당시'에 발생하였다. 그런데 이때 과실은 잠재적 손해로 객관적으로 인식가능성이 없다. 이후 '매립지가 침수되었을 때' 비로소 손해가 객관적으로 나타났다. 따라서 매립시에 발생한 과실은 '매립지가 침수되었을 때' 비로소 손해가 표면화(the time of manifestation)되어 시효가 진행한다.

---

78) Cass. civ. 2e 13 Juillet 1966, Bull. civ. II, N° 791.

앞서 영국 Pirelli General Cable Works Ltd. v. Oscar Faber & Partners 소송에서 채권자에게 인식가능성이 없었음에도 '굴뚝의 균열이 발생한 날'부터 청구원인이 발생하였다고 본 판결과는 대비된다.

과실책임 소송에서 30년의 최장기간에 관해 "손해가 발생하였을 때"부터 소멸시효가 진행된다고 보았던 파기원(Cour de cassation)은 30년의 최장기간의 기산점으로 '매립행위 시'가 아니라 '손해의 발생'임을 재차 확인한 사례에 해당한다.[79]

2. 후유증 소송

가. 개요

1961년 피해자는 가해자의 과실에 의한 교통사고로 신체 상해를 입었다. 가해자는 1962년 형사 유죄 판결도 받았다. 당사자들 간의 교통사고 합의는 1966년에 이루어졌다. 그런데 예기치 못한 후유증이 1992~1993년경 발생하였고 피해자는 1995년 가해자와 Groupama Alsace 보험회사를 상대로 손해배상을 청구하였다.

원심 재판부는 1962년 11월 15일 형사 유죄 판결을 받았고 이때부터 형사소송법 제10조에 규정된 30년 기간이 진행되었다고 판단하였다. 따라서 1992년 11월 15일에 법 제46조(1985년 7월 5일 개정)에 따라 시효가 완성되었다고 보고 피해자의 청구를 기각하였다. 피해자는 파기원(Cour de cassation)에 상고하였다.

나. 파기원(Cour de cassation)의 판단

파기원(Cour de cassation)은 손해배상청구권의 소멸시효 기산점을 다음과 같이 보면서 원심의 판단을 배척하였다.

> 피해자의 건강상 악화에 대한 손해배상청구의 시효는 **손해의 악화가 나타났을 때(la manifestation de cette aggravation)**부터 시작된다.[80]

프랑스 구민법 제2270－1의 불법행위에 관한 손해배상책임은 "손해의 징후나

---

79) Reinhard Zimmermann(fn 23), p. 35.
80) "prescription n'avait commencé à courir qu'à compter de la manifestation de cette aggravation." Cass. Civ. 2e, 15 nov 2001, pourvoi n°00－10833, Bull. civ. 2001 II N° 167

악화 때부터 10년으로 규정되어" 있다. 파기원(Cour de cassation)은 후유증 등이 나타난 경우 사람의 생명·신체 침해의 **악화**(aggravation)가 나타나기 전까지 소멸시효가 진행되지 않는다면서 원심이 프랑스 구민법 제2270-1조를 위반하였다고 판단하였다.

다. 판결 설명

후유장애가 발생하였을 때 소멸시효 기산점은 언제일까? 이 판결은 예측불가능한 후유장애가 발생하기 전까지 소를 제기할 수 없으므로 후유장애가 발생하였을 때 비로소 권리행사가 가능하다고 본 사례에 해당한다.

앞에서도 살폈듯이 손해의 발생에 대해 독일은 예측가능성에 대해 폭넓게 인정해왔던 반면에 프랑스는 '손해가 발생하였을 때'부터 시효가 진행된다는 시각을 프랑스 민법 제정이래로 고수하여 왔다.

후유증 후발손해에 대해서 불법행위 당시에는 예견할 수 없었던 손해가 발생하거나 예상외로 손해가 확대된 경우 관건은 앞서 불법행위와 후유증 후발 손해와의 인과관계에 있다. 객관적으로 앞선 불법행위에 의한 후유증이라고 한다면 '후유증을 진단받은 때'부터 해당 손해가 발생하였다고 보아야 할 것이다.

아동 성 학대(CSA)

아동 성 학대(CSA)

제1절   서설

아동 성학대란 아동을 성인의 성적 욕구/ 충족시키기 위한 목적으로 이용하는 성인과 아동간의 육체적 관계 접촉 등을 의미한다.[1] 아동 성학대는 1980년대 들어 소멸시효 기산점의 중요한 쟁점으로 떠올랐다. 피해자가 아동기에 겪은 성학대 사실을 기억하지 못하거나 이를 기억한다고 해도 피해라고 인식하는데 상당한 시간이 소요된다.[2]

아동 성학대는 다음과 같은 특징을 지닌다. 아동 성학대가 시작되면 피해자는 극도의 의존성, 경험 부족으로 인해 자가 진단을 회피하려는 복잡한 심리적 증상을 겪는다. 피해자는 가장 극악한 피해임에도 불구하고 피해자는 성학대 사실을 본능적으로 회피하거나 억누르게 된다. 특히 아동의 성적 학대는 해리성 기억 상실을 초래하여 수년 동안 자신의 기억을 잊는 경우가 발생한다. 임상 연구에 따르면 어린 시절의 성학대는 종종 성인 여성들에게 심각한 심리적 손상을 초래하고 실제 치료를 위해서라도 성학대 불법행위에 대한 소송은 뒤늦게 제기될 수밖에 없다.[3]

또한 양육자 중 한명이 성학대 가해자일 때 양육자의 기만적인 양육 태도로 인해 아동기의 피해자는 부모의 양육권에 의한 합법적인 행사와 부모의 의무 위반

---

1) Tyson v. Tyson 107 Wn.2d 72 (1986)727 P.2d 226
2) Des Rosiers(fn 10), p.100
3) Melissa G. Salten(fn 123), pp.209-217.

을 구별하지 못하여 성학대 사실을 피해로 인식하지 못하는 경향이 있다. 피해자의 부모에 대한 의존은 자연발생적이다. 이러한 상황으로 인하여 자신의 자유 및 사회화, 자기 정체성을 모두 부모에게 위임한다. 아동기의 피해자가 가해자에 의해 영향을 받을 수 있기에 성학대는 부모 자식 간의 보호의무의 신뢰나 의무 위반에 해당한다.[4] 가해자인 양육자는 재량범위를 초과하여 위법행위에 피해자가 복종할 것을 요구하는데 가해자인 양육자의 적극적인 기망과 관련 정보에 대한 은폐로 인함이다. 이것은 사해적 은폐와 일치한다.[5]

'아동 성학대'는 앞서의 손해와는 차이가 있다. 아동 성학대는 피해사실이 뒤늦게 밝혀진다는 점에선 잠재적 손해와 유사하지만 피해자 개인의 심리에 의존하여 객관성이 문제된다. 잠재적 손해 등이나 과실 책임 소송에서의 손해의 발생은 객관적 검사로 발생여부를 확인할 수 있다. 그러나 아동 성학대로 인한 대표적인 손해로 외상 후 스트레스 장애(PTSD)은 지극히 내밀한 장애에 해당하여 객관적 검사가 가능한가부터 진단 및 진단결과에 대한 신빙성 등이 문제가 된다.

또 하나 아동 성학대의 피해자가 직면하는 장애는 아동성학대 손해의 발생을 '행위시(date of injury)'의 예외로 할 것인지에 있다. 피해자 보호를 위하여 일반적으로 아동 성학대 사건에 대해 최장기간이나 일반 시효규정 모두 기산점을 사건 발생일부터 시작해서는 안 된다는게 공통된 인식이다.[6]

이렇게 적시에 소제기를 불가능하게 만드는 아동 성학대로 인한 '심리적 장애(mental trauma)'에 대해서 영미법계나 대륙법계 할 것 없이 아동기에 겪은 성학대에 기인했음을 진단받은 시점부터 시효를 진행하거나 불가항력에 따른 시효 정지를 적용하여 피해자의 청구를 수용하고 있음을 차례로 소개한다.

---

4) Melissa G. Salten(fn 123), p. 210.
5) 가해자는 반복적으로 이러한 신뢰관계를 위반하고 사해적인 잘못된 교육과 비밀을 강요하여 자신의 위법행위를 은폐한다. 아동 성학대를 일상적으로 겪는 피해자는 종종 정상으로 인식할 수도 있다. Margaret Fordham(fn 3), p. 297.
6) Reinhard Zimmermann(fn 3), pp. 74-75.

제2절　영국

　　아동 성학대에 대하여 영미법계에선 손해배상청구권의 시효 기산점을 '발생주의'가 아닌 '발견주의'를 채택하여 피해자를 구제하였다.[7]

　　아동성학대의 피해자가 자신의 피해를 인식하였을 때, 행위를 인식하였더라도 위법성을 뒤늦게 알았다면 그때부터 피해자의 손해배상청구권의 제소기간이 진행되어야 한다고 판단하였다.[8] 또한 입법을 통해서 제소기간 자체를 없애거나 기산점을 연기하는 방식을 취하였다.[9]

1. Stubbings v Webb소송

가. 사실관계

　　피해자 Leslie Stubbings는 아동기에 그녀의 양부모에게 성적 학대를 받았다. 성인이 된 후 1984년 TV 프로그램을 통해 심리적 장애로 인해 억눌려 왔던 성적 학대받은 사실을 알게 되었고 이어 1987년 가해자를 상대로 손해배상소송을 제기하였다.

　　여기서 주요 쟁점은 아동기 성학대 가해행위에 대해 영국 시효법(Limitation Act 1980) 제2조를 적용할지[10] 또는 제11조를 적용할지 여부였다.[11] 제2조에 해당하면 성인이 된 때부터 6년의 제소기간에 제한이 있는 반면 제11조는 "의무 위반(breach

---

7) A v. Hoare, per Lord Hoffmann.
8) Melissa G. Salten(fn 123), pp. 190－192.
9) Elizabeth Adjin－Tettey/Freya Kodar(fn 33), p.117
10) Limitation Act 1980 제2조 불법행위에 기초한 소송에 대한 기한: 불법행위에 기초한 소송은 청구원인이 발생한 날부터 6년이 경과한 후에 제기되어서는 아니 된다.
11) Limitation Act 1980 제11조 신체 상해와 관련된 소송을 위한 특별 기한.
　　(1) 이 조항은 원고 또는 다른 사람의 신체 상해와 관련 과실, 불법방해 또는 의무 위반(negligence, nuisance or breach of duty)으로 인한 손해의 모든 소송에 적용된다.
　　(2) 이 법의 앞선 조항에 명시된 기한은 이 항이 적용되는 소송에 적용되지 않는다.
　　(3) 이 항에 적용되는 소송은 아래 (4) 또는 (5) 항에 따라 적용되는 기간의 만료 이후에 제기되어서는 안 된다.
　　(4) 아래 (5)항이 적용되는 경우를 제외하고 적용 가능한 기간은 다음부터 3년 이내이다.
　　(a) 청구원인이 발생한 날 또는
　　(b) 피해 입은 사실을 알게 된 날 (나중에 있을 경우)

of duty)"에 따른 사람의 생명·신체 상해 불법행위의 제소기간이 3년이지만 제33조의 시효연장의 사법재량권이 있어 제소기간을 연장할 수 있었다.[12)]

제2조와 제11조의 구분은 Letang v. Cooper 소송에서도 명확하다. 일광욕을 즐기던 원고를 피고 차량으로 덮치는 사고가 발생하였다. 원고는 제소기간의 6년 기간을 적용받고자 제2조의 불법침입을 주장하였으나 법원은 과실행위로 보고 11조의 3년의 제소기간을 적용하였다. 법원은 "원고의 청구원인은 **과실에 의한 소송이 제소기간이 도과하여 금지되었음**이 명백하고 의도된 불법침입에 해당하지 않는다. 혹여 사람에 대한 불법침입이라고 하더라도 그것은 의무 위반에 해당되어 그 근거로도 제소기간이 금지된다."고 보았다.[13)]

다시 Stubbings v Webb소송을 살펴본다. 피고는 자신의 행위는 시효법 제2조의 의도적인 폭행(intentional trespass)에 해당하여 피해자가 성인이 된 후 6년의 제소기간을 경과하였으므로 원고의 청구권은 소멸되었다고 항변하였다. 반면 원고 Stubbings는 자신에게 심리적 상해가 있었고 시효가 경과된 후에야 그 상해의 원인이 성적 학대에 있음을 명백하게 알게 되었다며 시효법 제11조 제b호에 해당하여 제소기간이 도과되지 않았다고 주장하였다.

원심 재판부는 시효법 제11조를 적용하여 심리적인 장애로 인하여 학대사실을 모르고 있다가 1984년 당시 원고가 30세로 TV프로그램을 통해 성적 학대 사실을 뒤늦게 알게 되어 3년 내에 소를 제기하였으므로 제소기간이 지나지 않았다고 보았다.[14)]

---

12) 이 사법 재량권은 1975년 시효법에 도입되었다. 재판 계속 여부를 결정하는 권한을 법원에게 부여하였다. 법원은 제소기간이 원·피고에게 미칠 영향을 고려하여 권한을 행사한다. 법원은 다음과 같이 사건의 모든 상황을 고려하여야 한다.
   (a) 청구자 측의 시효 경과 후 지체 기간 및 이유.
   (b) 지체를 고려하여 증거의 미흡 정도
   (c) 청구원인이 발생한 후 피고의 행위
   (d) 청구원인이 발생한 후 청구권자의 소송 불가능한 기간
   (e) 피고인에 대한 청구원인을 알았더라면 청구자가 신속하고 합리적으로 청구하였을 정도
   (f) 의학적, 법적 또는 기타 전문가 조언 및 그러한 조언을 얻기 위해 청구자가 취한 조치가 있는 경우 그 조치. Limitation 1980 sec 33 (3) 참조. 그밖에 사기·은폐·착오, 명예훼손 등에서 사법 재량권이 인정된다. Sec 32, 32A 참조.
13) Letang v. Cooper [1965] Q.B. 232
14) Stubbings v Webb [1992] Q.B. 197 (CA).

나. 최고법원의 판단

최고법원은 원고의 아동기에 겪은 성학대에 대해 의도된 불법침입(intentional trespass)로 제2조에 해당된다고 보아서 성인이 된 후로 6년 내에 제기되었어야 한다는 견해로 원심을 파기하였다.

> 의도적인 성폭행(sexual assult)으로 인한 피해는 당시 피해자가 미성년인 경우 성년이 된 후 발생한다. 청구원인은 자신의 피해와 성학대와의 인과관계를 알게 되었을 때부터 제소기간이 진행한다. **고의적 폭행 또는 의도적인 불법침입 (intentional trespass)**에 대한 손해배상소송은 영국 시효법(Limitation Act 1980) 제11조 (1)의 신체 상해와 관련한 '과실, 불법방해 또는 의무 위반(negligence, nuisance or breach of duty)에 대한 행위'에 해당하지 않는다. 그러므로 제소기간이 6년에 해당하고 제33조에 따른 재량권이 없다.[15].

영국 최고법원은 만장일치로 아동 성학대를 성폭행(sexual assult)으로 규정하고 일반적인 불법행위 규정인 제2조의 사람에 대한 의도적인 불법침입(intentional trepass)으로 6년의 제한기간의 적용을 받는다고 보았다.

다시 말하면 성폭행(sexual assult)은 제11조에서 말하는 과실, 불법방해 또는 의무 위반(negligence, nuisance or breach of duty)에 관한 사람의 생명·신체 상해 소송이 아니어서 제33조의 사법 재량이 허용되지 않는다는 최고법원 판단이었다. 결국 성폭행(sexual assult)은 시효법 제2조에 따라 성인이 된 후 6년의 제소기간 제한으로 시효가 경과되었다고 판단한 것이다.

다. 판결에 대한 비판

이 판결은 많은 비판을 받았다.[16] 그 중 하나가 적용 법조문에 따라 피해자의 구제를 달리하는 문제점이었다. 성학대의 피해자가 영국 시효법 제11조의 과실이나 의무위반으로 인한 성학대의 경우, 법원의 재량권을 행사할 수 있는 반면 제2조에 해당하는 고의에 의한 성학대의 경우 그렇지 못하다는 것이었다.

---

15) Stubbings v Webb [1993] AC 498 (HL).
16) A. McGee, Limitation Periods (5th ed. 2006) no. 8; Ewould H. Houndius(fn 10), p. 143.

아동 성학대에 대해 가해자의 의도적인 불법침입(intentional trespass)으로 본다면 시효법 제2조의 적용이 타당하다고 할 수 있다. 한편 이 사건에서 아동 성학대의 보호의무 있는 양육자와 피양육자라는 당사자간의 특수성을 비추어보면 제11조의 의무위반(breach of duty)에 해당한다고도 볼 수 있다.

시효법 제2조의 고의에 의한 신체 상해와 제11조의 과실로 인한 신체 상해의 구별 적용은 대외적으로도 많은 비판을 받아 유럽 인권재판소에서도 이 문제를 다룰 정도였다.17) 그러나 영국 최고 법원은 의도적인 불법행위 및 과실에 관한 서로 다른 규정이 유럽 협약의 침해가 아니라는 입장을 1998년 인권법 제정 이후에도 굽히지 않았다.18)

결국 영국 입법 자문기관 법률 위원회(Law Commission)는 시효법 제2조와 제11조를 구분하여 적용하는 것을 폐기하도록 권고하기에 이른다. 또한 아동 성학대에 대한 시효법 제2조의 규정을 활용하기 보다는 채권자의 주관적 기산점 원칙으로 3년의 시효 적용과 생명·신체 침해에 대한 최장기간의 적용을 배제하는 해결책을 제안하였다.

이 사례는 소송의 당사자는 비록 구제받지 못하였으나 아동 성학대 소송에서 나타나는 "정신적 장애(mental disability)"로 인한 제소기간 도과와 정신적 장애를 피해자의 손해로 인정할 수 있는지 등에 대해 최초로 영국 사회에 공론화시켰다는 데 의미가 있다.

2. A v Hoare 소송

가. 개요

A v Hoare 소송은 아동 성학대와 구금센터에서 발생한 성학대를 포함하여 모두 여섯 개의 사건으로 구성되어 있다. 모두 영국의 시효법(Limitation Act 1980) 시행 이전에 일어난 성폭행 및 아동 성학대 관한 소송이다.

그 중 1988년 2월 22일 원고는 피고에게 심각한 성폭력을 당했다. 피고는 곧 기소되었고 자신의 유죄를 인정하지 않았으나 유죄 판결에 종신형을 선고받았다.

---

17) 잠재적 손해 네덜란드 사례 참조.
18) Stubbings and Others v United Kingdom (Reports 1996−Ⅳ, p.1487, NJ 1997, 449)

피고는 2004년 가석방 중에 복권을 구입하여 상당한 금액을 획득하게 되었다. 이를 알게 된 원고는 피고를 상대로 손해배상을 청구했다. 성폭행 후 16년이 지난 후였다. 이 청구는 이전 사건인 Stubbings v Webb [1993] AC 498 판결에 비추어 보면 시효가 완성되어 배척이 예상되었다.

원고는 성폭력을 포함하여 사람의 생명·신체에 관한 무단침입(trepass)으로 발생하는 불법행위에 관한 손해배상청구도 시효법(Limitation Act 1980)의 제11조에 해당한다고 주장했다.[19]

나. 최고 법원의 판단

2008년 A v Hoare 소송에서 이전의 Stubbings v Webb의 판결을 폐기하면서 성학대 사건에 획기적인 전환점을 만들었다. 이전 영국 법률위원회(Law Commission)는 Stubbing 사건이 이례적으로 보고 사람의 생명·신체에 관한 침해에 대해 과실이든 고의이든 불법침입으로 인한 청구이든지 간에 사람의 생명·신체 피해에 관한 통일적인 시효법 적용을 촉구했었다.

(1) Kruber v Grzesiak [1963] VR 621 소송

최고 법원은 Kruber v Grzesiak [1963] VR 621 소송의 예를 들었다.[20]
Kruber v Grzesiak 소송에서 재판부는 다음과 같이 판단하였다.

"계약과 별도의 독립적인 의무 위반(breach of duty)이든 계약에 수반된 의무 위반이든, 의무 위반(breach of duty)에 대한 손해배상청구에서 해당 피해자에 대한 무단 불법침입(trespass) 행위를 배제할 근거가 보이지 않는다. 고의 또는 과실로 타인에게 간접적인 피해를 입혀 일반적인 의무 위반(breach of duty)으로 일으키는 불법침입과 같은 행위를 포함하여 모든 불법행위가 의무 위반(breach of duty)으로 발생하지 않는가?"

라고 불법침입(intentional trespass)에 대해서도 '과실, 불법방해, 의무 위반

---

19) A v. Hoare [2008] UKHL 6.
20) Kruber v Grzesiak [1963] VR

(negligence, nuisance or breach of duty)을 포함하고 있는 시효법 제11조 적용이 가능함을 역설하였다.

(2) 시효법 (1954년) 제11조 입법 의도

영국 최고법원은 앞선 Stubbings 판결에 대해 잘못된 판결임을 인정하였다. 시효법에서의 입법자의 의도에 대하여 설명하였다. 제11조 내지 제14조에서 사람의 생명·신체 상해에 관한 소송에 대해 2년의 제소기간을 신설하였고 악의적인 고소나 명예훼손 의도적인 불법 침입 등은 여전히 제2조의 6년 제소기간을 적용하여 단기간의 시효 혜택을 가해자가 누리지 못하게 하려는 입법자의 의도가 있었다고 밝혔다.

실제 제11조의 '과실, 불법방해, 의무위반(negligence, nuisance or breach of duty)' 규정은 시효법 1954년에 도입되었다. 법률위원회는 불법행위 소송의 관한 일반 제소기간이 사람의 생명·신체 상해를 포함하여 6년인데 비하여 행정 당국에 대한 소송은 1년으로 최단기라면서 사람의 생명·신체 상해에 대한 소송의 제소기간은 2년으로 규정하고 연장할 수 있는 사법부 재량권의 신설을 제안하였다. '다만 악의적 고소 및 명예훼손과 더불어 사람에 대한 불법침입(intentional trespass)'은 제11조 신설규정에 포함하지 말 것'을 주문했다. 피고가 단기 2년의 제소기간의 혜택을 누리는 것을 방지하려는 입법자의 의도로 영국 최고법원은 이해하였다.[21]

(3) 사람의 불법침입(intentional trespass) 적용

이상의 입법 의도를 밝힌 최고법원은 시효법 제11조의 사람의 생명·신체 상해로 인한 의무위반(breach of duty)에 손해배상청구에서 사람의 불법침입(intentional trespass)을 적용하지 않을 근거는 없다고 밝혔다.

1975년 시효법(Limitation Act 1975)에 의해 제11조 내지 제14조는 도입되었는데 1954년 시효법은 사람의 생명·신체 상해에 관해 "과실, 불법방해 또는 의무위반에 대한 손해"로 세분하여 규정하고 있다. 이 경우 시효는 "청구원인이 발생한 날" 또는 제14조의 요건에 의해 "안 날" 중 나중에 시작된 날부터 3년이다. 또한

---

21) A v. Hoare [2008] UKHL 6.

제33조는 법원에 재량에 따라 기간을 연장할 수 있는 재량권을 부여하고 있다.

시효법이 고의적인 상해(intentional trespass)를 배제한 것은 고의적 불법행위자에게 단기 제소기간을 적용하지 않으려는 윤리적 정책의 반영이라고 볼 수 있으나 그렇다고 하여 1975년 시효법 제11조에서 제14조가 **사람의 생명·신체에 대한 고의적 상해(intentional trespass)를 포함하지 않는 근거로는 볼 수 없다. 시효법의 "과실, 불법방해 또는 의무 위반에 대한 손해"엔 사람의 생명·신체에 대한 상해도 포함되어 있다.**[22]

최고 법원은 1975년 시효법(Limitation Act 1975)이 제소기간에 구속된 피해자를 구제하려는 목적에서 제11조 내지 제14조를 도입하여 시효 기산점을 "청구원인이 발생한 날"에서 피해자가 "안 날"로 변경하였고 사법 재량권 규정도 두었다고 보았다. 최고 법원은 시효법 개정 취지를 살펴볼 때 고의의 성폭행(intentional sexual assult)에 대한 피해를 과실에 의한 피해보다 피해자에게 불리하게 적용할 수 없다고 하면서 법원은 고의의 성폭행(intentional sexual assult)도 제11조의 범위에 포함된다고 판단하였다.

다. 판결 설명

아동 성학대에 대하여 시효법 제2조와 제11조를 구분으로 가장 문제된 사안이 S−W소송이었다.[23] 원고는 부모에게 소송을 제기하였다. 아버지에 대한 청구원인은 의도적인 성폭행(intentional assault)으로 제2조의 6년의 제소기간에 의해 청구가 좌절되었다. 그러나 어머니에 대한 청구원인은 친부로부터 피해자에 대한 보호 의무의 과실(negligent)이었다. 이 행위는 시효법 제11조에 해당하고 제33조를 적용하여 사법재량권으로 소송 계속이 가능하였다. Ralph Gibson은 이러한 결과에 대해 "비논리적이고 예외적이어서 법률위원회의 검토사항"이라고 논평했다.[24]

이후 법률위원회는 제11조의 과실이든(negligence) 제2조의 불법침입(trespass)이든 상관없이 사람의 생명·신체 상해에 대한 통일된 기준의 적용을 권고하였다.[25]

---

22) A v. Hoare [2008] UKHL 6.
23) S−W (Child Abuse : Damages) [1995] 1 FLR 862
24) A v. Hoare [2008] UKHL 6.

시효법 제2조의 경우 시효는 "청구원인이 발생한 날"부터 기산하여 6년의 제소기간을 갖는다. 한편 시효법 제11조가 적용되면 채권자가 안 날부터 2년 또는 3년(Limitation Act 1954 적용시)의 제소기간이 진행하므로 채권자의 권리 구제에 더유리하다. 또한 제11조에 따라 제소기간이 지난 후 손해배상청구를 했을 때 법원이제33조 사법재량권을 행사하여 소송 계속의 의미가 있는지를 청문할 재량권을 갖는다. 이에 따라 제소기간 연장도 가능하다.26)

영국 최고법원은 사람에 대한 고의적인 폭행(intentional trespass)이든 과실(negligence)이든 **사람의 생명·신체 상해에 대한 모든 청구는** 시효법(Limitation Act 1980) 제11조를 적용하여 같은 기산점을 갖는다고 보고 그 피해를 안 날부터 시효가 진행된다고 판단했다.

그러므로 아동 성학대의 경우 시효법 제11조가 적용되어 ① 피해가 현저하고 ② 그 피해가 성폭력 가해행위에 기인하고 ③ 가해자의 신원을 피해자가 안 날부터 3년 이내에 손해배상을 청구할 수 있다. 이 소송은 아동 성학대에 대한 손해배상청구권의 제소기간이 채권자의 안 날부터 진행한다는 점을 최초로 설시한 판례라고할 것이다.

아동 성학대에 대한 영국 법원의 제11조 적용은 앞으로 뒤늦은 소송제기에 대한 사법 재량권의 확대도 예측 가능하게 한다.

제3절 미국 및 캐나다

미국에서도 아동 성학대가 쟁점으로 떠올랐는데 아동 성학대가 형사 범죄 대상으로 중대한 불법행위에 해당하기 때문이었다. 1980년대 들어, 피해자의 심리적인 장애(PTSD)로 인하여 아동기의 성학대 사실을 뒤늦게 인식하고 소송을 제기한경우 제소기간이 도과하였다고 볼 것인지 피해자의 주관적 인식을 기준으로 하여그때까지 제소기간이 진행되지 않았다고 볼 것인지 다음의 사례를 통해 살펴본다.

---

25) Reinhard Zimmermann(fn 3), p.69.
26) 제14조 (2)항에서 현저한 상해는 이 항의 목적상, 피해자가 합리적으로 고려하여 손해배상절차를 정당화할 수 있을 정도의 현저한 피해를 의미한다. 여기서의 현저한 피해의 기준은 객관적이어야 한다. Limitation Act 1980 참조.

1. Tyson vs Tyson 소송

가. 개요

3살 때부터 11살이 될 때까지 성학대(sexual assult)를 받은 1957년생인 Tyson 은 26살인 1983년이 되어서야 기억에서 지웠던 성학대(sexual assult) 사실을 치료를 통해 떠올리게 되었고 가해자인 아버지를 상대로 손해배상을 청구하였다. 이때 원고의 나이는 26세였다.

당시 워싱턴 시효법(RCW 4.16.080)에서 사람의 생명·신체 상해에 대한 손해배상소송은 '청구원인이 발생하였을 때(the time the cause of action accrued)"부터 3년 이내에 제기되어야 하고 폭행과 학대는 2년 이내(RCW 4.16.100 (1))였다. 피해자가 18세 미만인 경우 18세가 될 때까지 시효가 정지되는 규정이 있었다. 따라서 늦어도 피해자는 18세 이후 3년 안에는 소송을 제기하여야 한다.

피고 측은 제소기간 경과로 소송은 금지되었다고 항변했고 원고 Tyson은 의료과실이나 제조물 책임소송처럼 '발견주의'를 적용해줄 것을 청구하면서 뒤늦게 아동 성학대 사실을 알게되었다고 주장하였다.

나. 워싱턴 주 대법원의 판단

(1) 다수 의견

워싱턴 주 대법원은 의료과실의 Ruth v. Dight 소송을 예로 들면서 객관적인 증거가 있는데 비해 이 사건의 경우 "원고가 주장하는 사건과 그에 따른 손해에 대한 경험적이고 <u>입증 가능한 증거는 존재하지 않고 주관적인 주장</u>"만 있다고 판단하였다. 그러면서 피해자인 원고가 증거로 제시하는 심리학이나 정신의학은 부정확한 학문이고 조사 방법이 주로 주관적이어서 실제 관찰 가능한 증거가 아니라는 점, 정신분석 과정 자체가 치료에서 생성된 환자의 과거에 대한 서술에 영향을 끼칠 수 있다는 점 등을 들어 원고의 청구를 기각했다.

피해자의 발견주의 적용 주장에 대해서도 워싱턴 주 대법원은 다음과 같이 설시하였다.

발견주의는 정당한 청구원인을 배척하는 불공정성이 뒤늦은 청구의 위험을

압도하는 경우에만 채택되어야 한다. 우리의 발견주의 적용은 원래의 불법행위와 이로 인한 신체 상해의 **객관적이고 입증 가능한 증거가 있었기 때문에 가능하였다.** 이것은 사실 파인더로 하여금 시간의 경과에도 불구하고 진실을 결정할 수 있게 했고 따라서 때늦은 청구의 위험을 감소시킬 수 있다.

　　현재 원고의 주장에 관한 객관적인 증거는 없다. 오히려 그들은 원고가 주장한 무의식 중에 묻혀있는 기억의 기억에 근거하여 심리적 치료법에 의해 촉발되었다고 주장한다. 원고의 주장에 대한 주관성은 가족, 친구, 학교 교사 및 심리 치료가 같은 증인의 증언을 통해 증명될 수 있다고 하는데 어느 것도 혐의 행위가 발생했다는 객관적인 증거를 제공하지 못한다.[27]

다수 의견은 "사건 당시에 원고를 알고 있었던 증인들은 그녀의 감정 상태와 행동에 대한 그들의 기억으로부터 증언하지만 17년에서 26년 전에 발생한 사건을 기억은 대개 신뢰성이 떨어진다."고 보았다. 따라서 가족, 친구, 학교 교사 및 심리 치료사의 증언이 객관적인 증거를 제공하지 못했다고 다수 의견은 판단하였다.[28]

(2) 반대 의견

반대 의견은 다수의견이 아동 성학대의 심각성을 제대로 이해하지 못한다고 비판하면서 발견주의 원칙의 범위가 점점 더 확대되어 왔던 과거의 역사에 비추어 다수의견이 말하는 객관적인 증거만이 증거가 될 수 있는 것은 아니라면서[29] 정신과 전문의의 증거 역시 신뢰할 수 있다고 보았다. 다음은 Pearson 대법관의 반대 의견이다.

　　아동 성학대의 피해자에게 법적 구제를 부인하는 것은 불공평하다. 청구원인의 모든 요건을 피해자가 발견했거나 합리적 주의의무를 가지고 발견할 수 있었던 시점부터 시효가 진행되는 발견주의 원칙은 제소기간이 경과한 후 아동 성학대의 기억을 **억눌러왔다는 사실을 발견**한 아동 성학대의 피해자가 제기한 모든 고의·과실의 불법행위에 관한 소송에도 적용될 수 있다. 그렇지 않다면 17년간의 발견

---

27) Tyson v. Tyson, 727 P.2d 226 (Wash. 1986)
28) Tyson v. Tyson, 727 P.2d 226 (Wash. 1986) 다수의견
29) Tyson v. Tyson, 727 P.2d 226 (Wash. 1986) 반대의견.

주의 적용의 역사를 무시하는 것이다.[30]

Pearson 대법관의 반대 의견은 이전에 발견주의 적용에서 객관적인 증거를 요구한 적이 없었다면서 발견주의의 핵심은 '객관적인 증거의 가용성'이 아니라 '근본적 공정성(fundamental fairness)'에 있다고 보았다.

객관적이고 검증 가능한 증거는 발견주의 적용을 위한 선행조건으로서 이전의 사례에선 요구된 적이 없었다. 실제 이용 가능한 증거의 본질은 구제수단을 빼앗긴 원고가 갖는 위험 부담과 때 늦은 소송을 방어해야하는 피고의 위험 부담과의 균형상 고려되는 하나의 요소에 불과하다면서 **발견주의의 핵심**은 '객관적 증거의 활용'에 있는 게 아닌 '**근본적 공정성**(fundamental fairness)'에 있다.[31]

또한 아동성학대 사건에 발견주의를 적용하려는 목적은 피해자에게 구제책을 제공하는 것이 아니라 성학대 사실을 증명할 기회를 제공하는 것이라고 말했다.

발견주의(discovery rule)는 채권자가 피해를 알기도 전에 청구가 금지되는 불공정성이 때늦은 소제기로 인한 위험성을 압도한다는 전제에서 손해가 발견되거나 합리적 주의의무로 발견할 수 있었던 때부터 제소기간이 진행하는 원칙이다.[32]

성학대 사건에도 **발견주의**를 적용하려는 목적은 아동 성학대의 피해자에게 보장된 구제책을 제공하려는 것이 아니라 성학대 피해자로 하여금 성학대를 받았다는 사실과 이로 인한 고통으로 **청구원인을 발견하거나 합리적으로 발견할 수 없었음을 증명할 기회를 제공**하는 것이다. 아동 성학대의 특징상 종종 비밀리에 이루어지고 모욕적이어서 그 학대가 성인기에 이르러 심리치료를 통해 '발견될 때'까지 피해자는 성학대 사실을 심리적으로 억누르고 있다.[33]

따라서 반대의견은 Ruth 소송에서 해악부담을 형량하면 의료과실 후 22년이 지나 원고의 소제기로 피고 측이 갖는 위험부담보다는 구제수단을 빼앗긴 피해자

---

30) 반대의견 Tyson v. Tyson, 727 P.2d 226 (Wash. 1986)
31) 반대의견 Tyson v. Tyson, 727 P.2d 226 (Wash. 1986)
32) The discovery rule should be adopted only when the risk of stale claims is outweighed by the unfairness of precluding justified causes of action. Tyson v. Tyson, 107 Wn.2d 72 (1986)727 P.2d 226.
33) 반대의견 Tyson v. Tyson, 727 P.2d 226 (Wash. 1986)

의 위험부담이 더 크기 때문에 발견주의를 적용하였다고 보았다.[34] Tyson vs Tyson 소송에서도 구제 수단이 배척되는 데서 오는 채권자의 위험부담과 소제기로 인한 채무자의 위험부담을 형량하면 피해자가 부담하는 위험부담이 더 크므로 '발견주의'를 적용하여 피해자에게 아동 성학대 사실을 증명할 기회를 주어야 한다고 보았다.

다. 판결의 한계

워싱턴 주 대법원 다수의견은 원고의 주장과 같이 아동 성학대가 있었더라도 시효정지 이후 18세부터 3년의 제소기간을 경과하였다고 보았다. 결국 워싱턴 주 대법원은 원고의 청구를 기각하였다.

다수 의견에서 보듯 잠재적 손해나 의료과실 소송 등에서 적용된 발견주의를 아동 성학대에도 적용하기에는 시기상조였다. 그러나 반대 의견은 발견주의 적용 가능성을 보여주었다.

워싱턴 주 입법부도 아동 성학대에 대하여 새롭게 인식하였고 그 결과 워싱턴 주에서는 아동 성학대에 '발견주의'를 규정한 입법이 이루어졌다.[35] 입법 취지는 다음과 같다.

> 1) 아동기의 성학대는 인간의 안전과 안녕에 영향을 미치는 보편적 문제이다.
> 2) 장기간에 걸친 충격적인 경험으로 피해자는 성학대의 기억을 억누르거나 성적 학대와 피해를 연결하지 못할 수 있다.
> 3) 아동 성학대는 성학대에 그치지 않고 더 심각한 상해로 악화될 수 있다

2. Hammer vs Hammer 사건

가. 개요

위스콘신 주 출신인 피해자는 친아버지에게서 1969년 5살 때부터 1978년 15

---

34) E.A. Wilson, "Child Sexual Abuse, the Delayed Discovery Rule, and the Problem of Finding Justice for Adult—Survivors of Child Abuse", UCLA Women's Law Journal 12(2003) pp. 171—172.
35) A SURVIVOR'S GUIDE TO FILING A CIVIL LAW SUIT, Washington Coalition of Sexual Assault Programs, 2004, pp.11—12.

세에 이르기까지 아동 성학대를 겪었다. 성학대는 부계의 권위로 비밀리에 행해지고 있었는데 피해자는 이로 인해 정상적인 정서적인 반응을 갖지 못하였다.

1985년 2월 여동생의 양육권을 친아버지가 가지려는 과정에서 피해자는 정서적인 충격을 받았고 치료를 받던 중 과거의 행위로 인한 수치심, 당혹감, 죄책감, 자기 비난, 부정, 우울증 등 다양한 심리적 고통을 겪었다. 이때 성적 학대의 피해 사실과 인과관계를 알게 되어 1986년 4월 피해자는 친아버지를 상대로 손해배상 소송을 제기하였다.

쟁점은 청구원인이 언제 발생하였는가에 있었다. 당시 위스콘신 법령(Section 893.57, Stats.)은 "명예훼손, 중상해, 성폭력, 신체 상해, 사생활 침해, 그 사람에 대한 기타의 고의적인 불법행위에 대한 손해배상 청구는 청구원인이 발생한 날부터(the cause of action accrues) 2년 이내에 제기되어야" 한다. 또한 법령 893.16 (1)에 따르면, "청구원인이 발생한 때에 18세 미만이거나 정신이상 또는 형사상 구금 상태에 있다면 그 사유가 종료된 후 2년 이내에" 청구하여야 한다.

원고(Laura)는 1964년 4월 16일 출생하였고 소제기는 1986년 2월 28일이었다. 재판 법원은 1984년 4월 16일까지 손해배상 소송을 제기했어야 한다고 결론을 내렸다.[36)]

피해자는 발견주의를 적용하여 피해사실을 깨닫게 된 때부터 시효가 진행되어야 한다고 주장하였다. 반면 피고 측은 '발견주의'의 적용은 제소기간을 유명무실하게 만든다고 항변하면서 무엇보다 성학대 사건이 발생했을 때 피해자가 그 불법성을 완전히는 이해하지 못했더라도 피해를 인지하였고 적어도 15세 때는 분명하게 알았다고 항변하였다. 피고의 이 항변은 원고가 15세때 성학대사건에 대해 친모에게 말했던 사실을 가리키는 것이었다. 당시 피고는 성학대 사실을 부인하여 더 이상 확대되지 않았다.

피해자의 심리치료를 담당한 전문의는 피해자가 아동 성학대에 대하여 피해(해악)로 인식하지 못하였다는 감정서를 제출하였다. 피해자의 심리치료 전문의는 원고 로라(Laura)가 다음을 근거로 성학대를 피해로 인식하지 못했다고 진단하였다.

(1) 원고는 오랜 기간과 빈도 때문에 아동 성학대를 자연스러운 행동으로 인

---

36) Hammer v Hammer 142 Wis.2d 257 (1987)418 N.W.2d 23

식하였다. (2) 피고는 그녀에게 비밀을 유지할 것을 요구하였다. (3) 성학대는 자기 자신을 권리를 가진 사람이라기보다 오히려 수단이나 대상으로 생각하게 하는 비개인화를 유발시킨다. (4) 피고는 자신의 행동이 정상적이고 권리라고 피해자에게 말했다 (5) 피해자는 의존하는 권위자에 의한 학대로 인하여 그녀를 도와줄 수 있는 다른 권위자를 신뢰하지 못하였다. 따라서 외상 후 스트레스 반응으로 피해자는 거부 및 억제 대처법을 갖게 되었다.

이상의 근거를 통해 전문의는 피해자가 성학대 특성을 인식하지 못하여 심리적 피해를 겪지 않았다고 보았다. 37)

나. 위스콘신 주 대법원의 판단

위스콘신 주 대법원은 피고 측이 주장한 15세 때 자신의 피해와 원인된 사실에 대해 합리적인 정보를 얻었다고 볼 수 없었다면서 피고 측의 제소기간 경과 주장을 배척하였다. 그리고 위스콘신 주 대법원은 피해자인 원고가 과실이나 "악의 있는 권리 위에 잠자는 자가 아니라"는 점을 다음과 같이 설시했다.

> **처음 피해(The first manifestations of injury)가 나타났다고 청구원인이 필요적으로 시작되진 않으며 피해자가 피해와 그 원인을 정확히 알 때에 비로소 시작되고**[38] 과거 불법행위 책임에 대한 위험부담으로부터 채무자를 보호하기 위해 제소기간을 적용하려는 정당성은 성학대 같은 사례에선 설득력이 없다. **성학대 사례는 부모 자식 간의 가장 극악한 침해로 인해 피해자가 해악을 입는 것으로 아이의 희생을 통해 가해자인 부모를 보호하는 것은 참을 수 없는 정의의 왜곡이다.** 또한 피해사실을 피해자가 알기도 전에 이러한 가치 있는 청구를 금지하는 불공정이 때늦은 진부하거나 사기적인(fraudulent) 소송을 압도한다.[39]

위스콘신 주 대법원은 위와 같이 제소기간은 피해의 첫 번째 징후가 나타났을 때 반드시 청구원인이 발생하는 것은 아니라면서 피해자가 15세 때 친어머니에게

---

37) Hammer v Hammer 142 Wis.2d 257 (1987)418 N.W.2d 23
38) Borello v. US Oil Co. 130 Wis. 2d at 420, 388 N.W.2d at 149. 참조.
39) Hammer v Hammer 142 Wis. 2d 257 (1987)418 N.W.2d 23

학대사실을 알린 후에도 자신이 합리적으로 의존할 수 있는 가해자인 친아버지로부터 잘못된 정보와 유도가 있었기 때문에 제소기간의 기산점이 될 수 없다고 판단하였다. 따라서 근친상간의 성학대의 청구원인은 피해자가 피해 사실과 그 원인을 발견했거나 합리적 주의의무를 가지고 발견할 수 있었을 때부터 진행한다고 위스콘신 주 대법원은 밝혔다.

다. 판결 설명

위스콘신 주 대법원은 앞서 Tyson vs Tyson 소송과 달리 원고의 청구를 인용하여 마침내 '발견주의'를 아동 성학대에 적용한 최초의 주 법원이 되었다.[40] 여기서 Tyson vs Tyson 소송과의 구별이 필요하다.

Tyson vs Tyson 소송의 경우 성학대 사실 자체를 피해자의 심리치료를 통해 기억한 반면, 이 소송의 피해자는 성학대 행위는 알고 있었으나 **불법행위로서의 손해배상청구권을 야기하는 피해**이고 자신이 겪은 각종 심리적 장애들이 성학대에 의한 외상후 스트레스 장애(PTSD)라는 것은 심리치료과정에서 비로소 알게 된 것이다.

위스콘신 주 대법원은 "피해자가 아동 성학대 피해사실과 그 원인을 발견하거나 합리적인 주의의무로 발견할 수 있을 때 아동 성학대에 관한 청구원인(cause of action)이 발생한다."고 보았다. 따라서 피해자가 성적인 학대와 그 인과관계를 알게 된 날 비로소 청구원인이 시작되었다고 위스콘신 주 대법원은 밝혔다. 이 판결에 대해 미국의 많은 주 법원이 이론적 지지를 보냈다.

그럼에도 이 판결을 준용하는 다른 주 법원은 드물었다. 아동 성학대에 관한 발견주의 적용은 입법으로 해결되어야 한다는 입장과 더불어 법원이 사법권을 적극적으로 행사하는 데에 법원 스스로 부담을 느꼈던 것으로 추정된다.[41]

3. Johnson vs Johnson 사건

가. 사실관계

일리노이 주 태생인 피해자 데보라 존슨은 1958년 3살부터 13세에 이르기까지

---

40) P. Gerstenblith, United States, in Ewould H. Houndius(fn 10), pp. 366-367.
41) in Ewould H. Houndius(fn 10), p. 367.

성적 학대를 받았지만 전혀 기억을 할 수 없었다. 그녀는 32세가 된 1987년 3월, 심리치료를 시작한 후 피고의 행위와 그녀의 피해에 대해 인식하게 되어 아버지를 상대로 성학대로 인한 손해배상과 어머니를 상대로 보호의무 위반의 손해배상을 청구하였다. 그녀가 치료를 받을 때 비로소 자신의 기억을 살려 피해사실에 대해 손해배상을 청구한 사건이라는 점에서 Tyson vs Tyson 소송과 비슷하다.

피고 측은 일리노이 주 민사소송법의 제13-202항(Ill. Rev. Stat. ch. 110, §13-202)에 따라 "사람의 신체상해 또는 성폭력에 대한 손해배상청구는 청구원인이 발생했을 때(the cause of action accrued)부터 2년의 제소기간"이 있으며 제 13-211항에서 "법 제13-201항에서 제 13-210항에 명시된 소권을 가진 자가 청구원인이 발생한 시점에 18세의 미만이거나 법적 장애 또는 형사상의 구금으로 투옥되어 있다면 장애사유가 종료된 후 2년 이내에 제기하여야 한다."는 규정을 거론하여 피해자 원고는 1978년까지 소제기를 하였어야 한다며 원고의 청구는 제소기간 도과로 배척되어야 한다고 항변하였다. 반면 원고는 성학대 사실을 성인이 되어 심리치료 과정에서 기억한 이후부터 시효가 진행되어야 한다고 보고 '발견주의'를 적용해 줄 것을 주장했다.

나. 일리노이 주 대법원의 판단

일리노이 주 대법원은 시효가 성학대에 대하여 전례가 없다며 현재까지 다뤘던 다른 주들의 성학대 판결을 참고하여 최소한 2) 유형의 경우에는 발견주의 원칙을 적용한다면서 다음과 같이 판단하였다.

1) 원고가 과거 성행위 자체는 알고 있지만, 신체적 및 정신적 장애로 성학대가 발생했다는 사실을 모르는 경우
2) 소제기 전까지 피해자의 의식에서 성학대에 대한 기억을 억누르는 경우
이 중 2)유형에 해당한다.

합리적인 주의의무를 가진 사람 기준으로 피해자가 피해와 원인에 관한 충분한 정보를 발견하였을 때부터 제소기간은 시작된다.[42]

---

42) Johnson v. Johnson, 701 F. Supp. 1363 (N.D. Ill. 1988)

일리노이 주 대법원은 뒤늦은 피해자의 권리행사로 인해 위험부담과 제소기간의 경과로 인한 증거가 없어지는 피고의 위험부담을 이익형량하면서 의료 과실 Fure vs. Sherman Hospital 소송을 참조하였다.[43]

Fure v. Sherman Hospital 소송에서 발견주의를 적용하여 유족이 의료 과실과 피해자의 죽음 사이에 인과관계를 안 때부터 시효가 진행된다고 보았다. 일리노이 주 대법원은 이 사건 피해자는 인과관계뿐만 아니라 성학대 사실조차 알지 못하는 경우에 해당하므로 '발견주의(discovery rule)' 적용을 긍정하였다.

다. 판결 설명

일리노이 주 대법원이 앞서 본 바대로 유형을 나누어 1) 유형은 원고가 아동 성학위 사실은 알고 있으나 이전의 성학대의 불법성을 모르는 경우 2) 유형은 소송 제기 전까지 성학대 기억을 상실한 경우로 구별하였다.[44]

다른 주 재판부가 아동 성학대에 관한 2) 유형에 대해서는 이견 없이 발견주의(discovery rule)를 적용하여 피해자의 때늦은 청구를 인용하였음을 확인한 일리노이 주 대법원은 이 사건이 2) 유형에 속하므로 "피해자가 안 때"부터 시효가 진행되는 것을 인정하였다.

대부분의 주 법원들은 1) 유형 지속적인 기억이 있는 피해 사례보다 2) 유형의 성학대 사실을 완전히 잊고 있는 사례를 선호하였다.[45] 성학대 사실을 잊어버리지 않았고 기억이 지속되고 있었다면 피해자가 성학대 시기에 청구의 원인의 모든 요소를 정확히는 알지 못해도 성학대의 불법성, 인과관계, 가해자 신원 등은 알 수 있어 제소기간 내에 소제기에 대한 합리적 기대가 가능하다고 보았기 때문이다.

---

43) Fure v. Sherman Hospital, 64 Ill.App.3d 259, 21 Ill.Dec. 50, 380 N.E.2d 1376 (2d Dist.1978)

44) 1) 유형은 사례에서 '발견'은 복잡하고 미묘한 과정으로 피해자가 자신의 피해와 어린 시절의 사건을 점차적으로 연결하게 만든다. 2) 유형은 '발견'은 기억이 단편적일지라도 플래시백이 설정되어 극적으로 반환되는 경우이다. E.A. Wilson(fn 34), pp. 171-172.

45) E.A. Wilson(fn 34), p.176.

4. M. (K.) v. M. (H.) 소송

가. 개요

원고는 10살 때부터 여러 유인책과 협박을 통해 부친으로부터 지속적인 성 학대를 받아왔다. 11세 때 어머니에게, 16세엔 상담교사에게 알리려 했으나 부친의 방해로 중단되었다. 가출한 이후 피해자를 위한 모임을 통해 심리 치료를 받으면서 피해의 사실과 심리적인 장애가 성학대에 기인했음을 알게 되었다.

마침내 1985년 피해자가 28세에 이르자 친아버지를 상대로 성학대에 따른 보호의무 위반(Fiduciary relationship)으로 손해배상 소송을 제기했다. 배심원단은 원고는 피고의 불법행위로 인해 성학대를 겪었으므로 5만 달러의 배상을 평결하였다.

그러나 재판법원은 온타리오 시효법의 제45조에 의해 청구원인이 발생한 후 (after the cause of action arose) 제소기간이 경과하였다고 보고 원고의 청구를 기각하였다.

나. 법원의 판단

캐나다 최고 법원은 이 사건의 쟁점을 다음과 같이 나누었다.

① 성학대가 제소기간의 제한을 받지 않는 불법행위인지 여부
② 성학대가 선천적 신뢰관계에서 비롯한 보호의무 위반 여부
③ 제소기간에 발견주의원칙(discoverability principle) 적용 여부

쟁점 ①에 대하여 캐나다 최고 법원은 아동 성학대(incest)가 의도적인 성폭행에 해당한다고 보았다. 이러한 신뢰관계의 현저한 해악을 초래하는 위반 행위는 온타리오 주 법령의 제소기간에 따른 제한을 받지 않는다고 밝혔다.

아동 성학대(incest)는 불법적인 폭행행위이고 보호의무(fiduciary duty) 위반에 해당한다. **불법행위에 관한 청구는 시효법의 적용을 받지만 원고가 피고 행위의 위법성과 그 행위와 원고의 피해사이의 인과관계를 합리적으로 발견할 수 있을 때까지 제소기간은 시작되지 않는다.**

이 사건의 경우 **피해자가 치료에 들어갔을 때 제소기간이 시작되며 소송도 시작되었다.** 신뢰의무 위반을 주장하는 청구는 캐나다 온타리오 주 법령의 제소기간에 의해 제한받지 않는다. 성학대는 의도적인 폭행 등 불법행위와 분리되지는 않는다.[46)]

쟁점 ②에 관하여 부모와 자녀의 관계는 선천적인 보호관계(fiduciary in nature)에 있으며 아동 성학대는 그 관계에서 발생하는 중대한 보호의무 위반에 해당한다고 설시하였다.

> 부모의 보호의무(Fiduciary Obligation of a Parent)로써 부모와 자식의 관계는 선천적으로 신뢰관계에 있고, 성학대는 신뢰관계에서 발생하는 보호 의무에 대한 심각한 침해라는 점은 객관적으로 분명하다. 이것보다 더 분명한 경우는 없다. 사회는 부모들에게 그들의 아이를 돌보고 보호하고 양육할 의무를 부과했다.
> 아동 성학대는 그 의무에 대한 중대한 위반이다. **형평법(equity)**은 부모들에게 보호 의무를 부과해왔으며 보호 의무에 어떠한 제한도 없다.[47)]

쟁점 ③에 대하여 캐나다 최고법원은 성학대의 피해자가 다양한 심리적 정서적 피해를 입는데 피해가 잠재적이라는 특성을 인정하였다. 따라서 "합리적 발견 가능성 원칙은 원고가 피해와 그 원인을 인식했을 때부터 시작되어야 한다."고 밝혔다.

캐나다 최고법원은 피해자가 질병으로서 성적 학대의 후유증을 겪고 있었다면 이에 대한 치료를 받기 전까지는 성학대에 관한 제소기간이 진행된다고 볼 수 없다면서 원고의 상고를 만장일치로 인용하였다.

다. 판결 분석

앞서 미국 판결에서 보듯 위법행위와 손해와의 인과관계는 청구원인을 이루는 주요사실에 해당한다. 이 사건은 피해자가 일찍이 성행위는 알고 있으나 성학대의

---

46) M. (K.) v. M. (H.) [1992] 3 S.C.R. 6.
47) M. (K.) v. M. (H.) [1992] 3 S.C.R. 6.

위법성을 알지 못하고 따라서 자신이 성학대 피해자로 인식하지 못하는 점이 다른 사건과의 구별되는 점이다.

피해자가 성학대가 불법행위를 알지 못하고 제소기간을 도과한 것은 가해자의 유인과 기만 회유가 있었다고 최고법원은 판단하였다. 가해자가 가족 공동체에서 권위의 인물로서 피해자에게 성학대의 부당성을 은폐하고 비밀 유지를 강요하여 피해자가 불법행위 당시에 권리행사를 할 수 없도록 하는 특성은 **사해적 은폐**(The doctrine of fraudulent concealment)로 [48]와 동일하다고 판단하였다.

따라서 캐나다 최고법원은 피해자인 원고가 피고의 성학대행위가 불법행위임을 알고 그 행위와 피해사실의 연관성을 올바르게 발견할 수 있을 때까지 청구원인이 발생하지 않는다고 하면서 피해자가 치료에 들어갈 때까지 시효가 진행되지 않았다고 보았다.

한편 캐나다 최고법원은 심리치료 이전에도 성학대사실의 위법성과 인과관계를 알았다고 주장하는 피고에게 반증의 기회를 주었다. 캐나다 최고법원은 "원고인 피해자에 대해서는 <u>심리 치료 전까지 **자신의 피해를 성학대와 관련을 짓거나 성학대를 불법행위로 보지 못했다고 추정될**</u> 수 있는 반면 피고 측은 피해자인 원고가 성행위를 성학대로 **위법성과 인과관계**를 <u>알았다고 증명하여 피해자에 대한 추정을 깰 수 있다.</u>"고 밝혔다.

이제 성학대 소송에서 심리치료를 통한 아동 성학대 피해 진단 시점은 피해자의 주관적 기산점으로 자리잡았다고 볼 수 있다. Tyson vs Tyson 소송에서 심리치료로 촉발된 성학대 주장이 객관적인 증거를 제공하지 못한다고 보던 때와는 사뭇 다른 상황이다.

청구권의 존재도 알지 못한 채 제소기간 도과로 권리행사를 놓치는 불공정에 대하여 '발견주의(discovery rule)' 채택으로 피해자의 권리를 구제하였다는 점에서 앞선 미국 판결과 동일한 결론이다.

---

48) K. Mark McCourt, "The Child Sex Abuse Lawsuit: K.M. v. H.M.", Sask. L. Rev. vol 56, Wntr, 1992, p.226.

제4절 독일

대륙법계의 독일의 경우 독일 민법 제823조와 제199조의 "안 날"에 대해 성학대 사실을 기억하지 못한 경우 시효가 진행되지 않는다고 보거나 성학대를 기억하더라도 외상후 스트레스 장애(PTSD)로 말미암아 심리적으로 위축되어 가해자를 상대로 권리행사를 하지 못한 경우 제206조의 '불가항력으로 인한 시효정지'를 적용하여 피해자를 보호하고 있다. 또한 입법을 통해 피해자를 구제하려는 방안을 모색하고 있다.[49)]

개정 전 독일 민법은 미성년자와 부모간의 청구권에 대해 성년이 될 때까지 정지한다고 규정하고 있었는데 성년이 된 이후에도 가구 공동체로 같이 살고 있는 경우 그 권리를 행사하는 것이 실제 어렵다는 문제가 제기되었다.

또 미성년자에게 법정 대리인이 있을 때는 시효가 정지되지 않는데 성폭력의 가해자와 법정대리인인 부모가 공모하거나 이를 묵인한다면 피해자의 권리 구제는 어떻게 될 것인가? 이에 관한 엇갈린 판결이 나와 독일은 입법 개정이 시급한 상황이었다.

1. 개정 전 아동 성학대 판결 비교

가. OLG Köln 법원 판단

1999년 어머니의 동거남이었던 가해자를 상대로 성 학대를 이유로 한 손해배상이 청구되었다. 개정 전 독일 민법 규정은 피해자가 미성년자의 경우 행위무능력자로서 법정대리인인 어머니가 행사하여야 한다.

기산점은 언제일까? 앞서 1994년 9월 아동 성학대를 한 동거남을 상대로 법정대리인 피해자 어머니의 고소로 형사절차를 진행한 사실이 문제되었다. 첫 경찰 조사에서 법정대리인인 어머니는 피해자가 자신의 동거남이 피해자에게 성학대를 한 사실을 털어놓았다고 진술하였다. OLG Köln 판결은 불법행위에 관한 소멸시효 기산점을 다음과 같이 보았다.

---

49) Reinhard Zimmermann(fn 3), p. 70.

1. 친어머니 동거남(Lebensgefährte der Mutter)의 아동 성학대에 대한 손해 배상청구의 소멸시효는 법정대리인인 친어머니가 안 때부터이다.
2. 구 독일 민법 §204 BGB 시효정지 규정을 혼인 또는 가족 유사관계에 청구 권에 시효정지로써 적용할 수는 없다.[50)

법원은 구 독일 민법 § 852 I BGB에 명시된 바와 같이 법정대리인 어머니가 "안 날"부터 시효가 시작되므로 앞서 1994년 9월에 모든 불법행위의 요건을 갖추어 이때부터 손해배상청구가 가능했었다고 보았다. 따라서 1997년 9월 이후의 손해배상 청구는 '알고 난 뒤 3년'이 지났기에 소멸시효가 완성되었다고 판단했다.

또한 피해자와 친모의 동거남 사이에 공동생활을 해왔지만 **부모·자식 관계가 아니어서 구 독일 민법 § 204 BGB**(부모와 자녀 사이의 청구 정지)과 적용이 불가능 하다고 보았다. 또한 법원은 법적 안정성을 유지하기 위하여 시효정지를 엄격하게 적용하여야 하므로 유추 적용도 할 수 없다고 판단하였다.

나. OLG Hamm 법원의 판단

1980년 2월생인 원고는 피고 계부로부터 1993년 4월부터 1996년 5월까지 성폭행을 당하였다. 피고 계부는 1985년 8월, 그녀의 친모와 혼인하였으나 원고와 입양관계가 형성되지 않은 상태였다. 1996년 당시 원고는 그녀의 법정대리인인 친어머니에게 알렸다. 이로 인하여 잠시 계부와 친모는 반년간 별거 후 1996년 말에 다시 가까워졌고 1997년에는 거의 정상적인 결혼 생활을 하다가 1998년 이혼하였다. 이후 1999년 10월 손해배상소송을 제기하였다.

법정대리인인 친어머니가 아동 성학대 사실을 안 때는 소 제기일부터 3년 전이었고 이전 판례에 따르면 이미 소멸시효가 지난 상태였다. 그러나 법원은 구 독일민법 제204조 시효 정지규정을 적용하여 아직 시효가 경과되지 않았다고 판단하였다.

피해자의 계부(Stiefvater)에 대한 성폭행에 대한 청구소송의 소멸시효는 피해

---

50) OLG Köln, Beschluß vom 8. 12. 1998, VersR 2000, 332 − 13 U 105/98 (NJW−RR 2000, 558)

자의 법정대리인이 그 사실을 알고 있더라도 **계부와의 혼인관계가 유지되는 동안**은 구 독일 민법 제204조에 의해 정지된다.[51]

OLG Hamm 법원은 시효정지를 적용하여 원고의 청구를 받아들였다. 구 독일 **민법 § 204 BGB** 제2문은 입양하지 않은 계부와 원고 사이에 적용할 수는 없다. 대신 제1문의 경우 **가정생활이 유지**되고 있기 때문에 1998년 법정대리인인 친어머니의 대리권이 끝나고 원고가 성인이 될 때까지 시효가 정지된다고 판단하였다.

다. 판례 비교

OLG Hamm 판결은 피해자가 계부에게 성학대를 겪은 후 미성년 기간인 1996년에 친모에게 알린 것은 앞의 OLG Köln 판결과 동일하다. 또한 OLG Hamm 판결이나 OLG Köln 판결 모두 구 독일 민법 §204 BGB 제2문의 경우 법적 관계의 친부모와 자식 간에 그리고 양부모와 입양아에 대한 관계에 적용이 되므로 동거남이나 계부와 피해자와의 관계에 적용할 수 없다는 판단도 같다.

다만 친어머니와의 사이에 법정 혼인관계 유무만 다르다. OLG Hamm 판결은 계부와 친모와의 혼인 생활 유지에 의미를 두어 구 독일 민법 §204 BGB 제1문을 준용하였다. 구 독일 민법 §204 BGB 제1문은 결혼한 배우자간의 혼인생활을 영위하는 동안 가정의 평화를 위하여 당사자간의 청구권에 관한 시효 정지 규정이다. 따라서 법정대리인인 친모가 혼인생활이 유지되는 동안엔 정지하고 1998년 피해자가 성인이 된 이후부터 3년 내에 제기되었기에 시효가 경과되지 않았다고 보았다.

이상에서 본 바와 같이 피해자의 입장은 고려되지 않은 채 법적 혼인 관계에 의해 판결이 갈리는 데에 논란이 일었고 결국 독일 민법 개정으로 이어졌다.

2. 성적 자기결정권의 침해로 인한 청구권의 시효정지

가. 제208조 신설

개정 독일 민법에서는 미성년인 성적 결정권자가 21세가 끝날 때까지 시효가 정지되고 가해자와 같이 공동체에 살고 있다면 <u>공동체 생활이 끝날 때까지</u> 시효가

---

51) OLG Hamm, Beschluß vom 28. 3. 2000 - 6 W 5/00 (NJW 2000, 3219)

정지되는 것으로 규정했다. 따라서 개정법에 의하면 피해자는 24세까지 시효의 보호를 받게 된다.

개정 독일 민법 제208조는 법정대리인이 미성년자의 청구권을 적시에 행사하는 것을 간과함으로써 소멸시효에 걸리게 되는 경우에 미성년자의 보호에 중점을 두고 있는 규정이다.[52] 즉 독일형법 §78b (1) No. 1 StGB를 준용하여[53] 미성년이 성적 자기결정권을 침해받았는데도 법정대리권자가 소문 등 이유로 소제기를 꺼려하여 법정대리권을 행사하지 않을 경우를 대비하여 규정하였다.

나. 규정 설명

이 규정을 둔 취지는 미성년자와 청소년을 보호하기 위함이며, 더욱이 범법자와의 가정 공동생활로 인해 자기의 청구권 행사에 제한을 받는 자의 보호를 목적으로 한다.[54]

18세를 넘어 21세까지 소멸시효가 정지하도록 규정하는 이유는 미성년 성폭력 피해자는 18세가 된 후에도 그러한 행위에 대해 감정적으로 미성숙하여 자신의 청구권을 행사할 수 없을 수 있는 현실을 반영한 것이다.[55] 따라서 성년이 된 후 21세 전에 이루어진 행위에 대해 적용된다.[56] 성적 자기결정권이 침해되는 한 독일 민법 제280조의 계약 책임이나[57] 독일 민법 제812조, 제823조 등 법정청구권을 모두 포함된다.

독일 민법 제208조 제2문는 채권자인 성폭력 피해자와 채무자인 가해자가 가정 공동생활을 하는 동안 시효를 정지하는 규정으로 앞서 제1문의 후속규정이다. 가정 공동체가 지속되는 한 연령 제한이 없기 때문에[58] 채권자가 채무자와 공동생활을 한다면 21세가 넘어서도 공동생활이 끝날 때까지 정지된다. 제208조는 강행

---

52) 제208조(성적 자기결정권의 침해로 인한 청구권의 시효정지) 성적 자기결정의 침해로 인한 청구권의 소멸시효는 채권자가 21세가 될 때까지 정지된다. 성적 자기결정권의 침해로 인한 청구권의 소멸시효가 개시할 때, 채권자가 채무자와 가정 공동생활을 하는 경우에는 그 소멸시효는 그 공동생활을 하는 경우에는 소멸시효는 그 공동생활의 종료 시까지 정지한다.
53) BT-Drs. 14/6040, S. 119.
54) BT-Drs. 14/7052, S. 181.
55) Bamberger/Roth-Henrich, Rn. 3 zu § 208.
56) BT-Drs. 14/7052, S. 181.
57) Mansel-AnwaltKomm, Rn. 7 zu § 208.
58) Münchener Kommentar zum BGB, Rn. 5 zu § 208. Auflage 2015

규정이다.[59)]

성적 자기 결정권을 침해받았다고 주장하는 피해자의 경우 가해자와 공동생활로 인하여 자신의 주장을 제기하기 어렵다는 점을 반영한 것이다. 여기서 공동생활(häusliche Gemeinschaft)은 공동으로 사용하는 생활공간이 요구되지만, 이것이 반드시 양당사자의 유일한 공간이 아니어도 상관없다. 가정 공동체가 종결되어 그 제약으로부터 자신의 주장을 추구하는 데 필요한 자유를 얻을 때까지 시효를 정지하는 것이 적절하다.

공동생활이 종료되면 소멸시효는 더 이상 정지되지 않는다. 가내 공동생활의 종료는 공간상으로 채무자와 채권자의 완전한 별거를 요구하는데, 공동주택 내에서도 가능하지만, 휴가, 휴양 또는 직업상의 이유로 일시적으로 떨어져 산다고 해서 가내 공동생활관계가 종료하는 것은 아니다.[60)] 또한 채권자와 채무자가 가내 공동생활을 종료한 후에 아직 소멸시효가 진행 중에 다시 가내 공동생활을 시작하였다면 소멸시효는 다시 정지된다. 독일 민법은 제199조 제2항에 따른 최장기간은 최대 기간(Maximum period)이 아니므로 정지, 갱신 적용이 가능하다.

3. OLG Oldenburg 판결

가. 사실관계

1976년에 태어난 원고는 1985년부터 1990년까지 여러 차례 원고의 조부모와 이웃이었던 피고에게 아동 성학대를 받았다. 2005년 4월 5일 가족 모임에서 피해자의 여동생이 피고에 의해 성폭력을 당했다는 사실을 밝히자 자신도 성학대를 받았다는 사실을 기억하고 피고에 대하여 손해배상소송을 제기하였다.

피해자는 외상 후 스트레스 장애(PTSD)로 가족 모임에서 여동생의 발언 전까지 자신의 성학대 사실을 완전히 기억에서 상실되었다고 주장하였다. 피고는 원고에 대한 성학대 사실을 부인하면서 예비적 청구로 소멸시효의 완성을 항변하였다.

---

59) Mansel－AnwaltKomm, Rn. 18 zu § 208
60) Bamberger/Roth－Henrich, Beck'scher Onlinekommentar zum BGB, Buch
1. Allgemeiner Teil (§§ 1－240) Rn. 5 zu §208.

나. Oldenburg 주 고등법원의 판단

Oldenburg 주 고등법원은 원고가 성학대를 경험했는지 여부에 대해 정신과의 감정을 구한 결과 피해자가 가족 모임 이후에 성학대 사실을 기억해냈음을 확인하였다. Oldenburg 주 고등법원은 손해배상을 청구하는 데에는 독일 구 민법 제852조(§852 Abs 1)의 손해와 가해자 또는 독일 민법 제199조 제1호(§199 Abs 1)의 청구권 발생하는 사정 및 채무자의 신원에 대한 인식이 필요하다고 보았다. 또한 피해자가 행위무능력자로 법정대리인이 존재하는 경우에는 법정대리인의 인식 여부에 달려있다고 보았다.

이에 따라 원고가 2005년 4월까지 심리적 외상으로 인해 과거의 성학대 사실을 전혀 알지 못했으므로 2005년 4월부터 손해배상을 청구할 수 있다고 보았다.[61] Oldenburg 고등법원은 "기억 상실의 증거는 피해자가 증명하여야"한다면서 피해자의 권리행사가 불가능하다는 증명은 불가항력에 의한 정지에 준하여야 한다고 판단하였다.[62]

      1. 독일 구 민법 제852조와 독일 민법 제199조에서의 청구권 및 채무자의 신원에 대한 **인식**은 피해자가 **정신적 외상**(psychischen Traumatisierung)으로 인해 법적 조치가 **불가능한 경우 이를 적용할 수 없다.**

      2. 피해자는 증거를 제시해야 하고 자신이 피해를 입었으며 이로 인해 어떠한 법적 조치도 불가능했음을 증명하여야 한다.

결국 Oldenburg 고등 법원은 피해자가 외상성 기억상실로 성학대 기억사실을 알지 못한 기간 동안 시효가 정지되었고 2005년 4월 성 학대 사실을 알고 난 후 손해배상 청구는 소멸시효로 배척되지 않는다고 판단하였다.

다. 독일 연방대법원 판단

독일 연방대법원도 원심 Oldenburg 주 고등법원 판단을 받아들였다.

---

61) OLG Oldenburg Urt. v. 12.7.2011 - 13 U 17/11, BeckRS 2011, 18398.
62) OLG Oldenburg Urt. v. 12.7.2011 - 13 U 17/11, BeckRS 2011, 18398.

성적 학대로 인한 외상 후 스트레스 장애 시 시효의 기산점
　피해자가 피해의 결과로 **퇴행성 기억 상실에 걸려 과거의 사건을 기억하지 못하는 경우,** 시효 진행에 필요한 피해자의 인식은 갖추지 못한 것으로 볼 수 있다 (Die für den Beginn der Verjährung erforderliche Kenntnis des Geschädigten kann fehlen, wenn dieser infolge einer durch die Verletzung erlittenen retro-graden Amnesie keine Erinnerung an das Geschehen hat).[63)]

　2009년 9월 3일자 정신과 감정서는 억압된 성학대 기억은 어린 시절에 당한 고통일수록 수년 혹은 수 십 년 후에 회복될 수 있을 정도로 피해자에게 막대한 영향을 미쳐 그 기억을 상실하기 쉽다고 밝혔다. 따라서 외상 후 스트레스 장애(PTSD)는 피해자와 같은 심각한 성학대에 적용이 되며 이로 인해 피해자는 외상성 기억상실을 경험하게 되고 이 범주에 가해행위 및 가해자 등 모든 사실에 대한 인식을 포함한다고 밝혔다.
　연방 대법원은 정신과 감정서의 내용을 받아들여 피해자가 외상성 기억상실 기간 동안은 시효가 정지된다는 원심 판단을 수용하였다.

라. 판결 설명
　이 판결은 2002년 독일 민법이 제199조의 일반 소멸시효를 주관주의로 개정된 이후로 아동 성학대 사건에 적용한 첫 사례에 해당한다. 개정된 독일 민법 제199조 제1항 제2호 불법행위 손해배상청구권의 소멸시효가 진행되기 위해서는 '채권자가 청구권을 발생시키는 사정 및 채무자의 신원에 대한 피해자의 인식 및 인식가능성'을 필요로 한다.
　여기서 1976년생인 피해자가 1985년부터 1990년까지 성학대를 받은 시기는 아동기에 해당하여 독일 민법상 21세까지 시효가 정지된다. 따라서 민법 제199조 제1항에서 채택하고 있는 채권자의 인식에 따른 일반적 시효기산점은 1997년 이후부터로 소제기가 가능하다. 그런데 피해자는 2005년에 이르러서야 소제기를 하였다.

---

63) Verjährungsbeginn bei verdrängter Trauma-tisierung durch sexuellen Missbrauch BGH, Urt. v. 4. 12. 2012 – VI ZR 217/11 (OLG Oldenburg) NJW 2013, 939

최장기간은 행위시부터 30년이어서 아직 경과하지 않았으나, 2005년 가족 모임으로 독일 민법 제199조 제1항의 손해 및 가해자를 알았다고 볼 수 있을지의 문제였다. 피해자는 성학대를 트라우마(trauma)로 억눌러왔다가 2005년에 가족 모임 때 이르러서야 성학대의 기억을 회복하였다는 주장이었다.

법원은 원고가 성학대에 대한 정신적 외상으로 기억 상실동안 권리행사가 불가능했음을 증명하여야 하고 증명된 경우 성학대사실을 기억한 때부터 채권자의 인식한 때로 보아 그때부터 3년의 기산점을 갖는다고 보았다.

앞서 영미법계에서 외상후 스트레스 장애(PTSD)의 전문 심리 상담치료과정에서 성학대 피해사실이나 성학대와의 인과관계를 인식한 때부터 제소기간이 진행한다고 본 판결과 동일하게 대륙법계 독일에서도 '**정신적 외상**(PTSD)'**으로 인한 성학대의 기억을 상실한 점**을 인정하여 성학대 사실은 인식한 이후부터 소멸시효가 진행한다고 판결한 것이다.

4. OLG Schleswig 판결

가. 개요

피해자는 1978년부터 1984년 12세가 될 때까지 피고에 의해 성적 학대를 받았다. 2009년 4월 정신과 치료를 받은 후 원고는 2009년 10월 피고를 상대로 소송을 제기하였다. 그러나 OLG Schleswig법원은 소멸시효를 이유로 배척하였다. 원고는 항소를 통하여 피고의 성학대 행위를 일관되게 주장하였고 원고의 치료를 맡았던 전문의 역시 원고가 오랫동안 피고에 의해 성학대를 받았음을 의심하지 않는다고 법정 증언하였다.

관련 전문의는 감정서를 통해 피해자가 수년간의 성적 학대로 인해 외상 후 스트레스 장애(PTSD)의 모든 병증을 갖고 있다고 밝혔다. 감정서 따르면 피해자가 특정 음악이나 냄새, 티브이 장면에 대해 메스꺼움과 구토 등 외상 후 스트레스 장애(PTSD)증상에 따른 격렬한 신체적 반응을 나타낸다고 밝혔다. 또한 이 같은 피해자의 외상 후 스트레스 장애(PTSD) 증상은 폭력적인 부친과 첫 번째 남편에 의한 것으로 추정하였다. 결론적으로 정상적인 성생활이 힘든 후유증을 겪고 있다고 진단했다.

나. Schleswig 고등법원의 판단

피해자가 1978년부터 1984년 12세까지 성학대를 받은 시기는 피해자가 미성년자이므로 1993년 피해자가 21세까지 시효가 정지되고 주관적 기산점은 2009년 심리 치료시부터 진행되어 문제되지 않는다. 이 사건은 2009년 10월 22일에 소가 제기되었는데 문제는 1978년부터 1979년 10월까지의 성학대 행위에 대한 시효경과 여부였다. 불법행위에 관한 최장기간은 피해자의 인식과 관계없이 행위 시부터 30년으로 규정되어 있다. 최장기간을 그대로 적용할 때에는 시효가 경과된다.

따라서 구 독일 민법의 제203조, 현 독일 민법 제206조의 불가항력에 의한 시효정지를 성학대에 의한 PTSD로 인한 권리행사 불가능에도 적용할지가 쟁점이 되었다. Schleswig 고등법원은 아동 성학대에 불가항력에 의한 시효정지를 적용하여 피해자의 소제기는 기간 내에 청구되었다고 판단하였다.

어린 시절 성적 학대로 인한 손해배상청구권의 소멸시효
어린 시절 성적학대로 인한 외상 후 스트레스 장애(PTSD)에 의한 상해를 입은 피해자가 가해자에 대한 권리행사가 심리적으로 적절하게 조치를 취할 수 없는 경우에는 **가능할 때까지 피해자의 권리행사는 불가항력을 이유로 정지**한다.[64]

Schleswig 고등법원은 원고가 성학대를 받은 이후 소 제기 이전인 2009년 4월 중순 이전까지는 외상 후 스트레스(PTSD) 장애로 고통 받고 있었기 때문에 피고를 상대로 적절한 소제기를 할 수 없었음을 인정했다. 이 판결을 통해서 전문의의 심리 치료를 마친 2009년 4월 중순까지, 성학대 피해자는 <u>외상 후 스트레스 장애(PTSD)</u>로 인하여 피고에게 법적 조치를 취할 수 없었다고 보았다. 피해자는 몇 번 학대사실을 알렸으나 누구도 심각하게 여기지 않았고 소제기를 독려하지 않아 성학대의 기억을 억눌렀고 자신의 신체상의 문제를 이와 연결시키지 못했다고 보았다.[65]

Schleswig 고등법원은 원고가 가해자를 상대로 성학대에 대한 권리행사가 외상 후 스트레스 장애(PTSD)로 불가능하여 2009년 4월 중반까지 제기하지 못했다고

---

64) OLG Schleswig: Verjährung von Schmerzensgeldanspruch nach sexuellem Missbrauch in der Kindheit, OLG Schleswig, Urt. v. 20. 12. 2012 – 16 U 108/11 (NJOZ 2013, 1227)
65) NJOZ 2013, 1227 (1227).

보았다. Schleswig 고등법원은 치료가 완료된 2009년 4월 중순 이후 6개월 안에 소를 제기했기에 불가항력에 의한 시효정지 기간을 충족했다고 보았다.

다. 판결 분석

이 사례는 독일 민법 최장기간 30년을 경과하는 1978년 10월부터 1979년 10월까지의 아동 성학대소송에 관한 독일 법원의 판단이다. 독일 민법 제206조는 불가항력으로 인한 시효의 정지는 6개월의 정지 기간을 두고 있다.

법원은 피해자가 2009년 4월 중순 정신과 치료를 받기 전까지 성적 학대로 인해 피고인에 대한 법적 조치를 취할 수 없었음을 인정하고 독일 민법 제206조의 불가항력의 정지를 적용하여 피해자의 손해배상청구가 시효로 배척되지 않는다고 판단하였다. 즉 피해자는 가해자의 신원과 그 손해를 인식했음에도 불구하고 피해자는 **외상 후 스트레스 장애(PTSD)로 심리적으로 위축되어** 자신의 성학대와 인과관계(Konsequenzen)를 인식하지 못해 소제기 등 권리행사가 불가능하였다. 법원은 이를 인정하였고 불가항력의 정지를 통해 피해자를 권리 구제한 사례에 해당한다.[66]

판례(OLG Karlsruhe, OLG Report 2002.4)는 심리적으로 피해자가 자신의 권리행사가 불가능한 경우 불가항력의 시효정지를 인정하였는데 Schleswig 고등법원은 성학대로 인한 외상 후 스트레스 장애(PTSD)에 대해서도 권리행사가 불가능하다고 보았다. 독일은 '불가항력의 시효정지'를 전쟁, 천재지변 등 채권자에게 귀책사유 없는 행위(schuldloses Verhalten) 그 이상을 요구하여 왔다. 이러한 가운데 **성학대로 인한 PTSD에 관하여 불가항력**을 인정하면서 앞으로 독일 법원이 시효정지에 대해 보다 유연하게 해석 범위를 넓히지 않을까 추측해본다.

제5절 일본

1. 외상 후 스트레스 장애(PTSD) 소송

가. 개요

원고는 8살 무렵부터 약 5년 동안 삼촌에게서 여러 차례에 성적 학대를 받아

---

66) NJOZ 2013, 1227 (1228).

외상 후 스트레스 장애(PTSD), 이인증(離人症), 섭식장애 및 우울증 등의 정신 질환을 앓게 되었다면서 피고에게 불법행위에 기한 손해배상을 청구했다.

피해자는 여러 정신질환은 모두 성학대에 따른 것으로 <u>외상 후 스트레스 장애(PTSD)를 진단받은 2011년 4월부터 시효가 진행되어야 한다</u>고 주장하였다. 피고는 성학대 사실을 부인하면서 성학대 사실이 있더라도 일본민법 제724조 전단의 시효와 후단의 제척기간을 도과하였다고 항변하였다.

1심은 "어린 시절에 삼촌에게서 성적 학대를 받은 그때부터 외상 후 스트레스 장애(PTSD)를 앓았기에 성학대 행위의 최종 시점을 기산점으로 소제기까지 20년이 경과한 경우에는 제척기간의 경과에 따라 청구를 인정할 수 없다."며 청구를 기각했다.[67] 1심 법원은 성적 학대로 외상 후 스트레스 장애(PTSD)가 발생하여 성학대의 최종 시점부터 소송 제기까지 20년이 경과했다고 본 것이다. 원고는 항소하였다.

나. 항소법원의 판단
(1) 외상 후 스트레스 장애(PTSD), 이인증(離人症), 섭식장애 및 우울증 구별

항소 법원은 외상 후 스트레스 장애(PTSD), 이인증 장애 및 섭식 장애에 따른 손해는 모두 다르다면서 다음과 같이 판단하였다.

성학대로 2006년 9월경에 우울증이 발병하였다. 어린 시절 성적 학대를 받은 피해자에게는 외상 후 스트레스 장애(PTSD) 발병과 동시에 우울증, 해리성 장애를 비롯한 다양한 정신 장애를 발병할 수 있고 외상 후 스트레스 장애(PTSD)와 우울증이 50% 이상의 비율로 유사하다는 역학 연구도 볼 수 있지만, 우울증은 외상 후 스트레스 장애(PTSD)와는 진단 기준과 증상, 치료 방법이 다른 별도의 정신 장애이며 외상 후 스트레스 장애(PTSD)를 앓고 있다고 해서 우울증이 발병하거나 우울증에 걸린다고 해서 외상 후 스트레스 장애(PTSD)가 당연히 발생하진 않는다.

이상과 같이 외상 후 스트레스 장애 (PTSD), 이인증(離人症), 섭식장애 및 우울증을 모두 질이 다른 손해로 보았다.

---

67) 釧路地裁, 平成 25年 4月 16日 判時 2197号 110頁

(2) 제724조 전단의 소멸시효 손해 및 가해자를 안 날

그러면 각 손해는 언제 발병한 것인가? 이인증(離人症), 섭식장애 및 외상 후 스트레스 장애(PTSD)나 성장애 등은 성학대를 받았던 시기부터 발병하여 20년이 경과하였으나 우울증을 이유로 한 손해배상청구권은 제척기간이 경과하지 않았다고 원판결을 변경하고 일부 인용하였다. 이 경우 채권자의 손해 및 가해자를 안 날은 다음과 같다.

> 우울증이 발병한 것은 2006년 9월경 인정되지만, 당시 원고는 우울증에 의한 증상의 원인이 성적 학대 행위였음을 알지 못하고 **2011년 2월 병원 주치의에게 피고에게서 성적 학대를 받은 것을 처음으로 고백하여** 항소인은 우울증의 증상이 피고로부터 성적 학대를 받은 데에 따른 것으로 인정된다.
> 항소인이 우울증을 발병한 데 따른 손해에 대해 가해자에 대한 <u>손해배상청구가 가능한 손해 및 가해자를 안 것은 2011년 2월경으로 인정함이 타당하다</u>.[68]

우울증 발병은 2006년 9월이지만 우울증의 원인이 성학대로 보아 원고가 성학대를 병원에 알린 날인 2011년 2월 이때 "피해자가 손해 및 가해자를 안 날"로 판단하였다. 결국 2011년 4월 28일 원고의 우울증 발병을 이유로 한 불법행위에 기한 손해배상청구는 단기 3년 내에 해당하므로 소멸시효는 완성되지 않는다고 판단하였다.

(3) 제724조 후단 제척기간 도과여부

항소법원은 외상 후 스트레스 장애(PTSD) 및 섭식장애와 이인증(離人症)은 '고등학교 재학시절'에 발병하였으나 우울증은 '2006년 9월'에 발병하였다고 판단하였다.

> 피해자는 성적 학대를 받았던 1978년 1월 초순부터 1983년 <u>1월초 당시는 성적 의미는 알 수 없었지만</u>, 불쾌감, 위화감 공포감, 불안감, 무력감을 느끼고 1983년경에는 외상 후 스트레스 장애(PTSD) 및 이인증(離人症) 장애를 앓았다. 이때

---

68) 札幌高裁 平成 26年 9月 25日 判時 2245号 31頁

성적 학대를 받아 외상 후 스트레스 장애(PTSD) 및 이인증(離人症)을 이유로 불법
행위에 기한 손해배상청구권의 마지막 시기로 제척기간의 기산점으로 인정하는 것
이 상당하다.

그러나 **우울증은 2006년 9월경까지 발병하지 않은 채 남아 있었다.** 우울증이
발병 손해는 손해의 특성상 가해행위인 성적 학대 행위가 종료한 후 상당 기간이
경과한 후 발생한 것이며, 이전에 발생했던 외상 후 스트레스 장애(PTSD), 이인증
장애 및 섭식 장애에 따른 손해와는 질적으로 전혀 다른 별개의 손해로 인정되기
때문에, 제척기간의 기산점은 손해의 발생했을 때, 즉 우울증이 발병했을 때인
2006년 9월 무렵이다.[69]

항소법원은 "현실감의 상실인 이인증(離人症), 1981년 1월 이후 해리 증상을
자각하였고 1984년 1월 경(당시 9세 10개월)까지 플래시백 증세가 있었다."고 보았
고 섭식 장애에 대해서도 "섭식 장애를 이유로 한 불법행위에 기한 손해배상청구권
은 그 특성상 가해 행위가 종료한 후 상당한 기간이 경과한 후에 발생하였더라도
피해자가 고등학교 재학 중인 1990년부터 제척기간의 기산점이라고 인정하는 것이
상당하다."고 보았다.

그러나 우울증은 2006년 발병하여 제척기간 내에 소가 제기되었다고 보았다.
"2006년 9월경에 우울증이 발병한 후에는 현저한 불면증(수면 장애, 중도 각성, 악몽,
야간 공포), 의욕 저하, 짜증, 흉부 압박감, 두통, 발한을 보이며, 2008년에는 자살
충동이 강해졌는데 항소인의 우울증 증상에 따른 손해는 그때 발생했다."고 판단하
였다. 피고가 상고했으나 상고 기각 확정되었다.[70]

다. 판결 설명

이 사건은 1심 소송부터 일본에서 최초 아동 성학대 판결이라는 점이 보도되
면서 사회적 관심을 불러 일으켰다. 일본민법 제724조 후단 소정의 제척기간을 "정

---

69) 札幌高裁 平成 26年 9月 25日 判時 2245号 31頁
70) 피고가 상고하였으나 일본 최고재판소는 일본 민소법상 상고 이유가 그 실질에 있어서 단순
　한 사실 오인 또는 법령위반에 해당하여 상고 가능한 사유에 해당하지 않고 상고를 기각하
　고, 상고 수리 신청 역시 민소법 제318조에 속하지 않아 상고심로 접수하지 않기로 결정하여
　확정되었다. 最判, 平成 27年 7月 8日 決定 家庭の法と裁判 4 号 66頁.

신 장애가 발병한 때"라고 판단한 사례이다. [71]

이 판결은 일정한 잠복 기간이 경과한 후에 증상이 나타나는 질병으로 나타나는 석면 소송과 같이 손해의 특성상 가해 행위가 종료한 후 상당한 기간이 지나 "해당 손해의 전부 또는 일부가 발생했을 때"에 아동 성학대 사건도 포함시켰다는 점에서 그 의의가 있다.

다만 성학대로 인한 외상 후 스트레스 장애(PTSD) 진단 후 소를 제기하였는데 항소법원은 손해를 나누어서 성학대로 인한 우울증에 대해서만 제척기간이 경과하지 않았다고 보았다. 전문의도 우울증을 성학대로 인한 외상 후 스트레스 장애(PTSD)의 한 증상으로 진단하였음에도 우울증을 외상 후 스트레스 장애(PTSD)와 구별하는데 의문이 있다.

외상 후 스트레스 장애(PTSD)증상은 매우 다양하다. 앞서 독일의 경우 피해자가 특정 음악이나 냄새, 티브이 장면에 대해 메스꺼움과 구토 등을 외상 후 스트레스 장애(PTSD)증상으로 보았고 아동 성학대에 대한 기억 상실도 정신적 외상(PTSD)에 해당한다. 외상 후(外傷後)란 정의에서 신체 상해로 인한 여러 증상을 의미하는데 우울증만 성학대와의 인과관계를 인정하는지 의문이다.

판결에서도 가해 행위 때인 1978년 1월 초순부터 1983년 1월초 **"당시는 성적 의미는 알 수 없었지만"** 무력감이나 불쾌감, 이인증, 외상 후 스트레스 장애(PTSD) 등이 잠재적 손해가 발생하였으나 그 원인은 아동 성학대로 인한 외상 후 스트레스 장애(PTSD)임을 진단받은 때가 손해가 실제 발생한 것으로 보아야 하지 않을까?

일본 판례는 앞서 영·미나 독일에서 외상 후 스트레스 장애(PTSD) 진단받은 단계에서 아동 성학대로 인한 손해가 발생했다고 보는 것과는 다름을 알 수 있다.

제6절   우리나라 아동성학대 소송

가. 사실관계

피해자는 초등학생 때인 2001년 7월부터 2002년 8월까지 당시 초등학교 테니스 코치에게 네 차례 성폭력을 당했다. 피해자가 성인이 된 후 2016년 5월 주니어

---

71) 判例タイムズ1409号 226頁

테니스 대회에서 가해자를 체육 지도자로 계속 활동한 것을 본 후 극심한 두통과 수면장애 등에 시달렸다. 성폭력 피해 기억이 떠오르는 충격을 받아 3일간 기억을 잃고 빈번한 악몽, 위장장애, 두통, 수면장애, 불안, 분노, 무기력 등을 겪고 일상생활을 할 수 없는 상태에 이르렀다.

　2016년 6월에는 외상 후 스트레스 장애(PTSD) 진단을 받은 피해자는 가해자를 형사 고소하였다. 가해자는 강간치상 혐의로 기소돼 재판에 넘겨져 2018년 7월 대법원에서 징역 10년이 최종 확정되었다. 피해자는 형사재판 항소심 판결 직후인 2018년 6월 피고를 상대로 불법행위로 인한 손해배상청구소송을 제기하였다. 피고는 마지막 성폭력 범죄일이 2002년 8월부터 시효가 진행되어 10년의 장기시효가 완성되었다고 항변했다. 재판부는 소멸시효의 기산일을 언제로 볼지가 쟁점이 됐다.[72)]

나. 법원의 판단

　항소심은 "피고의 불법행위로 인한 원고의 손해인 '외상 후 스트레스 장애'는 원고가 최초 외상 후 스트레스 진단일인 2016.6.7.에 그 관념적이고 부동적 상태에서 잠재하고 있던 손해가 현실화 되었다"며 이때부터 손해배상채권의 장기소멸시효가 진행한다고 판단하였다.[73)] 대법원도 원심을 인정하고 다음과 같이 설시하였다.

　　피해자가 성인이 되어 가해자를 우연히 만나기 전까지는 잠재적·부동적인 상태에 있었던 **손해가 가해자를 본** 후 정신적 고통이 심화되어 **외상 후 스트레스 장애(PTSD) 진단**을 받음으로써 객관적·구체적으로 발생하여 현실화되었다고 볼 수 있으므로, 피해자가 전문가로부터 성범죄로 인한 외상 후 스트레스 장애가 발현되었다는 진단을 받은 때 비로소 불법행위로 인한 외상 후 스트레스 장애라는 손해 발생이 현실적인 것이 되었고, 이때부터 민법 제766조 제2항에 의한 소멸시효가 진행된다.[74)]

---

72) 자세한 사항은 이은경, "아동성학대 소송의 '손해의 현실화로서 외상후스트레스장애(PTSD)에 대한 이해 — 의정부지법 2019. 11. 7.선고 2018나214488 판결 중심으로 —", 법조 2020.8.28. 통권 742호 355쪽 이하 참조.
73) 의정부지법, 2019.11.7. 선고 2018나214488 판결

법원은 위와 같이 피해자가 겪고 있던 "외상후 스트레스 장애(PTSD)를 최초 진단을 받은 2016년 6월에 관념적이고 부동적 상태에서 잠재하고 있던 손해가 현실화됐다."고 보면서 불법행위로 인한 손해는 외상 후 스트레스(PTSD)를 처음 진단받은 2016년 6월 현실화됐으므로 마지막 범행 시기인 2002년으로부터 10년이 지나 손해배상청구권이 소멸했다는 피고의 주장은 이유가 없다고 판시하였다.

다. 판결 설명

이 판결은 아동 성학대에 외상 후 스트레스 장애(PTSD)를 관련한 첫 판결에 해당한다. 우리도 세계적인 흐름과 동일하게 아동 성학대로 발생한 손해배상청구권의 기산점을 '성학대에 따른 외상 후 스트레스 장애(PTSD) 진단을 받은 때'로 보았다.

성범죄로 인한 외상 후 스트레스 장애가 뒤늦게 나타나거나, 성범죄 직후 일부 증상들이 발생하더라도 당시에는 장차 증상이 어느 정도로 진행되고 그것이 고착화되어 질환으로 진단될 수 있을 것인지 예측하기 어려울 수 있다.

이러한 경우 성범죄 당시나 일부 증상의 발생일을 일률적으로 손해가 현실화된 시점으로 보게 되면, 피해자는 당시에는 장래의 손해 발생 여부가 불확실하여 손해배상을 청구하지 못하고, 장래 손해가 발생한 시점에서는 소멸시효가 완성되어 손해배상을 청구하지 못하게 되는 부당한 결과가 초래될 수 있다. 따라서 전문의로부터 외상 후 스트레스 장애(PTSD) 진단 시기에 손해가 발생하였다고 보는 것이 타당하다.

---

74) 대법원 2021. 8. 19. 선고 2019다297137 판결

제 5 장

사해적 은폐행위
(fraudulent concealment)

사해적 은폐행위
(fraudulent concealment)

사해적 은폐(fraudulent concealment)는 영미법계 국가가 청구원인에 대해 피해자 인식을 기준으로 하는 발견주의(discovery rule)를 제일 먼저 적용한 사안이다.[1] 제소기간이 경과한 후 비로소 채권자가 채무자의 사해적 은폐행위를 알았고 권리행사를 하는 경우 법원에서 권리행사를 배척하는 것은 형평법(equity)에 어긋난다고 보았기 때문이다.

과실 책임 소송에서 가해자나 피해자 모두 청구원인을 몰랐다면, 사해적 은폐(fraudulent concealment)소송은 가해자가 청구원인을 의도적으로 기망하거나 은폐했다는 차이가 있다. 사해적 은폐행위의 대상은 무엇일까? 피고가 원고의 청구원인이 되는 주요사실을 은폐하는 것을 말한다.

위법한 강압이나 사해적 은폐(fraudulent concealment)가 포함된 경우 제소기간을 발견주의로 공평하게 완화시킴으로써 피고에게 원고의 적시 소송을 막은 책임을 지게 하는 것이다. 이 경우 적시성(timeliness)의 예외를 인정하였다. 원고에게 '피해 입은 날(date of injury)'부터 청구를 기대할 수는 없기 때문이었다.

사해적 은폐(fraudulent concealment)는 피고가 적극적인 사기 행위(fraudulent act)를 통하여 원고의 청구원인을 은폐하는 것을 비롯하여 신뢰 관계로 공개되어야 할 정보를 은폐하는 것도 포함한다.[2] 또한 피해자가 피해는 알고 있지만 인과관계

---

1) Developments(fn 120), pp. 1214－1219.
2) 판례는 "사해적인 은폐는 피고가 원고의 임금을 은퇴이후 노년에 은행으로부터 예치금으로 받게끔 해준다고 원고와 합의한 후 원고의 임금을 원천징수한 후 기탁하지 않은 행위에 적

를 알지 못하거나 피해와 원인을 알고 있지만 가해자의 신원을 알지 못하는 경우도 사해적 은폐행위에 해당한다. 청구원인을 발생시키는 행위가 수행되는 과정에서도 발생할 수 있다.[3]

원고는 사해적 은폐(fraudulent concealment)를 주장하기 위해서는 다음의 사실을 발견해야 한다. ① 피고가 사기 행위(fraudulent act)를 했다는 사실 ② 사기를 통해 주요사실을 은폐(concealment)했다는 것 ③ 원고가 사기를 발견하기 위해 합리적 주의의무를 기울였음을 주장 입증해야 한다.[4]

제1절 영미법계

피고의 사기나 기망으로 원고에게 손해가 발생한 날부터 청구를 기대할 수 없기 때문에 "적시성"에 대한 예외로 일찍부터 영미법에선 원고의 뒤늦은 소제기를 받아들였다.

Wood v. Carpenter 판결에서 법원은 인디애나 시효법이 "사기에 대한 법적 청구는 발견한 후 6년 이내에 시작된다."고 규정되었다면서 "법적 조치를 행사할 사람은 청구원인을 발견한 후 제소기간 내에 청구할 수 있다."고 보았다.[5]

사해적 은폐(fraudulent concealment) 사례로 Firth v. Richter 소송도 대표적이다.[6] 채권자가 발견할 때까지 청구원인은 진행하지 않는다고 판시하였다. 원고가 합리적 주의의무를 가지더라도 피고의 사해 및 신뢰 위반을 알 수 없었다.

이러한 채권자 원고의 선의(ignorance)는 Marengo Cave Co. v. Ross소송에서도 볼 수 있다. 지하 동굴을 몰래 침입하여 20년 넘게 사용한 후 시효 주장을 한 사안에서 법원은 소유자가 모르는 상황을 이용한 피고의 부당 사용은 본질적으로 사기(fraudulent act)에 해당한다고 보았다.[7]

용된다."고 보았다. 원고와 피고는 형제간으로 원고는 문맹에 정신 지체도 있었고 피고는 상당한 재력가로 경제적으로 유능하였기에 피고에게 임금의 일정부분을 맡겨 은행에 예치하겠다는 피고의 말을 신뢰하였다. Stetson v. French, 321 Mass. 195, 72 N.E.2d 410 (1947)
3) M. (K.) v. M. (H.), [1992] 3 SCR 6
4) H. (VA) v. Lynch, 2000 ABCA 97, 255 AR 359 (CA).
5) Wood v. Carpenter 101 US 135 (1879).
6) Firth v. Richter, 196 P. 277 (Cal. Ct. App. 1920)

정의와 형평법(equity)에 기초한 영미 판례는 채권자의 인식을 기준으로 하는 '발견주의'를 받아들였고[8] 입법으로 제정되기에 이른다. 다음은 영국의 시효법 규정이다.

> **Limitation Act 1980 제32조 제1항 제b호(사기, 은닉 또는 착오의 경우 제소기간 연기)**
> (1) 아래에 따를 것을 조건으로, 이 법에 의해 제소기간이 있는 행위의 경우,
> (a) 그 행위는 피고의 사기에 근거하거나
> (b) 원고의 소권과 관련된 사실이 피고에 의해 의도적으로 원고에게 은폐된 경우; 또는 (c) 착오로 인한 청구의 경우
> 원고가 사기, 은폐 또는 착오를 발견하거나 합리적 주의의무로 발견할 수 있을 때까지 제소기간은 시작되지 않는다.

1. Lewey v. H. C. Frick Coke Co.

가. 사실관계

1884년 피고는 터널을 이용하여 원고의 토지에 매장된 석탄을 캐내 피고의 토지에 옮겨 사용하였다. 원고는 피고의 불법 침입(subterranean trespass)이나 석탄을 캐낸 사실을 알지 못하였다. 원고는 1891년 이를 알고 피고를 상대로 소를 제기하였다. 석탄을 캐간 때부터 제소기간이 시작되면 원고의 청구는 제소기간을 경과하게 된다.

나. 법원의 판단

법원은 피고의 불법행위를 사해적 은폐행위(fraudulent concealment)로 간주하여 원고가 피고의 사해적 은폐행위(fraudulent concealment)를 알거나 알 수 있었을

---

7) Marengo Cave Co. v. Ross, 10 N.E.2d 917 (Ind. 1937)
8) 사기나 사해적 은폐에 해당하는 사건으로는 Kane v. Cook, 8 Cal. 449(1857)Lightner Mining Co. v. Lane, 161 Cal. 689 (Cal. 1911); Kimball v. Pacific Gas & Elec. Co., 220 Cal. 203 [30 P.2d 39] (1934); Waugh v. Guthrie 37 Okla. 239 [131 P. 174, 178, LRA1917B 1253] 참조.

때부터 시효가 시작된다고 판단하였다.

원고에게 그의 토지에 매장된 석탄을 캐간 날부터 소송을 제기하도록 요구하는 것은 불가능을 요구하는 것으로 **"불법 침입(subterranean trespass)이 발생한 날"부터 제소기간이 진행되는 것은 피해를 알기도 전에 피해를 입은 당사자의 구제책을 없애는 것이다.** 그 결과는 비합리적이고 부당하기 때문에 (그러한 결과가) 가능해서는 안 된다.9)

법원은 청구원인이 피해자가 사기나 사해적 은폐행위(fraudulent concealment)라는 사실을 발견하거나 합리적 주의의무를 가지고 발견할 수 있었을 때부터 시작된다고 보았다. 이 판결은 피고의 사기나 사해적 은폐행위(fraudulent concealment)에 의해 청구원인이 제소기간을 도과한 경우 적시성(timeliness)의 예외로 피해자가 그 사실을 발견하였을 때부터 제소기간이 진행한다고 보았다는 데에 의의가 있다.10)

2. Pashley v. Pacific Electric Railway Co. 판결

가. 개요

1930년 9월 원고는 피고 차량에 탑승하였다가 탑승 중 유리 파편을 맞아 안구 손상을 입었다. 피고 측은 원고에게 피고 회사에 소속된 병원에 가서 치료를 받도록 하였다. 다른 병원에 가는 경우 피고 측에선 책임지지 않겠다는 의사를 밝혔다. 병원에서 치료를 받은 후 그의 눈은 호전되고 더 이상 문제는 발생하지 않을 것이며 2년 내에 완벽하게 시력이 회복될 것이라고 말하였다.

원고는 2년 후 최종 점검 때 안경 착용을 제외하고는 치료가 완료되었고 눈도 완벽하게 회복되었다는 말을 의사로부터 들었다. 그러나 실제 병원은 안구손상으로

---

9) Lewey v. H. C. Frick Coke Co., 166 Pa. 536, 31 A. 261, 28 L.R.A. 283 (1895).
10) 이러한 판결로는 Wise v. Anderson, 163 Tex. 608, 359 S.W.2d 876 (1962); Quinn v. Press, 135 Tex. 60, 140 S.W.2d 438, 128 A.L.R. 757 (1940); American Indemnity Co. v. Ernst & Ernst, 106 S.W.2d 763 ; Glenn v. Steele, 141 Tex. 565, 61 S.W.2d 810 (1933). Beck v. American Rio Grande Land & Irrigation Co., 39 S.W.2d 640 ; Crawford v. Yeatts, 395 S.W.2d 413; Geochemical Surveys v. Dietz, 340 S.W.2d 114 ; Gulf Oil Corporation v. Alexander, 291 S.W.2d 792

장래에 백내장과 시력상실이 원고에게 발생할 거라는 사실을 숨겼다.

12년이 지나 1942년 원고는 눈의 이상증세를 느끼고 다른 병원을 찾은 결과 이전 사고로 인해 시력이 상실되었다는 진단을 받았다. 1943년 원고는 손해배상을 청구하였다. 원고는 사해적 은폐행위(fraudulent concealment)를 발견한 때부터 제소기간 1년 이내에 소송을 제기하였다고 주장하였다. 피고 측은 원고에 백내장과 시력상실을 알렸기에 사해적 은폐행위는 없었다고 항변하고 안전 운행 주의의무(duty of care) 위반에 불과하여 주의의무(duty of care) 위반이 일어난 때부터 제소기간이 시작되어야 한다고 주장하였다.

나. 판단

법원은 피고 소속 병원이 원고에 상해에 대한 피해사실과 장해가능성을 알고 있었음에도 적극적으로 은폐(concealment)하였다고 판단하였다. 이것은 완전 공개 의무를 불이행한 것이고 또한 병원은 적극적으로 원고가 허위 판단을 믿게끔 하여 원고가 독립적인 정보를 획득하지 못하고 소송을 지체하게 만들었다고 보았다.

피고인에게 원고의 상해 전체의 범위와 예상되는 미래의 장애를 원고에게 공개할 의무가 있음에도 **이러한 사실을 은폐하고 원고가 다른 의사와 상담하지 못하게 하여 제소기간이 경과할 때까지 사법적 구제수단을 마련하지 못하게 한 것은 사해행위(fraudulent concealment)에 해당하고** 원고에게 (백내장이나 시력 상실) 피해에 대해 통고했다는 피고의 주장을 뒷받침하는 증거가 없다.

또한 피고 대리인인 병원의 사해행위와 허위 진단이 피고의 행위로 간주되는지 판단하면, 의사들이 피고에 의해 고용되어 원고의 상해를 치료할 수 있는 권한을 부여받았고 피고 본인을 위한 대리 행위를 한 사실이 있다. 따라서 대리인은 피고의 이익을 위해 사해적 은폐행위(fraudulent concealment)를 하였고 이 경우 피고는 알고 있었던 것으로 본다.[11]

법원은 주의의무(duty of care) 위반행위부터 제소기간이 진행된다는 피고의 주장에 대해 사기(fraud) 행위가 없는 경우에만 그러하다는 점을 분명히 하였다. 법원

---

11) Pashley v. Pacific Electric Railway Co. 25 Cal.2d 226 (1944).

은 '제소기간이 때 늦은 청구에 대한 제재로 사용될 수는 있지만 사기 행위
(fraudulent act)를 저지르는 데 적용될 수는 없다.'고 판단하였다. 따라서 법원은 피
고가 의사의 허위진단과 진술을 통해 원고에게 시력 상실을 은폐(concealment)했다
는 점과 제소기간 내 소송을 제기하기 못하도록 한 위법행위가 사법 구제의 이유라
고 설시하였다.

3. Guerin v. R 판결

가. 개요

1958년 영국 연방 소속 행정당국(Indian Affairs Branch)은 원주민인 Musqueam
부족을 대리하여 Shaughnessy Heights Golf Club과 계약을 체결한 후 원주민의
땅을 임대하였다. 이전에 Musqueam 부족과 연방정부간의 평화협정에 따른 것이
었다.

그런데 행정당국(Indian Affairs Branch)은 Musqueam 부족에게 임대료 등 관련
정보를 알리지 않아 Musqueam 부족은 임대계약 내용을 알 수 없었다. 원주민 부
족의 반복된 요청에도 불구하고 행정당국(Indian Affairs Branch)은 임대 계약서 사본
을 Musqueam 부족에게 주지 않았다.

1970년 3월 Musqueam 부족은 임대 계약이 부족이 승인한 것과 달리
Musqueam 부족에게 불리하게 행정 당국이 체결하였음을 알게 되었다. Musqueam
부족은 이전 연방 정부와 맺은 평화협정에 따른 거래 계약에 대해 행정 당국이 설
명하여야 할 의무를 위반했다며 항의하였다.

이러한 항의에도 불구하고 별다른 조치가 없자 Musqueam 부족은 1975년 12
월에 소를 제기하였다. 피고 측은 원고의 소제기가 임대계약이 체결 후 6년의 제소
기간인(RSBC 1960, c. 370) 1964년 1월 22일까지 청구하지 않았다면서 원고가 권리
행사를 태만(laches)하였다고 주장했다.

나. 법원의 판단

제1심 법원은 당국(Indian Affairs Branch)이 부족과의 토지 사용에 대한 신뢰를
깨뜨렸다고 보고 원고 Musqueam 부족에게 1천만 달러 손해배상을 판결하였다. 피

고 측 항소로 열린 항소심에선 피고 측인 정부의 손을 들어 제소기간이 도과하였다고 판단하였다. 원고 Musqueam 부족의 상고에서 캐나다 최고법원은 최종적으로 원고의 주장을 인용하였다.

최고 법원은 원고 측의 반복되는 요청에도 불구하고 피고 행정당국(Indian Affairs Branch)이 원고에게 임대 계약서 사본을 보여주지 않아 Musqueam 부족이 1970년 3월까지 실제 임대 계약 내용을 알 수 없었다는 원고 측 주장을 받아들였다. 최고법원은 피고 측이 위탁자에 대한 신뢰의무(fiduciary duty)[12]를 위반하였다면서 다음과 같이 설시하였다.

원고가 사기(fraud)를 발견할 때까지 또는 합당한 주의의무를 가지고 발견할 수 있을 때까지 제소기간이 진행하지 않는다는 사실은 잘 알려져 있다. 제소기간 진행을 정지하는데 필요한 사해적 은폐(fraudulent concealment)가 기만(deceit) 또는 영미법(common law)의 사기(fraud)에 해당할 필요는 없다. **당사자 간의 특별한 관계를 고려하여 상대방을 향한 불공정한 행위(unconscionable thing)로 충분하다.**[13]

행정당국은 원주민에 대해 단순한 정치적 의무가 아닌 신뢰의무(fiduciary duty)가 있고 원주민 땅의 소유권을 원주민의 이익을 위해서만 사용할 수 있고 원주민에게 최대한 이익이 되도록 하여야 한다.[14]

사해적 은폐(fraudulent concealment) 행위가 영미법(common law)에 사기죄에 해당할 필요 없고 당사자 간의 특별관계에 따라 부도덕한 행위(unconscionable thing)라면 사해적 은폐(fraudulent concealment)에 해당한다고 보았다.

최고 법원은 원고가 피고의 사해적 은폐를 발견한 1970년 3월부터 제소기간이 진행된다면서 1975년 12월 22일 원고가 제기한 소송은 "**형평법**(equitable doctrine)에 위반되는 원고의 권리행사의 **태만**(laches)으로 볼 수 없다."고 원고의 청구를 인용하

---

12) fiduciary duty 또는 fiduciary in nature에 대하여 자산운용의무에 중점을 두어 신인의무(信忍義務)나 '수탁의무'로 상사법에서는 번역하고 있는 가운데 안전배려의무를 포함하고 부모의 보호의무와 구별을 위하여 '신뢰의무'로 쓰기로 한다.
13) Kitchen v Royal Air Force Association [1958] 1 WLR 563 (CA).
14) guerin v. R(1984) 2. S.C.R.

였다.

다. 판결 설명

이 판결은 캐나다 최고법원이 명시적으로 원주민의 땅에 대한 권리와 행정당국(Indian Affairs Branch)의 원주민에 대한 수탁 의무를 밝힌 첫 판결로 소개되고 있다. 피고 측에서는 1958년 임대계약이 체결되었으므로 1975년 12월 원고의 청구는 6년의 제소기간이 경과하였기에 때늦은 청구로 태만(Laches)이라고 주장하였다.

태만(Laches)은 형평법(equitable doctrine) 법언 "Leges vigilantibus, non dor-mientibus, subveniunt(형평법은 권리 위에 잠자는 자를 보호하지 않는다)"에서 유래된 채권자의 권리행사 지체를 의미한다.15) 그런데 캐나다 최고법원은 원고가 피고인 "수탁자(agent)"의 위법행위를 알지 못하는 것은 신뢰관계에서 제소기간의 개시를 판단하는데 중요한 기준이 된다고 보았다.16) 알지 못한 데에 피고의 사해적 은폐행위가 있었는지 여부에 따라 제소기간 경과가 달라지기 때문이었다.

사해적 은폐행위에 해당하는지에 대하여 피고 측은 영미법의 사기에 해당하지 않는다고 주장하였다. 그러나 최고법원은 영미법(common law)의 사기(fraud)에 해당하는지 판단에 앞서, 원주민 부족의 땅에 대한 권리는 영국 정부와의 평화협정으로 창설되는 것이 아닌 고유한(aboriginal) 권리로 보았다.

또한 최고법원은 행정당국은 당사자 간의 특별관계에 기반한 원주민 본인(principal)에 대한 대리인(agent)의 신뢰의무(fiduciary duty)가 있다면서, 계약문서를 전혀 공개하지 않고 임대 계약 내용도 허위로 알려주었다는 사실에서 피고 행위는 비도덕적 행위(unconscionable thing)라고 최고법원은 지적하였다.

따라서 캐나다 최고법원은 피고의 일련의 행위가 형평성 사기(equitable fraud)로 판단하였다. 캐나다 최고법원은 채권자의 때늦은 권리행사가 태만(Laches)에 해당하지 않는다고 본 것이다. 결국 피고가 청구원인을 사해적으로 은폐했다고 보아 피해자가 이를 알 때까지 제소기간이 진행되지 않음을 확인한 판례라 할 수 있다.

---

15) Ene Andresen, The Law Aids the Vigilant, Not the Negligent: Juridica International xvii/2010, p126.
16) Developments(fn 120), pp. 1217–1218.

제2절 프랑스

1968년 프랑스 구민법은 제1304조를 통해 착오·사기(le dol)·강압 등을 원인으로 계약의 무효 또는 취소를 주장하는 경우 다른 특별법의 제한이 없을 때 사기 등을 발견한 날부터 5년의 시효 기간을 규정하였다.

이사회의 승인 없이 체결된 계약에 대한 무효 소송에서 법원은 "상법 제L. 225-38조의 무효행위와 이사회 승인 없이 체결된 계약의 소멸시효는 계약한 날부터 3년이다. 이사회의 승인이 없었다는 사실이 은폐되었다면 시효 기산점은 이 사실이 알려졌을 때(au jour où elle a été révélée)로 연기된다." 보아 채무자에 "의도적 사기(l'intention frauduleuse)"가 있는 경우 소멸시효의 적용을 배척하고 있다.[17]

개정 프랑스 민법은 제1304-5조에 '정지 조건이 충족될 때까지 채무자는 채무의 적절한 이행을 방해하는 행위를 하지 않아야 하고 채권자는 자신의 권리를 보호하고 자신의 권리에 사기(fraude)행위를 초래한 채무자에 대해 필요한 조치를 취할 수 있다.'고 규정하고 있다.[18]

1. 보험계약소송

가. 사실관계

피해자는 AGF 보험회사와 보험계약을 맺고 그의 사망 후 유족에게 보험이 지급되는 보험계약을 맺었다. 이 보험금은 사망사고 시 2배, 교통사고 시 3배를 보험금으로 지급하는 계약이었다. 피해자는 1982년 12월 10일 차를 가지고 나간 후 해변에서 시신으로 발견되었다. 그런데 타고 나간 차량은 발견되지 않았다. 1983년 3월 AGF 보험회사는 피해자 유족에게 사망 보험금을 지급하였다.

그러나 유족은 교통사고이므로 추가 보험금 지급을 요구하였다. AGF 보험회

---

17) Cass, civile, Chambre commerciale, 5 janvier 2016 14-18.688 14-18.689, Publié au bulletin.
18) 프랑스 개정민법은 제1130 및 제1137조 내지 1139조와 1141조에서는 사기(de dol = Manœuvre frauduleuse, tromperie)로 1304조에서는 사기(frude = Acte qui contrevient à la loi)로 쓰고 있다.

사는 1985년 5월 31일자 서한을 통해 교통사고에 의한 사망으로 결론을 낼 수 있는 근거가 없다면서 지급을 거절하였다. 수혜자인 유족이 1986년 7월 보험회사를 상대로 소송을 제기했다. 피고 측은 2년의 소멸시효가 완성되었다고 주장하였다. 원심은 피고의 행위는 사기에 해당한다고 보아 시효항변을 배척하였다.

나. 파기원(Cour de cassation)의 판단

파기원(Cour de cassation)은 원심이 증거로 채택한 피고 측 보험회사의 1983년 10월 24일자 통지서에 집중하였다. 이 보험 회사 측의 통지는 피해자의 사망에 관한 원인 불명으로 수사 중에 있으므로 유족 측의 교통사고에 의한 보험 청구에 응할 수 없다는 내용이었다. 파기원(Cour de cassation)은 이 통지는 보험법 114−1조와 114−2조에서의 2년 시효기간 동안 법적 조치를 취하지 못하게 하려는 의도된 책략에 해당한다고 보고 다음과 같이 설시하였다.

> 지연 전략을 통해 권리를 남용하여 보험 계약의 수혜자가 법적 조치를 취하지 못하게 하는 **사기(fraude)에 해당하는 경우** 2년의 보험법상의 시효를 주장할 권리가 박탈된다.[19]

앞서 보았듯이 항소심인 원심 법원은 피고 측이 원인 불명이라면서 보험 지급을 지체했던 사실에 주목하였다. 보험사의 지연 전략은 2년의 소멸시효 기간을 완성하려는 의도된 사기 행위(manoeuvre)로 판단하였다. 원심 법원은 피고 보험사의 지연 전략이 원고인 보험계약자에 대해 권한을 남용하는 사기(fraude)에 해당한다고 보았다. 따라서 원심 법원은 피고 보험회사의 시효 항변 주장이 박탈된다고 판단하였다. 파기원(Cour de cassation)은 이러한 항소심 판단은 정당하다고 보고 피고의 상고를 기각하였다.

---

19) Cass. civ. 1e. 28 oct 1991, Bull. civ. I, N° 282

2. 파이프 매설 소송

가. 사실관계

SPMR(société Pipe Line Méditérranée Rhône)회사는 파이프라인 건설 작업과 관리 감독 임무를 OTP회사(Omnium Technique des Transports)에 위임하였다. 1970년 2월 19일 최종 승인 후에 파이프 관을 매설하였다. 1979년, 파이프관 매설 계약에서 합의한 깊이만큼 파이프라인이 매설되어 있지 않은 것을 발견했다.

1981년 SPMR 회사는 OTP회사에 채무 불이행에 따른 손해배상을 청구하였다. 피고 OTP회사는 프랑스 민법 1792조 및 일반 계약상의 파이프라인을 수령하고 난 후 10년이 경과하였다고 소멸시효 항변을 주장했다.

나. 파기원(Cour de cassation)의 판단

파기원(Cour de cassation)은 피고 측이 제대로 하수급 관리 감독을 하지 않고 작업을 실행하여 파이프라인의 제거와 교체를 발생하게 만들었다고 판단하였다. 또한 피고 측이 계약상 의무 이행을 하지 않았다면서 시효에 대해 파기원(Cour de cassation)은 다음과 같이 판단하였다.

> 파이프라인을 건설작업을 관리 감독하는 임무를 가진 회사가 **고의의 사기행위 및 이에 인한 은폐행위**(la faute dolosive commise et la dissimulation frau-duleuse du vice en résultant)를 하였다. 따라서 피고 회사는 상법 제189조의 소멸시효와 10년간의 보증기간 만료를 주장할 수 없다.[20]

파기원(Cour de cassation)은 피고 측의 원고와의 계약 내용과 맞지 않은 파이프라인 시공과 매설은 사기행위(la faute dolosive)이고 이에 따른 은폐행위는 계약상의 감독 의무 위반 및 이로 인한 손해에 대한 인식가능성이 있는 의도적 과실(fautes volontairement)에 해당한다고 판단하였다.

파이프 매설이 계약과 다르게 매설하였다는 사실은 상호 계약의 최종 승인된 후 1979년이 되어서야 전문가의 조사에 의해 알려졌다. 파기원(Cour de cassation)은

---

20) Cass. civ. 3e. 23 juill 1986, Bull. civ., III, N° 129

피고 측의 수령한 후부터 시효를 진행하여 10년이 지났다고 보는 피고측 주장은 근거가 없다고 보았다.

제3절   일본

일본의 경우 사해적 은폐행위에 대하여 기산점을 연기하는 대신에 시효 항변이 신의칙에 의한 권리남용으로 배척한 판례가 다수 존재한다. 일본민법 제166조의 "권리행사의 가능한 때"를 '법률상 장애'로 본다. 이 경우 사해적 은폐행위로 인한 권리행사의 장애는 '사실상 장애'에 해당한다. 사해적 은폐와 같은 사실상 장애에 대해선 소멸시효가 계속 진행한다고 본다. 결국 채권자는 채무자의 사해적 은폐행위를 소멸시효 완성 이후에 제기하게 되고 원고의 권리구제를 위해서는 채무자의 시효경과의 항변이 신의칙에 의한 권리남용으로 배척할 수밖에 없다.

그런데 살해 후 은닉사건에서는 재판부가 시효정지의 입법취지를 통해 최장기간의 효과를 제한하였다. 이는 불발탄사건에서 일본민법 제724조 후단의 최장기간에 대한 법적 성격을 일의적인 '제척기간'으로 규정함에 따라 신의칙에 의한 권리남용을 적용할 수 없어 차선을 선택한 것으로 보인다.

1. 신의칙에 의한 권리남용 판결

가. 무단 전대소송

1930년경 X 선대의 소유 건물을 A가 빌린 후, 1967년에 A가 피고에게 무단 전대하였다. A는 이후 1973년에 사망하였다. 1978년에 비로소 X가 전대 사실을 알고 피고에 대해 무단 전대를 이유로 명도 청구 소송을 제기하였다. 피고들은 원고의 무단전대로 인한 임대차계약해제권이 무단 전대된 1967년부터 10년이 경과하여 1977년 4월 시효가 완성되었고 시효완성을 원용하였다.

법원은 무단전대를 이유로 하는 계약해제권에 대해 임대인이 알고 있었는지 관계없이 전대가 이루어진 때부터 무단전대를 이유로 하는 해제권 행사 가능하기 때문에 그때부터 10년간 소멸시효는 진행한다고 보았다. 일본 민법 제166조에 대해 법률상 장애로 보는 일본 판례로서는 당연한 판단이었다. 다만 신의칙에 반한다고 보았다.

"임차인이 무단 전대 사실을 감추거나 전대 사실을 은폐하기 위해 허위 문서
를 작성하였다. 그럼에도 1977년 임차인이 전대차계약의 존재를 전제로 하고 그
종료를 주장하는 소송을 제기하면서 원고 측에 대해서는 전대의 사실을 부정하고
전대를 이유로 하는 해제권의 행사를 방해하고 있었기 때문에, 해제권의 소멸시효
를 원용하는 것은 신의에 반하여 권리의 남용으로서 허용되지 않는다."

일본 법원은 전대 자체의 해제권은 무단전대 때부터 시효는 진행하지만 전대
사실을 숨기고 은폐하는 등 채권자의 해제권을 방해한 사실로 피고측에서 해제권
의 소멸시효 완성으로 인한 원용은 권리 남용에 해당한다고 판단하였다. 결국 일본
법원은 원고의 재항변이 이유 있다고 원고의 청구를 인용하였다. 21)

나. 농지전용신청 사건

1963년 A가 B현 X마을에 위치한 농지를 피고들로부터 매수하였다. A가 C에
농지 전용에 대한 협조를 요청했으나 C와 X시회 의원이 피고들의 입장을 대변하면
서 인수한 토지 지가를 다시 산정해줄 것을 요구하였다. 이에 A는 농지전용 신청
협력청구권을 행사할 수 없었다.

1974년 12월 18일 A가 X에게 농지를 기부하고 1976년 5월 25일 가등기에 권리
이전의 부기 등기를 하였다. 그리고 피고들에 대해 농지 전용신청 협력청구권에 기초
한 소송을 제기하였다. 피고들이 소멸시효를 원용하자 법원은 농지전용 신청협력청
구권의 소멸시효의 원용을 신의칙 위반한 권리 남용에 해당한다고 배척하였다.22)

2. 살해 후 시신 은닉 사건

가. 사실관계

가해자는 1978년 8월 14일, 초등학교 내에서 초등학교 교사인 피해자를 살해

---

21) 東京地方裁判所, 昭和59年11月27日 判例時報 第1166号 106頁
22) 名古屋高判, 昭和 61年 10月 29日 判時 1225号 68頁.

하고 시신을 자신의 주택에 은닉하였다. 가해자는 자신의 범죄행위가 발각되지 않기 위해 집 주위에 담장을 세우고 적외선 방범 카메라를 설치하였다.

1994년경 가해자의 주택 및 토지가 토지구획정리사업 시행지구가 되자 가해자는 시신 발견이 불가피하다고 보고 2004년 8월 21일에 경찰서에 자수했다. 가해자의 집에서 백골화가 된 시체가 발견되고 DNA 감정 결과 2004년 9월 29일, 피해자 시신으로 확인되었다. 2005년 4월 가해자를 상대로 피해자 유족들이 손해배상을 제기하였다. 피해자가 실종된 지 26년이 지난 상황이었다.

나. 최고재판소의 판단

원심판결은 "불법행위로 인하여 피해자가 사망하고 불법행위 때부터 20년을 경과하기 전에 상속인이 확정되지 않은 경우에는 상속인이 그 때부터 6개월 이내에 상속 재산에 관한 손해배상청구권을 행사한 특별한 사정의 경우 **일본민법 제160조에 비추어** 그 청구권에 대해서는 동법 제724조 후단의 효과는 생기지 않는다."고 보았다.

따라서 유족들이 상속 개시를 안 것은 DNA 검사에 의해 발견된 시신이 피해자라고 확인된 2004년 9월 29일이며 그때부터 3개월의 숙려 기간 후 상속인이 확정된 때부터 6개월 이내인 2005년 4월 11일에 소를 제기하였기에 일본민법 제724조 후단의 효과는 생기지 않는다고 보고 원심 재판부는 원고의 손해배상 청구를 인용하였다.[23] 최고재판소도 원심의 판단을 받아들여 가해자의 상고를 기각했다.

그 상속인이 피해자의 사망 사실을 모르고 **불법행위로부터 20년이 경과한 경우** 상속인이 불법행위에 기한 손해배상청구권을 행사할 수 있는 기회가 없는 상태에서 이 청구권은 제척기간으로 인하여 소멸하게 된다. 그러나 피해자를 살해한 가해자가 피해자의 사망 사실을 알 수 없는 상황을 **일부러 만들어 내어 상속인이 피해자의 사망을 알 수 없는 상태**에서 제척기간이 경과한 경우 상속인은 일체의 권리행사를 하는 것이 허락되지 않고, **가해자는 손해배상의무를 면하는 것은 현저하게 공정·공평의 이념에 어긋난다.** 이러한 경우에 상속인을 보호할 필요는 시효의 경우와 마찬가지이며, 그 한도에서 민법 제724조 후단의 효과를 제한하는 것은

---

23) 東京高裁, 平成 20年 1月 31日 平成18(ネ)5133 判時 2013号 68頁

조리(条理)에도 부합한다.[24]

판결은 피해자를 보호할 필요가 있는 경우 시효정지를 이용하여 그 효력을 제한하여 피해자를 구제하였다.[25] 피해자를 살해한 가해자가 피해자의 사망 사실을 알 수 없는 상황을 창출하여 상속인이 그 사실을 알 수 없었던 경우에는 제척기간의 효력을 차단해야 한다는데 다수 재판관이 견해를 같이 했다. 최고재판소가 제척기간으로 본 일본민법 제724조 후단에 관하여 우회적으로 피해자를 구제하는 방법을 선택한 것이다.

가해자가 피해자를 살해하고 시신을 유기·은폐한 사실을 피해자의 유족들이 알지 못하여 손해배상청구를 할 수 없는 때 피해자의 '권리행사가 불가능한' 경우로 사실상 장애에 해당한다. 재판부는 일본민법 제160조의 시효정지 규정을 준용하여 제척기간의 효과를 제한하였는데 가해자가 청구원인을 사해적으로 은폐했기 때문에 시효가 경과될 때까지 피해자가 청구원인에 대한 객관적 권리행사가 불가능하였다는 점을 사실상 장애로 인정한 것이다.

한편 일본민법 제724조 후단을 시효로 보아야 한다는 田原재판관의 별개 의견이 있다. 그는 일본민법 제724조 후단을 제척기간으로 보았을 때의 법 논리상 문제점을 열거하면서 판례 변경을 주문했다. 결국 이 판결을 계기로 개정 일본 민법은 제724조 후단 20년 기간에 대해 '소멸시효'임을 명시화했다.

다. 판결 설명

앞서 **예방접종사건**에서 6개월 내 후견인 선정하여 권리행사를 한 경우에 일본민법 제158조를 준용하여 일본민법 제724조 후단 장기불법행위 제척기간의 효과를 제한하는 것과 동일하다. 실제 예방접종사건이나 이 사건 모두 불법행위의 제척기간을 모두 경과하여 손해배상청구가 제기되었다. 결국 재판부는 시효정지를 **직접 적용이 아닌** "제160조에 비추어"라고 준용하여 제척기간의 효과를 막고 있다.

앞서도 보았듯 불발탄사건에서 일본민법 제724조 후단의 최장기간에 대한 법적 성격을 '신의칙에 의한 권리남용'도 적용할 수 없는 일의적인 '제척기간'으로 규

---

24) 最判, 平成 21年 4月 28日 民集 63巻 4号 853頁
25) 判例タイムズ1268号 208頁

정한 바 있었다. 따라서 일본 법원은 **시효정지를 준용**하는 차선을 선택하였다.

불법성이 큰 사해적 은폐행위에 대해 '행위 시'부터 제척기간을 진행하여 채권자의 권리행사를 배척하는 것은 **현저하게 공정·공평의 이념에 어긋난다.** 이제 일본 민법 개정으로 제724조 후단을 소멸시효로 규정함에 따라 시효정지를 통해 피해자의 구제는 더 늘어날 것으로 보인다.

우리나라 소멸시효

우리나라 소멸시효

제1절   민법 제166조 '권리를 행사할 수 있는 때'

우리 민법 제166조 제1항은 '권리를 행사할 수 있을 때'부터 시효가 진행한다고 규정되어 있다. 반대 해석상 권리를 행사할 수 없다면 권리가 발생하더라도 소멸시효가 진행하지 않음을 뜻한다. 'contra non valentem'은 일본과 우리나라에서 '권리행사가 가능한 때'에 대한 기본 법언이라고 할 수 있다. 그렇다면 제166조에 대한 '권리를 행사할 수 있을 때'란 언제인가? 연혁적 고찰을 통하여 '권리를 행사할 수 있을 때'를 검토한다.

1. 일본

가. 법률상 장애

일본은 Boissonad 초안을 계수하여 메이지 23년에 공포된 구민법 증거편을 수정하여 소멸시효를 규정하였다. 일본 구민법은 불법행위에 기한 손해배상소송이 형사소송에 부가되어 소멸시효에 대해 형사의 소멸시효를 따르도록 규정하였다. 또한 증거보전 및 사안의 조속한 해결을 위해 단기간으로 규정하였다.[1]

梅謙次郎는 일본민법 제166조가 법언 Contra non valentem agere non currit

---

[1] 椿寿夫/三林宏 編著. 権利消滅期間の研究, 信山社, 2006, 429－430頁 참조.

praescriptio'(소를 제기할 수 없는 자에 대해서는 시효는 진행하지 않는다)에 근거한다고
보았다.2) 그런데 'contra non valentem' 법언이 나타내는 취지와 달리 의용민법과
일본 다수설· 일본민법 제166조의 "권리를 행사할 수 있는 때"에 대하여 '법률상
장애가 없을 때'로 한정하였다.3)

그 이유는 ① 현실적 기대가능성에 의하면 권리관계가 불확실해지고 ② 권리
발생을 모르는 사람은 권리 위에 잠자는 자이다. ③ 채권자의 주관적 인식을 기준
으로 삼는 일본민법 제724조, 제884조에 외에는 법률상 장애에 한정해야 한다고 본
것이다.4)

법률상 장애 없는 시기는 법률상 장애가 있는 경우엔 시효가 진행되지 않지만,
법률상 장애가 없는 경우엔 바로 청구권의 시효가 진행한다는 의미이다. 채권자가
권리의 존재를 모르기 때문에 권리를 행사할 수 없는 경우 등 사실상 장애는 고려
하지 않는다. 따라서 **청구권에 관한 권리자의 인식이나 인식가능성과의 괴리가 발생할
가능성**이 크다 할 것이다.

나. 현실적 기대가능성 도입

이에 일본민법 제166조의 '권리를 행사할 수 있는 때'는 권리를 행사할 수 없
는 때에 소멸시효는 진행되지 않는다는 의미라고 보고 따라서 '법률상' 권리를 행사
할 수 있을 때부터 진행된다고 볼 수 없다는 견해가 제기되었다.

星野英一 교수는 일본민법 제166조 제1항은 'Contra non valentem(소를 제기할
수 없는 자에 대하여는 시효는 진행하지 않는다.)'의 취지이므로 권리를 행사할 수 없을
때에는 소멸시효가 진행되지 않는다는 소극적인 의미에 지나지 않는다고 보았다.

그는 '권리를 행사할 수 있는 때부터 시효가 진행한다.'는 해석은 필연적이 아
니며 오히려 법률상 권리가 발생했는지는 법원에서 비로소 명확해지고 일반인에게

2) 香川崇, "消滅時效の起算点 · 停止に関する基礎的考察－フランス法における 訴えることの
できない者に対して時效は進行しない (Contra non valentem agere non currit praescripti
o) の意義", 富山大学紀要 富山大学経済論集 第54巻 1号 2008, 70頁.
3) 香川崇, "わが国における消滅時效の起算点 · 停止", 富山大学経済学部富大経済論集 第56巻
第2号 抜刷, 2010, 58－59頁.
4) 上原隆志 "民法 166条 1項 の「権利を行使することができる時」の意義", 甲南法務研究
13, 2017, 76頁; 我妻栄, 新訂民法総則, 岩波書店 1965, 484頁; 平野裕之, 民法総則, 日本評
論社 2011, 564頁.

그 판단의 위험을 부담시키는 것은 가혹하다는 논지를 펼쳤다. 따라서 일본민법 제166조 제1항의 소멸시효 기산점은 권리자의 직업·지위·교육 등에서 '권리 행사를 기대 내지 요구할 수 있는 시기'로 보아야 한다고 주장하였다.[5]

한편 松久 교수는 통상인(通常人)이 '권리행사를 기대할 수 없는 경우'까지 시효를 진행하는 것은 권리의 실질적인 손해를 끼치는 것으로 보고 '권리의 행사를 기대 내지 요구할 수 있는 시기'부터 시효가 진행된다고 보았다.[6]

그는 星野교수의 견해에 대해서도 비판을 하였는데 채권자의 인식이나 인식가능성을 기준으로 한 "권리행사를 알거나 알아야 할 시기"를 "권리를 행사하기를 기대 내지 요구할 수 있는 시기"로 본 데에 의문을 제기하였다. ① 권리행사의 기대가능성의 판단 기준이 채권자 개인이 기준이 아닌 추상화된 보통의 평균인을 기준으로 삼아야 한다는 점과 ② 채권자의 인식이나 인식가능성을 기준으로 하였을 때 시효가 권리자의 주관적 인식 사정에 따라 언제까지고 진행하지 않을 수 있다는 점을 비판한다. [7]

星野 교수 견해가 권리행사 가능성에 대하여 권리자의 개인·주관적 사정을 종합적으로 고려한다면 松久 교수의 견해는 '통상인'을 기준으로 한다는 점에 차이가 있다.

다. 나가사키 지방법원 판례

판례는 제166조의 '권리를 행사할 수 있는 때'라 함은 법률상의 장애 없는 경우이며 사실상의 장애는 소멸시효의 기산을 방해한다고 보았다.[8] 다수설과 같은 입장이다. 결국 채권자의 권리행사는 법률상의 장애가 없을 때부터 가능하고 이때부터 채권의 소멸시효가 진행한다고 보았다.

그런데 '권리행사 할 수 있는 때'에 대한 범위를 법률상 장애에 한정하지 않고 '객관적으로 현실적인 기대가능성의 시기'까지 포함한 하급심 판결이 나오기 시작하였다. 나가사키 지방법원은 '법률상 장해가 없을 때'를 다음과 같이 보았다.

---

5) 星野英一, "時效に關する覺書－その存在理由を中心として", 民法論集 第4卷, 有斐閣, 1978, 310頁.
6) 松久三四彦, 時效制度の構造と解釈, 有斐閣, 2011, 396－397頁.
7) 松久三四彦, Ibid, 131頁.
8) 大判 昭和 12年 9月 17日 民集 16卷 1435頁.

　　　손해배상청구권은 채무 관계의 손해배상청구권이기 때문에 일본민법 제166조, 제167조의 적용을 받는 것으로 해석해야 한다. 그러므로 권리행사 가능한 순간을 가지고 시효의 기산점이 되어야 한다. 즉, 권리행사에 대해서 **법률상의 장해가 없어졌을 때**를 이 사건에 맞게 말하면 손해가 발생한 것을 **채권자가 인식 또는 그 가능성**이 있을 때로 해석할 수 있다.9)

　　　나가사키 지방법원은 '법률상 장애 없는 시기'를 '채권자의 인식'이나 '채권자의 인식가능성'까지 포함하여 해석하였다. 그러나 실제 채권자의 인식 또는 인식가능성 여부는 사실상 장애사유에 해당한다. 그럼에도 기존의 법률상 장애에 채권자의 인식 또는 인식가능성여부까지 포함하여 채권자가 인식가능성이 있을 때부터 채권자의 권리행사가 가능하다고 본 것이다.

　　　일본민법 제166조의 법언 'Contra non valentem(소를 제기할 수 없는 자에 대하여는 시효는 진행하지 않는다.)'이 권리자의 **인식가능성과 불가분의 관계**임을 나타낸 것이라 하겠다.

라. 시즈오카 법원 판례

　　　비슷한 시기에 시즈오카 지방법원은 진폐증 사건에서 일본민법 제166조 "권리행사 가능할 때"를 '사실상 장애사유가 존재하지 않을 때'로 보았다. 시즈오카 법원은 다음과 같이 권리 행사할 수 있는 때를 설시하고 있다.

　　　제166조 권리행사 가능할 때란 **법적 장애사유가 존재하지 않을 뿐만 아니라 사실상 장애사유가 존재하지 않을 때**를 말한다. 사실상 장애사유를 고려하지 않는다면 권리는 행사하지도 못한 채 소멸할 것이다.

　　　시효는 채무자를 해방시키는 게 아니라 채무를 지급한 채무자를 보장하기 위한 것이다. 아직 지급하지 않은 채무자를 시효의 결과로 해방시킨다면 이는 오랜 기간 채권자가 게을러서 잠잔 경우뿐일 것이다. 그래서 시효는 원고가 권리행사 가능성을 인식할 때부터 시작된다.10)

---

　9) 長崎地裁 佐世保支部, 昭和 60年 3月 25日 判決 判例時報 1152号 44頁
　10) 静岡地方裁判所 浜松支部, 昭和 61年 6月 30日 判決 判例タイムズ614号 28頁

시즈오카 지방법원은 시효가 채무를 지급한 채무자를 보장하기 위한 제도라는 점을 판결문에서 나타내고 있는데 독일 민법 제1초안 이유서의 시효의 목적이 권리자로부터 권리를 박탈하는데 있는 것이 아니라 채무를 지급한 의무자를 보호하는 수단이라는 내용과 동일하다. 결국 시즈오카 지방법원은 소멸시효 기산점을 회사에 대해 소송이 가능하다고 원고들에게 '변호사가 설명하는 모임 개최일'로 보았다.

이러한 하급심 판례들은 최고재판소에 변화를 예고했다.

마. 변제공탁 소송

1970년에 들어서서 법률상 장애에 국한하여 기산점을 삼을 수 없는 사례가 나오기 시작하면서 일본 최고재판소는 사실상의 장애사유를 고려하는 방향으로 선회하였다. 최고재판소는 변제공탁 사건에서 법률상 장애가 없는 경우부터 시효가 진행되는지를 판단하여야 했다. 일본민법 제166조에 대하여 최고재판소는 다음과 같이 설시하였다.

> 권리를 행사할 수 있는 때란 채권을 행사하는데 엄밀한 의미에서 법률상의 장애가 없을 때를 가리키는 것이 아니고 권리자의 직업, 지위, 교육 및 권리의 성질, 내용 등 제반사정으로부터 그 권리행사를 현실에서 기대하거나 요구할 수 있는 때를 말한다.[11]

공탁물 매도청구권의 소멸시효는 법률상 장애 없는 경우로 본다면 '변제공탁한 때'부터 진행하게 된다. 그 경우 시효가 경과되어 실질적 정의에 반한다고 할 것이다. 왜냐하면 "당사자 간 공탁의 기초된 사실에 대한 다툼이 많고 상대방의 주장을 인정하는 것으로 해석될 염려가 있어 공탁의 취지에 반하기 때문이다." 따라서 최고재판소는 권리행사 시기에 대해 '법률상 장애'가 아닌 "현실적으로 기대할 수 있는 시기"인 공탁의 기초 채무에 관한 해결 등 공탁으로 인한 면책 필요성이 소멸한 때부터 시효가 진행된다고 보았다.

---

11) 最判 昭和 45年 7月15日 判決 民集 24巻 7号 771頁 ; 담보책임의 기산점에 대해 확실한 사실관계를 인정한 때부터 진행하는 판결로는 最判 平成 13年 2月22日 判決 判例タイムズ 1058号 103頁.

바. 보험금 청구 소송

(1) 개요

피해자 A는 Y 보험 회사와 자신을 피보험자, 그의 아내인 X를 보험 수익자로 하는 생명 보험 계약을 체결했다. 피해자는 1992년 5월 17일 자동차를 가지고 집을 나간 후 행방불명되었다. 경찰과 유족이 그의 행방을 찾았으나 생사를 알 수 없었다.

피해자 A가 실종된 후 4년이 지난 1996년 1월 7일 다른 자동차 추락 사고가 발생하여 승객 구출 작업 중에 A가 운전하던 자동차와 그의 시신이 발견되었다. 피해자의 아내 X는 1996년 11월 7일 Y 보험회사에 대하여 보험 계약에 따라 보험금 지급 청구 소송을 제기하였다.

(2) 판단

피보험자가 행방불명되고 난지 4년이 지나 피보험자의 시신이 발견된 후 유족이 보험금 지급을 요구하는 소송에서 보험금 청구권의 소멸시효 완성여부가 쟁점이 되었다. 보험 약관에 보험금을 청구할 권리는 지급 사유가 발생한 날의 다음 날부터 3년의 소멸시효 규정이 있었다. 그런데 A의 사망일로부터 3년이 경과할 때까지 유족으로부터 보험 계약에 따른 보험금 지급 청구가 없었다. 지급사유가 발생하려면 사망이 확인이 되어야하는데 실제 생사불명이어서 보험금 청구를 할 수 없었던 것이다. 재판부는 이 같은 사정을 다음과 같이 시효 진행에 고려하였다.

약관에서 보험 계약에 따른 보험금 청구권은 지급 사유(피보험자의 사망)가 발생하면 일반적으로 그 때부터 권리행사가 기대할 수 있다고 해석에 따른 것으로서, 당시의 객관적 상황 등에 비추어 그때부터 권리행사를 현실적으로 기대할 수 없는 특별한 사정이 존재하는 경우까지 위 '지급 사유 발생시'로 소멸시효의 기산점을 삼은 취지는 아니라고 해석하는 것이 상당하다.

이러한 특별한 사정이 존재하는 경우에는 그 권리행사가 현실 기대할 수 있게 되었을 때 이후에 소멸시효가 진행하는 취지로 해석해야 한다. 그동안은 소멸시효는 진행하지 않는 것으로 해석해야 한다. 이 사건 소멸시효에 관하여는 피해자의 사망이 확인되어 그 권리행사가 현실적으로 기대할 수 있게 된 피보험자의

<u>사망이 확인된 시점으로부터 보험금채권의 소멸시효가 진행된다.[12)]</u>

4년이 지나 피해자의 시신이 발견되었다. 이미 지급사유발생일인 피해자의 사망은 3년이 지나 시효는 완성된 상황이었다. 피해자 가족의 보험금 청구를 할 수 없었던 장애 즉 사망을 알 수 없었던 장애는 법률상 장애가 아닌 '사실상 장애'이다. 최고재판소는 사망이 확인될 때까지 시효가 진행되지 않는다하고 하여 권리행사 가능시기에 대하 사실상 장애 없는 시기로 인정하였다.

이 밖에 피해자가 가해자에게 자동차손해배상보상법 제3조에 의거하여 손해배상을 청구하였으나 피해자의 패소 판결이 확정되어 피해자가 국가에 대해 자동차손해배상보상법에 의거 손해전보를 청구한 사안에서도 동일하게 판단하였다.[13)]

사. 중국인 강제 연행 히로시마 소송

중국인인 피해자들이 종전까지 히로시마현 건설현장에서 강제노동을 이유로 일본 회사에 대한 손해배상청구소송을 제기하였다. 피고 측 일본회사는 안전배려의무 불이행의 손해배상청구권의 소멸시효가 완성되었다고 항변하였다. 이에 재판부 히로시마 고등법원은 1986년 2월 중화인민공화국공민출경입경관리법 시행 이전까지 일반 중국인이 일본 회사를 상대로 손해배상청구 등 권리행사가 정치적으로도 법적으로도 불가능하였다고 판단하였다.

제2차 세계 대전 이후 1978년 10월 23일 평화 우호 조약이 발효할 때까지 일중 국교가 없었고, 1985년 11월 중화인민공화국 공민출경입경관리법이 제정되어 마침내 일반 여권 신청 방식이 정해져 1986년 2월에 동법이 시행되고 중국의 일반 시민에게도 해외여행 이전까지 일반 중국인이 일본에 도항하는 것은 중국 정치적 또는 법률에 불가능했다. 이러한 사정은 피해 사실의 특수성이라는 측면에서 볼 때, **법률상의 장애**에 준하는 것이라 할 것이다.

재판부는 진폐 소송과 마찬가지로, 중국과 국교단절 상황 등은 중국 피해자들

---

12) 最判 平成 15年 12月11日 判決 民集 57卷 11号 2196頁.
13) 最判 平成 8年 3月5日 民集 50卷 3号 383頁

의 피해 사실에 현저한 특수성을 띄며 따라서 법률상의 장애에 해당한다고 보았다. 따라서 법원은 일중협정에 의해 소멸시효가 지났다는 피고 측 주장을 배척하고 안전배려의무 위반에 대해 손해배상청구권을 권리행사 가능한 시기에 대하여 '중화인민공화국공민출경입경관리법' 시행 이후로 판단하였다.[14] 히로시마 고등재판소의 이러한 판단은 일본 정부의 상고로 최종판단이 되지 못하였다.

최고재판소는 일중 전쟁의 수행 중에 생긴 중화 인민 공화국 국민의 일본국 또는 그 국민 또는 법인에 대한 청구권은, 일중 공동 성명 제5항에 의해 재판상 소구할 권능을 잃었다며 원고의 청구를 최종 기각 확정하였다.[15]

현재의 일본 판례는 최고 재판소의 판례 변경 이후 하급심은 적극적으로 "권리를 행사할 수 있을 때"를 채권자에게 '권리행사를 기대, 요구할 수 있는 시기'로 보고 있다.

"권리를 행사할 수 있는 때"에 대해 실질적으로 불합리한 결과를 생기는 경우에는 권리행사의 현실적인 기대 가능성을 토대로 유연하게 해석하여 구체적 타당성을 도모하고 있다.

2. 우리나라

현재 학계 다수설은 제166조의 "권리를 행사할 수 있을 때"에 대하여 법률상 장애사유가 없는 때부터 시효가 진행한다고 보고 있다.[16] 법률상 장애 있는 시기는 조건의 미성취나 기한의 미도래 등에 한정하기 때문에 장애 사유를 좁게 해석하고 있다. 따라서 법률행위 부관인 조건의 성취나 기한의 도래가 되면 소멸시효가 진행하기 때문에 사실상 객관적 장애 없을 때보다 시효가 일찍 진행하게 된다. 판례는 어떤 입장일까? 차례로 살펴본다.

가. 과세처분에 대한 부당이득반환소송

판례도 "권리를 행사할 수 있을 때"를 법률상 장애 사유 없을 때로 한정하고 있

---

14) 広島高裁, 平成 16年 7月 9日 判時 1865号 62頁
15) 最高裁判所, 平成 19年 4月 27日 民事判例集 第61巻 第3号 1188頁
16) 곽윤직·김재형(fn 83), 428면; 고상룡(fn 6), 673면; 김상용, 민법총칙, 2009, 화산미디어, 699면; 백태승, 민법총칙, 집현재, 2011, 551면.

다.[17) 과세처분에 대한 부당이득반환청구소송에서 다음과 같이 설시하였다.

> 소멸시효는 객관적으로 권리가 발생하여 그 권리를 행사할 수 있는 때부터 진행하고 그 권리를 행사할 수 없는 동안만은 진행하지 않는바, '권리를 행사할 수 없는' 경우라 함은 그 권리행사에 법률상의 장애사유, 예컨대 기간의 미도래나 조건의 불성취 등이 있는 경우를 말하는 것이고, **사실상 권리의 존재나 권리행사가 능성을 알지 못하였고 알지 못함에 과실이 없다고** 하여도 이러한 사유는 **법률상 장애사유에 해당하지 않는다.**[18)

위와 같이 법률상 장애가 없는 경우부터 시효가 진행된다는 입장을 고수하고 있다. 즉 과세처분이 있을 때부터 시효가 진행된다는 입장으로 과세 처분의 하자가 중대하고 명백하여 당연 무효에 해당하는 여부를 판단하기 어렵다거나, 당사자에게 처음부터 취소소송과 동시에 제기할 것을 기대할 수 없다고 하여도 이러한 사유는 "사실상의 장애사유에 지나지 않는다."고 보아 소멸시효의 기산점으로 사실상 장애를 고려하지 않고 있다.

그런데 사실상 장애사유의 경우에도 우리 법원이 정의와 형평 및 소멸시효제도의 취지 등을 이유로 시효 기산점을 변동시키거나[19) 시효는 경과하였더라도 신의칙의 권리남용 법리를 적용하여 원고의 권리행사를 인용하고 있다.[20) 다음은 사실상 장애사유임에도 소멸시효 기산점으로 본 사안이다.

나. 후유증 소송

원고는 열차 충돌 사고로 상해를 입어 치료를 받은 지 8~9년이 지나 후유 장애가 나타났다. 법원은 사고 당시 환자나 의사 모두 후유 장애를 알 수 없었다는

---

17) 대법원 2010. 5. 27. 선고 2009다44327 판결, 대법원 2010. 9. 9. 선고 2008다15865 판결 등 다수
18) 대법원 1992. 3. 31. 선고 91다32053 전원합의체 판결.
19) 대법원 1979. 12. 26. 선고 79다684 전원합의체 판결; 대법원 2003. 4. 8. 선고 2002다64957,64964 판결; 대법원 1976. 11. 6. 선고 76다148 판결; 대법원 1999. 3. 18. 선고 98다32175 판결; 대법원 2006. 1. 26. 선고 2004다19104 판결.
20) 대법원 1993. 7. 13. 선고 92다39822 판결; 대법원 2001. 4. 27. 선고 2000다31168판결; 대법원 2003. 2. 11. 선고 99다66427, 733371 판결 등.

이유로 "그러한 사태가 판명된 시점까지 손해배상청구권의 시효가 진행하지 아니한다."고 보았다.

　　　피해자가 부상을 입은 때로부터 <u>상당한 기간이 지난 뒤에 후유증이</u> 나타나 그 때문에 의학적으로도 예상치 아니한 치료방법을 필요로 하고 의외의 출비가 불가피하였다면 위의 치료에 든 비용에 해당하는 <u>손해에 대하여서는 그러한 사태가 판명된 시점까지 손해배상청구권의 시효가 진행하지 아니하고,</u> 따라서 후유장해의 발생으로 인한 손해배상청구권에 대한 소멸시효는 후유장해로 인한 손해가 발생한 때부터 진행된다고 할 것이고, 그 발생 시기는 소멸시효를 주장하는 자가 입증하여야 한다.[21)]

　후유증은 잠재적 손해와 구조가 동일하다. 가해행위시에 후유손해가 발생하지 않고 일정 시간이 지나 후유손해가 발생하였을 때, 행위시부터 손해배상청구권의 시효가 진행하는지 아니면 손해 발생시부터 손해배상청구권의 시효가 진행하는지의 문제이다.

　　행위시 ≠ 후유 손해발생 = 후유 손해 발견

　불법행위시에 후유 손해 발생 여부는 예측불가능하다. 그럼에도 행위시부터 시효가 진행한다고 보아 시효 완성으로 원고의 후유손해에 대한 청구를 배척하여야 할까?

　후유증 손해에 대해선 일찍이 독일을 비롯한 대륙법계나 영미법계 공통적으로 **예측할 수 없는 손해**로 보아 후유증 손해가 나타났을 때부터 소멸시효가 진행한다고 보는 것이 정설이다.

　우리 법원도 사람의 생명·신체 침해에 관한 손해배상청구권의 "권리를 행사할 수 있는 때"란 "객관적, 구체적으로 손해가 발생된 때"라고 판단하였는데 사람의 생명·신체의 침해로 인한 손해배상청구권은 계약상의 채무불이행에 의한 손해와 달리 미리 예상하기 어렵고 채무불이행의 시점과 손해발생 사이에 시간적 간격

---

21) 대법원 1992. 5. 22. 선고 91다41880 판결.

이 있는 경우가 많기 때문이라는 점을 들었다.

앞서 **"권리를 행사할 수 있을 때"**에 관하여 "사실상 권리의 존재나 권리행사가 능성을 알지 못하였고 알지 못함에 과실이 없다고 하여도 법률상 장애사유에 해당하지 않는다."며 **사실상 장애**에 대해서는 배척한 것과는 다른 태도이다. 결국 법률상 장애 없는 시기를 고수하는데 한계를 후유증 손해가 보여준다 할 것이다.

다. 이사회 결의 부존재 소송

매수인이 매도인과의 매매계약의 이행으로 매매대금을 매도인에게 지급하였으나, 매매계약을 체결한 법인 대표자의 선임에 관한 이사회 결의가 부존재로 확정이 났다. 이에 따라 매수인이 매도인에게 매매대금 상당액 부당이득반환청구를 하였다. 법원은 다음과 같이 판단하였다.

> 법인의 이사회결의가 부존재함에 따라 발생하는 제3자의 부당이득반환청구권처럼 법인이나 회사의 내부적인 법률관계가 개입되어 있어 청구권자가 **권리의 발생 여부를 객관적으로 알기 어려운 상황에 있고 청구권자가 과실 없이 이를 알지 못한 경우**에도 청구권이 성립한 때부터 <u>바로 소멸시효가 진행한다고 보는 것은 정의와 형평에 맞지 않을 뿐만 아니라 소멸시효 제도의 존재 이유에도 부합한다고 볼 수 없으므로</u>[22)]

법률상 장애 없는 시기부터 부당이득반환청구권의 시효가 진행된다고 한다면 매수인이 매도인에게 매매대금을 지급한 때부터 시효가 진행된다. 앞서 과세처분에 대한 부당이득반환소송 판결이 그 예에 해당한다. 과세처분에 대한 부당이득반환소송 판결에서 "채권자가 모른다면 모르는데 **알지 못함에 과실이 없다고** 하여도 이러한 사유는 **법률상 장애사유에 해당하지 않는다.**"고 <u>과세처분 시부터</u> 시효는 진행한다는 것이 과세처분에 대한 부당이득반환소송에서의 판결이다.

그런데 이 소송에서 대법원은 민법 제166조에 대해 "이사회 결의 부존재 확인판결의 확정과 같이 **객관적으로 청구권의 발생을 알 수 있게 된 때**로부터 소멸시효가 진행된다고 보는 것이 타당하다."고 채권자의 인식을 기준으로 권리행사 가능성을

---

22) 대법원 2003. 4. 8. 선고 2002다64957, 64964 판결

판단하였다. 재판부는 판례 변경을 결정하지 않았지만 실제 판례변경에 해당한다.

라. 보험금 청구 소송

마찬가지로 해운회사가 보증보험회사를 상대로 한 보험금청구소송에서 보험계약자인 주식회사 벤트란스를 상대로 제기한 운임채권 지급청구 소송을 하면서 원고의 운임채권이 확정되고 벤트란스에게 책임재산이 없어 채무불이행자명부에 등재된 때에 비로소 원고 해운회사가 보험사고의 발생 사실을 알았거나 알 수 있게 되었으므로 법원은 채권신고 마감절차를 거치는 데 필요하다고 볼 수 있는 시간이 경과한 때에 이 사건 보험금청구권의 소멸시효가 진행한다고 보았다.

> 보험사고가 발생한 것인지의 여부가 객관적으로 분명하지 아니하여 보험금액청구권자가 **과실 없이 보험사고의 발생을 알 수 없었던 경우에도 보험사고가 발생한 때로부터 보험금액청구권의 소멸시효가 진행한다고 해석하는** 것은, 보험금 청구권자에게 너무 가혹하여 사회 정의와 형평의 이념에 반할 뿐만 아니라 소멸시효제도의 존재 이유에 부합된다고 볼 수도 없으므로 **객관적으로 보아 보험사고가 발생한 사실을 확인할 수 없는 사정이 있는 경우에는** 보험금청구권자가 **보험사고의 발생을 알았거나 알 수 있었던 때**부터 보험금청구권의 소멸시효가 진행한다.[23]

보험금청구권의 소멸시효는 보험사고가 발생한 때로부터 진행하지만 보험사고가 발생하기 전에는 추상적인 권리에 지나지 않고 보험사고의 발생으로 인하여 구체적인 권리로 확정되어 그때부터 권리를 행사할 수 있다. 마찬가지 공제사고가 발생한 것인지 여부가 객관적으로 분명하지 아니하는 등 공제금청구권자가 공제사고의 발생 사실을 확인할 수 없는 사정이 있는 경우 "건물 인도 등의 청구를 받았을 때 원고가 공제사고의 발생을 알았거나 알 수 있다."[24]고 보아 손해가 현실화되었다고 보았다.

이상과 같이 후유증 소송과 이사회 결의 부존재 소송 및 보험금 청구 소송에서 채권자가 **과실 없이 알 수 없었던 경우 소멸시효가 진행한다고 해석하는** 것은, "사

---

23) 대법원 2008. 11. 13. 선고 2007다19624 판결.
24) 대법원 2012. 12. 27. 선고 2010다101776 판결.

회 정의와 형평의 이념에 반할 뿐만 아니라 **소멸시효 제도의 존재 이유에 부합된다**고 볼 수도 없다."고 법원은 판단하고 있다. 결국 법원은 "**채권자가 알았거나 알 수 있었던 때부터**" 소멸시효가 진행한다고 보고 있다.

3. 제언

우리 판례나 다수설이 말하는 '법률상 장애사유가 없을 때'는 조건의 성취나 기한의 도래 때부터 시효가 진행되므로 사실상 장애 있는 경우에 비해 시효가 일찍 시작된다. '사실상 장애 사유가 없을 때'는 일반 평균인 관점에서 권리행사가 요구 되는 시기와 권리자의 주관적 사정까지 고려한 경우를 나누어 볼 수 있다. 이를 그림으로 나타내면 다음과 같다.

구분		포함 범위		
		기한 도래 조건 성취	평균인 관점	권리자 관점
법률상 장애		기한 도래 조건 성취		
사실상 장애	객관적 장애	기한 도래 조건 성취	평균인 관점에서 권리행사를 기대 요구할 수 있는 시기	
	주관적 장애	기한 도래 조건 성취	평균인 관점에서 권리행사를 기대 요구할 수 있는 시기	권리자의 관점에서 권리행사를 기대 요구할 수 있는 시기

그림과 같이 '법률상 장애 없는 때'가 기한이 미도래하거나 조건이 미성취되는 경우 외에는 장애사유가 없기 때문에 사실상 장애 없는 경우보다 가장 빠르게 시효가 진행한다. 반대로 권리자 관점에서 권리행사가 기대할 수 있는 시기가 가장 늦게 시효가 진행한다. 법률상 장애 없는 시기는 시효가 진행하므로 **현대 환경소송 등 지연된 손해가 발생하여 채권자의 뒤늦은 청구에 시효의 기산점이나 시효 정지로 대응할 수 없다.** 앞서 보았듯이 석면 등 환경소송은 손해를 행위시에 객관적으로 표면화되지 않기 때문에 채권자에게 행위시에 권리행사를 요구할 수 없다. 이러한 장애사유는 법률상 장애가 아닌 사실상 장애에 해당한다.

일본도 일본민법 제166조의 '권리를 행사할 수 있는 때'를 **'권리의 행사를 현실적으로 기대할 수 있는 시기'로 판례를 변경**하였다.

우리의 판례 역시 채권자가 채권의 발생 여부를 객관적으로 알기 어려운 상황에 있고 과실 없이 알지 못한 경우에 "채권자가 객관적으로 채권의 발생을 알 수 있게 된 때"부터 소멸시효가 진행한다고 보았다.[25] 객관적 사실상 장애는 일반 평균인의 관점에서 볼 때 청구권의 존재, 발생을 알 수 있었는지를 말한다. 기산점의 주관주의 체계에서 **"채권자가 알거나 합리적인 주의의무를 가지고 알 수 있었을 때"**에 해당한다.[26]

그러므로 법률상 장애와 사실적 장애를 이분론으로 나눠 소멸시효 기산점을 '법률상 장애 사유 없을 때'에 한하여 진행한다고 보는 것은 세계 각국 재판부에서 보여주는 유연한 해석 흐름과 맞지 않는다. 더 이상 시대와 맞지 않은 '법률상 장애 없는 경우'를 고수할 것이 아니라 권리행사 가능성을 'contra non valentem' 법리에 맞게 '사실상 장애'를 기준으로 소멸시효의 진행 여부를 판단하는 전향적인 자세가 요구된다.

제2절   제766조 제1항 고찰

1. 독일

가. 서설

독일의 경우 불법행위(§823 BGB)에 대한 소멸시효는 독일 민법 제195조에 의해서 제199조 일반 소멸시효 규정의 적용을 받는다. 제199조(§199 Abs. 1BGB)에서 청구권이 성립하고 피해자가 청구권을 발생시키는 사정 및 채무자의 신원을 알았거나 중대한 과실로 알지 못한 때의 연도 말부터 진행하여 3년(§195 BGB)의 시효를 갖는다.

3년의 단기간이라 할지라도 채권자가 손해를 인식하거나 인식할 수 있었을 때

---

25) 대법원 2008. 11. 13. 선고 2007다19624판결, 대법원 2003. 4. 8. 선고 2002다64957,64964 판결.
26) 우리나라에서도 외국 소멸시효 개정에 맞추어 소멸시효에 대해 주관주의체계를 논의한 바 있다. 법무부, 2009년 민법개정위원회 4분과 회의일지, 206 – 207면 참조.

부터 시효가 진행되기 때문에 객관적 최장기간인 30년보다 채권자에게 유리할 수 있다. 이때 손해에 대한 인식은 손해의 범위나 손해액에 대한 인식까지 요구하지는 않는다.[27] 또한 손해 발생에 대한 법적 판단도 요구되지 않으며[28] **손해배상 청구를 할 수 있는 실제의 사정을** 아는 것으로 충분하다.[29]

독일은 불법행위의 손해배상청구권은 일반 채권과 달리 규정한 독일민법 개정 이전에도 주관적 기산점을 채택하고 있었다. 일반 채권의 객관주의 체계와 다르게 채권자의 인식을 기준으로 하는 주관주의 체계를 둔 이유는 무엇일까?

① 계약상 채무불이행에 경우에 채권자와 채무자 간의 구속관계로 인해 채권자가 채무자를 인지하는데 어려움이 없는 반면에 불법행위에 경우 피해자인 채권자가 **채무자인 가해자 신원을 아는데 어려움이 있을 수 있다는** 점 ② 계약상의 채무불이행은 채권자가 급부의 내용을 미리 알 수 있으므로 손해가 발생했을 때 바로 손해를 채권자가 알 수 있으나 **불법행위에선 피해자가 손해의 발생사실을 바로 알 수 없는 상황도 충분히 가능하다는** 점 ③ 채무불이행에 있어서는 채권자가 채무자를 자발적으로 선택하였으나 불법행위에서 피해자가 가해자를 자발적으로 선택할 수 없어 **피해자의 보호 필요성이 더 높다는 점**에서 특별히 불법행위의 손해배상청구권에 대해 '채권자의 인식'을 기준으로 한 것이다.[30]

나. 오토바이 사고 소송

피해자는 2003년 7월 오토바이 사고를 겪고 심각한 부상을 입었다. 2003년 10월 14일에 수술하였고 퇴원하였다. 2004년 11월 골절이 발생하여 병원을 찾았다가 이전 수술에서 봉합한 신경에 문제가 발생했음을 알게 되었다. 2009년 12월 피해자는 소송을 제기하여 피고에게 2003년 10월에 시행한 치료 및 수술행위에 대한 손해배상을 요구하였다.

---

27) BGH VersR 1991, 115

28) BGH NJW 1960, 380

29) 예외적으로 불확실하고 의심스러운 법적 상황으로 인해 시효의 기산점이 연기될 수 있는데 이 경우 법적 상황이 명확해질 때부터 시효가 시작된다. BGH NJW-RR 2009, 547 참조. 또한 고의적인 불법행위의 법적 근거를 결정하는 사건에서는 시효의 적용을 받지 않는다. BGH NJW 2011,1133.

30) Mansel, "Die Reform des Verjährungsrechts, in Zivilrechtswissenschaft und Schuldre-chtsreform", Tübingen 2001. S.333.

Gera 지방법원은 원고가 청구원인에 대해 2005년 3월~4월경 대리인 변호사를 통해 진료기록을 받아보았음을 근거로 독일 민법 제199조 제1항에 따라 늦어도 2005년도 말부터 시효가 시작되었다고 판단하였다. 따라서 2008년 12월 31일에 3년의 시효가 완성되었다고 보았다. 원고가 항소하였다.

독일민법의 불법행위에 관한 손해배상청구권의 "청구권이 성립하고 피해자가 청구권을 발생시키는 사정 및 채무자의 신원을 알았을 때"에 대하여 항소심 Jena 고등법원은 다음과 같이 판단하였다.

의료과실의 경우 치료의 실패 또는 합병증으로는 충분히 알았다고 볼 수 없고 객관적 관찰을 통해 위법행위와 이로 인한 인과관계를 구체적으로 알아야하지만 세부적인 의료 지식까지 알아야 하는 것은 아니다. 치료의 구체적인 과정에 대한 기본 지식과 선택한 치료법에 대한 지식 이외에 환자는 구체적인 치료 과정의 기본적인 상황을 적극적으로 알고 있거나 중대한 과실 없이 알고 있어야 하며 의료 과실이 정당한 의료기준에서 벗어났음을 알아야 한다.[31]

손해배상청구권이 성립하려면 손해가 발생하고 위법행위와 이로 인한 인과관계를 채권자가 알아야 한다. 의료과실에서 치료과정의 기본적인 부분과 과실행위가 의료기준에 벗어났는지를 채권자가 알아야 한다고 Jena 고등법원은 보고 있다. 따라서 Jena 고등법원은 본인과 대리인의 관계에서 대리인을 기준으로 대리인이 진료기록을 확인하였다면 "청구권이 성립하고 피해자가 청구권을 발생시키는 사정 및 채무자의 신원을 알았다"고 판단하였다.

2. 일본

가. 서설

일본도 일반 채권에 관한 기산점은 일본민법 제166조에서 그 외의 불법행위의 기산점은 불법행위 제724조로 구분하여 규정하고 있다. 채권·채무관계에 대한 소멸시효는 일본민법 제166조 적용을 받지만 **불법행위에 관한 소멸시효는 특칙으로 일**

---

31) OLG Jena Urt. v. 5.6.2012 - 4 U 159/11, BeckRS 2012, 13110

본민법 제724조를 적용한다.[32)]

불법행위 손해배상청구권은 채권 규정과 다르게 단기 시효와 장기 제척기간
으로 규정되어 있다. 권리행사기간의 기산점에 대하여 일반적으로는 채권을 행사
할 수 있을 때로 '법률상 장해가 없는 때'를 말한다. 채권의 발생이나 존재 행사가
능성에 대해서 채권자가 알지 못하는 경우라도 채권을 행사할 수 있다고 보아 시
효가 진행됨에 반해 불법행위는 피해자의 손해 및 가해자에 대한 인식을 기준으
로 한다. 또한 불법행위 최장기간은 일반 채권이 10년인데 반해 불법행위 시부터
'20년'이다.[33)]

대표적인 사례로 진폐증의 경우, 진폐증에 걸린 직원이 회사를 상대로 한 청구
는 계약관계에서 오는 안전배려의무 불이행에 따른 손해배상청구로 일본민법 제
166조를 적용했지만[34)] 진폐증 환자가 국가를 상대로 한 불법행위에 따른 손해배상
청구소송에서는 불법행위에 관한 일본민법 제724조를 적용하여 제척기간 도과여부
를 판단했다.[35)] 또 B형 감염 환자의 국가에 대한 손해배상청구소송에서도 불법행
위로 보아 일본민법 제724조로 판단하였다.[36)] 신생아 뒤바뀐 사건에서도 바뀐 사
실에 대해선 불법행위 기산점으로, 바뀐 상태로 인계한 사실에 대해선 친자인계의
무의 채무불이행으로 기산점을 산정하였다.[37)]

일본 판례도 불법행위로 인한 법률관계를 일본민법 제724조 제1항의 "손해 및
가해자를 안 날"에 대해 "가해 행위가 위법하고 그것에 의해 손해가 발생한 것이라
는 것을 알았을 때""로 본다.[38)]

'피해자의 안 날'은 피해자가 '인식가능성'이 아닌 현실적이고 구체적으로 인식

---

32) 最判 平成 6年 2月 22日 民集 第48卷 2号 441頁; 最判 平成 16年 4月 27日 民集 第58卷 4号
1032頁; 東京高裁 平成 18年 10月 12日 判時 1978号 17頁 등 다수.
33) 沖野眞已, "契約と不法行為 : 消滅時效", 民法研究, 信山社, 2016, 68頁 이하 참조.
34) 最判 平成 6年 2月 22日 民集 第48卷 2号 441頁 참조
35) 最判 平成 16年 4月 27日 民集 第58卷 4号 1032頁; 제2차 세계대전 중 중국에서 강제로 연
행되어 강제 노역을 한 피해자가 안전배려의무에 관하여 채무불이행 및 불법행위를 이유로
손해배상청구를 한 사안에서 각각 채권에 대해선 제166조를, 불법행위에 대해선 제724조를
근거로 판단하였다. 広島高裁, 平成 16年 7月 9日 民集 61卷 3号 1452頁広
36) 最判 平成 18年 6月 16日 民集 第60卷 5号 1997頁.
37) 항소심에선 불법행위에 기한 청구에 대해 선택적 병합청구로 보아 병원에 친자인계의무에
대한 채무불이행으로 원고 청구를 인용하였다. 東京高裁 平成 1ナ8年 10月 12日 判時 1978
号 17頁
38) 大正 7年 3月 15日 判決 · 民事判決録 24輯 498頁

하였을 때를 말한다. 이러한 현실적이고 구체적인 인식이 불가능한 경우 소멸시효의 진행되지 않는다.[39] 또한 위법성 인식까지 요구하고 있다.[40] '안 날'에 대한 구체적이고 현실적인 인식은 다음의 판례에서 확인할 수 있다.

가. 허위자백사건

피해자는 가해자인 경찰의 고문을 받아 허위 자백을 한 후 유죄판결을 받아 복역까지 하였다. 이후 피해자는 고문을 한 경찰을 상대로 손해배상을 청구하였다. 경찰의 불법행위로 구속 상태에서 취조 받고 기소되어 유죄의 판결 및 형 집행을 받았다. 석방된 후도 피해자가 당시 가해자의 얼굴, 성(性), 직업을 알지만, 가해자의 이름과 주소를 알지 못하여 손해배상청구가 늦었다. 이 경우 법원은 "피해자가 가해자의 <u>이름과 주소</u>를 법무부로부터 확인했을 때" 일본민법 제724조 전단의 "가해자를 안 때"의 기산점이 된다고 보았다.[41]

나. 교토 통신 판결

(1) 개요

교토 통신은 일본 전반 뉴스를 회원사에 전달하는 통신사이다. 교토 통신은 1985년 9월 12일 시모츠키신문사(下野新聞社)에 피해자의 명예를 훼손하는 내용을 전달하였다. 시모츠키신문사는 이튿날 이 내용을 게재했다. 피해자는 1991년 교토 통신을 상대로 다른 소송을 진행하고 있던 중 교토통신이 회원사에게 위와 같이 전송한다는 사실을 알게 되어 교토통신의 회원사를 조사하였다.

1991년 12월, 피해자는 회원사 중에서 도쿄타임즈를 상대로 1985년 9월 13일에 피해자의 명예훼손 사실이 담긴 기사를 게재하였다는 이유로 손해배상소송을 제기했다. 도쿄타임즈는 교토통신으로부터 제공받았기 때문에 교토통신에 소송고지를 하였고 이 같은 사실은 1992년 7월 소송고지서 송달절차를 통하여 원고인 피해자에게도 알려졌다.

피해자는 1995년 7월 교토통신과 시모츠키신문사를 상대로 1985년 명예훼손

---

39) 香川崇, "わが国裁判例にみる消滅時效の援用と信義則", 富大経済論集 第58巻第2·3合併号 拔刷, 富山大学経済学部, 2013, 52頁.
40) 福岡地裁 昭和 63年 12月 16日 判時 1298号 32頁
41) 最判 昭和 48年 11月 16日 民集 27巻 10号 1374頁.

에 해당하는 기사 전달과 게재를 이유로 손해배상청구를 하였다. 원심 재판부는
1992년 7월 소송고지 송달절차로 피해자가 시모츠키신문사에 대해서도 명예훼손
기사 게재사실을 알았다고 보아 소멸시효 3년이 완성되었다고 원용하였다. 원고는
최고재판소에 상고하였다.

(2) 판단

최고재판소는 1970년 판례를 인용하여 '가해자에 대한 손해배상청구의 시효진
행은 **사실상 청구 가능한 상황을 알았을 때**'부터라면서 42) 손해에 대한 채권자의 '**인
식 가능성**'은 부족하다고 다음과 같이 설시하였다.

> 피해자가 가해자에게 손해배상 청구하리라는 것을 예상할 수 있지만, 이 경우
> 까지 피해자가 **손해의 발생을 쉽게 인식할 수 있었다고** 소멸시효의 진행을 인
> 정하면 피해자는 자신에 대한 불법행위가 존재할 가능성이 있을 때부터 손해의 발
> 생 유무를 조사하지 않을 수 없어, **불법행위로 손해를 입은 자에게 이러한 부담을
> 부과하는 것은 부당하다.**43)

최고재판소는 피해자가 불법행위에 대해 '인식가능성'부터 시효가 진행한다고
본다면 채권자인 피해자로 하여금 손해발생 유무를 조사하는 부담을 갖게 된다면
서 피해자가 "불법행위에 대하여 **현실적이고도 구체적으로 인식하였을 때**"로 한정하
였다.

(3) 판결 설명

사안을 살펴보면 피고 도쿄타임즈가 제3자 교토통신에게 소송고지를 한 사실
을 원고 피해자가 안다고 하여 시모츠키 신문사에 대해도 불법행위에 관한 현실적
이고 구체적으로 인식할 수 있을까? 시모츠키 신문사에 대하여 피해자가 시모츠키
신문사의 불법행위 인식가능성은 있으나 구체적이고 현실적인 인식이 있었다고 추
단할 수는 없다.

---

42) 最判 昭和 48年 11月 16日 民集 27卷 10号 1374頁.
43) 最判 平成 14年 · 1月 29日 民集 56卷 1号 218頁

판례에서도 설시하였지만 피해자가 시모츠키 신문사에 대해서도 손해의 발생을 쉽게 인식할 수 있었다고 소멸시효의 진행을 인정하면 피해자는 자신에 대한 불법행위가 존재할 가능성이 있을 때부터 손해의 발생 유무를 조사하지 않을 수 없다. 결국 가해자를 알기도 전에 시효가 진행될 수 있어 손해의 공평 부담원칙에 벗어난다고 재판부는 본 것이다.

이처럼 채권자는 현실적이고도 구체적으로 손해에 대하여 인식할 것을 법원은 요구하는데 다음 사례도 그러하다.

다. C형 감염 판결

(1) 개요

피해자는 1987년 4월 피고 국립병원에서 분만 후 5월 1일, 피브리노겐 제제 2g을 투여 받았는데 C형 급성감염에 걸렸다.[44] 1987년 7월 사이하쿠 병원에 급성 감염으로 피해자가 입원하면서 의사에게 "혈액 제제의 섬유소를 복용했는데 그 때문에 간 기능이 나빠지고 있나?"라고 물었고 의사는 "아마 그럴 것"이라고 대답했다. 같은 달 7일에 돗토리 병원으로 이송되었고 돗토리 병원 의사는 "피브리노겐 제제 사용에 의한 급성 간염으로 보인다."라고 진단하였다. 피고 측은 이러한 사실로 피해자가 1987년 7월 시점에서 HCV 감염의 원인이 피브리노겐 제제임을 알았다고 보고 3년의 단기 시효가 완성되었다고 시효원용을 주장하였다.

(2) 법원의 판단

법원은 1987년 7월 시점에서 HCV 감염의 원인이 피브리노겐 제제임을 알았다고 시효완성의 주장에 대하여 "피해자가 당시 간호사라 해도 내과적 정보를 모르고 <u>피해자의 질문에 의사의 긍정 답변으로는 피해자가 구체적이고 현실적 인식을 했다고 볼 수 없다.</u>"고 판단하였다.[45]

앞서 '현실적 권리행사를 기대 요구할 수 있는 시기'를 '평균인 관점'과 '권리자의 관점'으로 나누었을 때, 이 사안은 피해자가 간호사라는 의학 지식이 평균인에 비해 높다고 할 것이다. '권리자의 관점'으로 본다면 피해자가 1987년 7월 사이하쿠

---

44) 大阪地裁 平成 18年 6月 21日 判時 1942号 23頁
45) 大阪地裁 平成 18年 6月 21日 判時 1942号 23頁

병원 의사에게 자신의 발병 원인을 묻는 과정에서 피브리노겐이 원인이라는 긍정
적 대답을 들었을 때부터 시작할 수도 있다. 그러나 '평균인의 관점'에서 본다면 피
해자가 의사에게 그런 질문과 대답을 들었다고 해도 피해자가 피브리노겐 제제를
원인이라고 여기는 것은 주관적인 신념 이상은 아니라고 볼 수 있다.

따라서 피브리노겐이 원인이라는 대답을 들었다고 하여 그때부터 채권자가 구
체적이고 현실적으로 손해를 알았다고 재판부는 보지 않는다. 결국 재판부가 의료
등 전문분야에서 손해배상청구권에 관한 피해자의 인식을 매우 엄격하게 보고 있
음을 알 수 있다.

라. 후쿠오카 항공사건

또한 일본은 손해에 대한 위법성인식까지 요구하고 있다.

불법행위 손해배상청구권의 소멸시효의 기산점을 일본민법 제724조에는 '피해
자가 손해 및 가해자를 안 때'에 대하여 판례는 **"피해자에게 손해배상청구권의 행사
를 기대하는 것이 합리적으로 가능해진 시점을 기산점"**이라고 해석하는 것이 상당하
기 때문에, 그래서 피해자에 대한 손해 및 가해자의 인식만으로는 부족하고, **위법성
의 인식이 필요하다.**"는 입장이다.

후쿠오카 항공사건에서는,

> **위법성의 인식**은 일반인이라면 손해배상을 청구할 수 있는 것으로 판단할만
> 한 기초적인 사실을 피해자가 인식하고 있으면 족하다. 원고가 평균인으로서 손해
> 배상 청구를 제기할 수 있는 주요 사실을 알 때부터 시효가 진행되어야 한다.[46]

위법성 인식에 대해 손해배상을 청구할 수 있는 사실을 아는 것으로 충분하다
고 말하고 있다. 앞서 아동 성학대 소송에서도 보았듯이 어렸을 때 아동 성학대 행
위에 대해선 피해자가 알았다고 하여도 이때부터 청구원인이 발생하였다고 보지
아니하고 성인이 되어 PTSD진단이나 정신과 치료 시기에 **아동성학대의 위법성을 인
식하였을 때** 비로소 아동성학대로 인한 손해배상청구권의 제소기간이 진행한다고
본 것과 동일하다.

---

46) 福岡地裁 昭和 63年 12月 16日 判時 1298号 32頁

3. 우리나라

가. 특별규정의 의미

우리 민법은 독일이나 일본민법과 동일하게 일반 채권 관련 소멸시효는 제162조 및 제166조에서, 불법행위에 대한 손해배상청구권의 소멸시효는 제766조에서 규정하고 있다.

불법행위 제766조의 제1항은 피해자의 주관적 인식을 기준으로 기산점이 산정된다는 점에서 제166조에 대한 특칙으로 본다.[47] 그런데 판례는 제766조에도 제166조를 적용하여 법률상 장애사유 없는 경우를 가리킨다고 본다.

> 불법행위를 원인으로 한 손해배상청구권은 민법 제766조 제1항에 따라 피해자나 그 법정대리인이 손해와 가해자를 안 날로부터 3년간 이를 행사하지 아니하면 시효로 소멸하는 것이나, <u>여기에도 소멸시효의 기산점에 관한 규정인 민법 제166조 제1항이 적용되어</u> 시효기간은 권리를 행사할 수 있는 때로부터 진행하고, 이 때 '권리를 행사할 수 있는 때'라 함은 **권리행사에 법률상의 장애사유가 없는 경우를 가리킨다.**[48]

불법행위에 제166조 적용하는 경우 **법률상 장애 없는 시기의 적용에 있다.** 법률상 장애 없는 시기란 보통 조건의 성취나 기한의 도래를 말한다. 그런데 <u>조건이나 기한 등은 법적 성질상 법률행위에 붙는 부관에 해당하여 불법행위에 적용은 **논리적으로도 모순**</u>되며 실상 법정 채권채무관계인 불법행위에 대해선 그 예를 찾아볼 수가 없다.[49]

판례대로 법률상 장애 없는 시기를 적용하게 되면 결과적으로 권리자의 권리행사가 불가능한 경우가 있을 수 없어 시효 기산점은 행위시에 (손해배상청구권의 경우 손해가 발생을 전제로 한다면 손해의 발생시) 일률적으로 기산될 수밖에 없다.

---

47) 이기용, "불법행위에 있어서의 소멸시효", 비교사법 제12권, 한국비교사법학회, 2005, 228면.
48) 대법원 1998. 7. 10. 선고 98다7001 판결
49) 법률상 장애사유는 계약상 채권을 전제로 한다. 조건이나 기한은 법률상 장애 사유에 계약의 일부로 붙게 마련이고 불법행위는 존재할 여지가 별로 없다. 김제완, '國家權力에 의한 特殊類型 不法行爲에 있어서 損害賠償請求權의 消滅時效 거창사건 항소심판결(부산고법 2004. 5. 7. 선고 2001나15255)에 대한 비판적 검토', 인권과 정의 Vol. 368, 61면.

나. 현실적이고 구체적인 인식

(1) 서설

우리의 경우에도 독일이나 일본과 마찬가지로 민법 제766조 제1항의 '손해 및 가해자를 안 날'에 대하여 "손해의 발생사실과 손해가 가해자의 불법행위로 인하여 발생하였다는 것을 안 날"을 의미하며, 손해 발생사실을 알았다고 하려면 손해의 액수나 정도를 구체적으로 알아야 할 필요까지는 없다고 하더라도 "손해를 현실적이고도 구체적으로 인식하여야 하고 단순한 손해발생의 추정이나 의문만으로는 충분하지 않다."고 본다.

(2) '손해 및 가해자를 안 날'의 의미와 판단 방법

제766조 제1항의 손해 및 가해자를 안 날에 대해 '현실적이고도 구체적으로 인식하여야' 하고 '여러 객관적 사정을 참작하고 손해배상청구가 사실상 가능하게 된 상황'을 고려해야 한다고 밝히고 있다.

여기서 '손해 및 가해자를 안 날'은 공무원의 직무 집행상 불법행위의 존재 및 그로 인한 손해의 발생 등 불법행위의 요건사실에 대하여 현실적이고도 구체적으로 인식하였을 때를 의미하지만, 피해자 등이 언제 불법행위의 요건 사실을 <u>현실적이고도 구체적으로 인식한 것으로 볼 것인지는 개별 사건에서 여러 객관적 사정과 손해배상청구가 가능하게 된 상황 등을 종합하여 합리적으로 판단하여야 한다.</u>

'여러 객관적 사정'의 참작은 가해자의 위증에 대한 손해배상 사건에서도 나타난다. 재판부는 **위증에 대해 유죄판결이 확정**되어야 비로소 손해배상청구권이 사실상 가능하다며 이때를 재판부가 위증으로 인한 피해자의 손해배상청구권의 소멸시효 기산점으로 판단하였다.[50]

다. 납북 관련 손해배상소송

(1) 개요

군무원 甲의 직무수행 중 불법행위로 1977년 10월 12일 피해자 乙이 납북되었

---

50) 대판 1996. 8. 23. 선고 95다33450 판결.

다. 피해자 乙의 가족인 처 丙과 자녀 丁 등이 제기한 乙에 대한 실종선고 심판이 2005년 8월 확정되었다. 이후 유족은 국가를 상대 손해배상청구를 하였다. 원심 법원은 피해자의 납북된 날부터 제766조 제1항의 시효가 진행된다면서 소멸시효가 지났다고 보았다.[51] 그런데 대법원은 다음과 같이 판단하였다.

> 국가배상청구권에 관한 3년의 단기시효기간을 기산함에 있어서도 <u>민법 제766 조 제1항 외에 소멸시효의 기산점에 관한 일반규정인 민법 제166조 제1항이 적용 되므로</u>, 위 3년의 단기시효기간은 그 '손해 및 가해자를 안 날'에 더하여 그 '권리 를 행사할 수 있는 때'가 도래하여야 비로소 시효가 진행한다(대법원 1998. 7. 10. 선고 98다7001 판결 참조). 남북교류의 현실과 거주·이전 및 통신의 자유가 제한 된 북한 사회의 비민주성이나 폐쇄성 등을 고려하여 볼 때, 다른 특별한 사정이 없 는 한 북한에 납북된 사람이 <u>피고인 국가를 상대로 대한민국 법원에 소장을 제출 하는 등으로 그 권리를 행사하는 것은 **객관적으로도 불가능하다고 하겠으므로, 납북상태가 지속되는 동안은 소멸시효가 진행하지 않는다고 봄이 상당하다**.</u>[52]

납북된 乙 본인이 불법행위 발생일인 1977년 10월 12일에 손해 및 가해자를 알았다고 하더라도 국가를 상대로 국가배상청구권을 행사하는 것은 객관적으로 불 가능하므로 납북된 피해자 乙의 국가배상청구권에 관한 소멸시효는 납북상태가 지 속되는 동안에는 원칙적으로 진행하지 않는다고 보았다.

(2) 판결 분석

이 판례는 불법행위 주관적 기산점에 제166조를 적용하면서도 '권리행사 가능 한 때'를 '객관적 사실상 장애 없는 시기'로 보아 주목을 끈다. 제166조에 대해 판례 와 다수설의 '법률상 장애 없는 시기'를 적용하면 납북된 날이 될 것이다.

그런데 대법원은 제166조를 적용하여 "그 권리행사가 불가능한 경우엔 이를 채권자가 안 때로 보지 않는다."고 판단하였다. 피해자가 납북 당시에 손해와 가해 자를 안다고 할지라도 "납북된 상태에서 객관적으로 소제기가 불가능"하다는 이유

---

51) 부산고법 2009. 4. 22. 선고 2008나15216 판결
52) 대법원 2012. 4. 13 선고 2009다33754 판결

였다. '법률상 장애 없는 시기'라고 하면서도 '객관적 사실상 장애사유'를 들어 '납북된 날'은 권리행사가 불가능하여 시효가 진행되지 않는다고 판시하여 실상 제166조 기산점을 '객관적 장애 없는 시기'로 기산점을 넓히고 있다.

결과적으로 이 사안은 제166조의 적용으로 말미암아 피해자의 권리가 구제되는 결과를 낳았으나 피해자의 주관적 사정은 단지 손해 및 가해자에 대한 인식뿐만 아니라 피해자가 소를 제기할 수 있는지 등 주관적 사정을 고려하므로 제166조를 근거로 주관적 기산점을 판단할 필요는 없을 것이다.[53] 독일 판례도 피해자의 주관적 기산점을 정할 때 "손해배상청구를 할 수 있는 실제의 사정"[54]을 고려한다.

"손해의 발생, 위법한 가해행위의 존재, 가해행위와 손해 발생 사이의 인과관계, 손해배상청구의 상대방으로 될 자 등에 대해 구체적이고 현실적으로 인식할 것"[55] 이라고 한다면 일반 채권의 기산점 제166조의 특칙으로서 제766조 제1항은 채권자의 주관적 인식 유무가 기준이 되어야 할 것이다.

또 선해하여 납북 사건과 같이 제166조를 일반 규정으로 불법행위 기산점에 적용한다면 적어도 제166조의 권리행사 가능한 때는 '법률상 장애 없는 시기'가 아닌 평균인의 관점에서 '사실상 객관적 장애 없는 시기'로 보는 것이 타당한 귀결일 것이다.

라. 유죄 판결에 대한 재심 사건

(1) 개요

원고 1은 1987. 7. 5. 국가안전기획부 내지 국군보안사령부 소속 수사관들에 의해 불법구금되어 가혹행위를 당하였다. 원고 1의 배우자인 원고 2는 다음 날 강제 연행되어 1987. 7. 11.경까지 구금 상태에서 조사를 받았고, 원고 3도 같은 날 영장 없이 임의동행 형식으로 강제 연행되어 1987. 7. 22.까지 구금 상태에서 가혹

---

53) 헌법재판소에서도 반인권 국가범죄에 대한 시효 기산점은 민법 제766조 제1항의 주관적 기준만을 적용하고 객관적 기산점의 기준인 민법 제166조 및 민법 제766조 2항은 배제할 것을 주문하고 있다. 이는 민법 제766조 제1항에 제166조를 일반규정으로서도 적용되지 않음을 방증한다. 헌법재판소, 2018. 8. 30 2014헌바148 결정 참조.

54) BGH NJW-RR 2009, 547 참조. BGH NJW 2011,1133.

55) 대법원 1999. 11. 23. 98다11529판결. 특히 공무원의 불법행위에 관해 "가해자를 안다는" 것은 "가해자가 국가와 공법상 근무관계를 맺고 있으며 국가의 직무를 집행하는 과정에서 불법행위가 이루어졌다고 판단하기에 족한 사실까지 인식하는 것"이라고 하였다. 대법원 2008. 5. 29. 선고 2004다33469 판결.

행위를 당하였다. 원고 1은 가혹행위 등 위법하게 수집된 증거에 근거하여 국가보안법 위반으로 기소되었고 징역 8년 유죄판결이 그대로 확정되었다. 원고 2는 입건되지 않았고, 원고 3은 1987. 8. 27. 기소유예 처분을 받았다.

20년이 지난 후 원고 1은 유죄판결에 대해 재심을 청구하였고 2015. 12. 8. 재심이 결정되었다. 재심에서 법원은 2017. 11. 30. 원고 1에게 무죄를 선고하였고, 2017. 12. 8. 위 판결이 확정되었다. 원고들은 국가를 상대로 2018. 5. 30. 손해배상 소송을 제기하였다.

(2) 법원의 판단

원심은 원고 1에 대한 무죄판결이 확정된 이후에 현실적이고 구체적인 손해를 인식하여 원고 1의 3년 내 소제기는 적법하다고 보았으나, 원고 2, 원고 3이 불법 구금 상태가 해소되었을 무렵에 그 손해의 발생 등을 현실적·구체적으로 인식하여 단기소멸시효가 완성되었다고 판단하였다.[56] 원고들은 상고하였고 대법원은 다음과 같이 판단하였다.

원고 1이 유죄판결에 대한 재심을 청구하여 2017. 12. 8. 원고 1에 대한 **무죄판결이 확정**되었고 원고 1에 대한 **유죄 확정판결이 취소된 이후**에야 원고들이 **불법행위의 요건사실에 대하여 현실적이고 구체적으로 인식**하였다고 봄이 합리적이므로, **원고 1에 대하여 무죄를 선고한 형사 재심판결이 확정된 때**부터 3년 이내에 원고들이 이 사건 소를 제기한 이상 원고들의 청구에 관하여 단기소멸시효는 완성되지 않았다고 볼 수 있다.[57]

대법원은 원심판단에는 불법행위로 인한 손해배상채권의 단기소멸시효의 기산점에 관한 법리를 오해하여 판결의 결과에 영향을 미친 위법이 있다면서 파기 환송하였다.

(3) 판결 설명

형사소추기관에 의해 형사 유죄확정판결이 있었던 피해자의 경우 무죄의 확정

---

56) 서울고법 2019. 12. 12. 선고 2019나2036347 판결
57) 대법원 2021. 4. 29. 선고 2020다206564 판결

판결이 있을 때 비로소 국가에 대한 손해배상청구권에 대한 구체적이고 현실적인 인식이 발생한다고 본다. 그렇다면 원고 2, 3과 같이 자신에게 형사재판이 없었던 피해자들에게 손해에 대한 구체적이고 현실적인 인식은 언제일까? 그림으로 나타내면 다음과 같다.

원고 1 가혹행위＝불법행위 ——→ 유죄 확정 ——→ 재심청구 ——→ 무죄확정

원고 2 가혹행위＝불법행위 ——→ 형사 입건 없음

원고 3 가혹행위＝불법행위 ——→ 기소 유예 처분

원심은 원고 2, 원고 3이 불법구금 상태가 해소되었을 무렵 구체적이고 현실적인 손해에 대한 인식이 발생하였다고 보았다. 과연 그럴까? 원심대로라면 원고 1 역시 불법구금이 해소되고 재판에 넘겨진 때부터는 구체적이고 현실적인 손해에 대한 인식이 발생하였다고 보아야 한다. 그럼에도 가혹행위에 대한 불법성은 결국 무죄 확정 때까지 유보가 되었다.

<u>원고 2, 3은 형사재판을 받은 적이 없기 때문에 형사 입건이 가능하고 기소유예 되었더라도 다시 기소될 수 있다.</u> 이런 상황에서 원고 3에게 기소유예 처분 받은 날을 검경의 종결처분으로 보아 현실적이고 구체적인 손해에 대한 인식이 있다고 볼 수 있을까? 원고 2의 경우 입건되지 않았다는 사실은 경찰의 내부적 결정이고 원고 2에게 통지되지도 않는다.

대법원이 재심을 통해 원고 1에 대한 유죄 확정판결을 취소하는 법원의 공권적 판단이 내려지기 전까지는 "원고 2, 원고 3이 수사 당시의 불법구금이나 가혹행위를 주장하면서 <u>독자적으로 국가를 상대로 손해배상을 청구하기는 사실상 어려웠을 것으로 보인다.</u>"라는 판단은 이를 방증한다.

결국 동일사건 관련자인 원고 1의 **무죄 판결 확정된 때**부터 원고 1을 비롯하여 원고 2, 3도 불법행위의 요건사실에 대하여 현실적이고 구체적으로 인식하였다고 볼 수 있다.

제3절   민법 제766조 제2항의 '불법행위 한 날'

1. 독일

독일 민법(BGB) 시효는 독일 민법 제199조 제2항 이하에서 장기시효를 규정하고 있는데 '손해가 발생하는 사건'이 일어났을 때 시효가 시작되고 스위스도 10년의 시효 기간이 '책임을 야기 시키는 사건'이 발생했을 때부터 진행된다.

또한 독일 민법은 침해되는 법익에 따라 차등을 두어 기간을 달리 정하였는데[58] 사람의 생명·신체 침해의 경우 30년의 최장기간을 갖고 있다. 순수한 경제적 손실에 따른 손해배상청구의 기간은 10년이다. 다시 말하면 고도의 보호 법익의 침해에 따른 손해에 관해서는 30년의 장기간을 두는 반면에 기타 법익을 침해한 경우 10년의 기간으로 설정한 것이다.[59]

독일의 최장기간은 권리행사에 법적 장애(legal obstacle)가 없을 때부터로 채권자의 청구권에 대한 인식 여부는 영향을 미치지 않는다. 다만 독일에서의 법적 장애는 객관적인 장애(objective obstacle)도 포함되는 개념으로 일본과 우리나라에서 제166조에 대한 해석에 조건·기한 채무를 예로 드는 '법률상 장애'와 구분을 요한다. 따라서 권리행사에 '법률적인 장애가 없을 때'를 객관적 권리행사 가능성까지를 포함시켜 사실상 객관적 장애가 없을 때부터 시효가 진행된다고 본다.[60]

시효 기산점에 관해 '손해의 발생'을 전제로 하는 경우 피해자는 자신의 청구를 주장할 수 있는 기회를 가질 가능성이 크다. 대조적으로 손해를 유발하는 '사건' 때부터 시효가 진행한다면 손해가 늦게 발생하는 경우에 청구권이 성립하기도 전에 소멸시효가 경과하여 권리자의 청구가 배척될 가능성이 크다.[61]

최장기간은 손해의 발생 여부와 관련 없이 시효가 진행된다. 제199조 제2항의 생명, 신체, 건강 또는 자유의 침해를 원인으로 발생한 손해배상청구권은 행위 시, 의무위반 시 또는 손해를 발생시키는 기타 '사건(발생)' 때부터 30년이 경과하면 소멸한다. 또 제199조 제3항의 기타 손해배상청구권도 손해를 야기한 '사건이 발생한

---

58) H. Koziol(fn 9), no. 9/31.
59) H. Koziol(fn 9), no. 9/28
60) H. Koziol(fn 9), no. 9/18. 참조.
61) H. Koziol(fn 9), no. 9/27

날'로부터 30년으로 손해 발생을 전제로 하고 있지 않다.

2. 일본

가. 서설

일본은 일본민법 제724조 후단에 기산점을 "불법행위의 때"로 규정하고 있는데 우리의 민법 제766조 제2항의 장기시효에 해당한다. 일본 판례는 최장기간을 제척기간으로 보는 반면 학계에서는 소멸시효로 보는 견해가 우세하였다. 개정 민법은 학계 의견을 반영하여 소멸시효임을 명시하였다. 松久 교수는 민법 724조 후단의 기간 제한이 동조 전단의 3년의 소멸시효가 도래하지 아니한 경우에 대비한 것이라고 본다.[62]

內池교수는 일본민법 제724조 후단 '불법행위의 때'를 피해자의 '권리행사의 가능성'을 기준으로 시효의 기산점이 결정된다고 보고 있다.[63] 그는 진행성 피해 및 잠복 기간이 장기간인 직업병 등에서 쟁점은 '손해의 발생'이라고 보고 '행위시'를 재구성해야 한다고 주장하는데 손해는 권리행사의 기대 가능성을 판단하는 하나의 지표로 소멸시효 기산점에서 결정적인 것은 손해 그 자체가 아니라 '권리행사의 가능성'이라고 본다. '손해의 발생'에 대하여 일본민법 제724조 전단 3년 단기시효가 피해자의 인식 등 개별 구체적인 상황에 주목하는 반면, 20년의 장기시효는 이러한 사정을 추상화하여 일반 '객관적인 권리행사의 가능성'으로 시효가 진행되어야 한다는 것이다. 內池 교수는 앞서 미나마타 소송이나 B형 감염 소송에서 기산점이 변동된 것은[64] 객관적인 권리행사 가능성[65]을 기준으로 변동되었다고 본다. 그러므로 기산점인 '불법행위의 때'라 함은 손해 발생을 포함한 모든 요건이 갖추어진 때라고 본다.[66] 진행성 피해에 관한 최장기간 기산점을 정할 때 권리행사의 가능성을 기준으로 하려는 바는 우리에게도 시사하는 바가 있다.

일본 판례는 민법 개정 전 제724조 후단의 최장기간을 제척기간으로 보아 소

---

62) 松久三四彦(fn 11), 437頁.

63) 內池慶四郎(fn 77), 307 – 320頁.

64) 미나마타 소송 最判, 平成 16年 10月 15日 民集 58卷 7 号 1802頁; B형 감염 판결로 最判 平成 18年 6月 16日 民集 第60 卷5号 1997頁

65) 內池慶四郎(fn 77), 307 – 320頁.

66) 內池慶四郎(fn 32), 53頁 이하 참조.

멸시효에 관한 시효정지 등을 적용할 수 없다고 보았다. 따라서 채무자의 시효 원용에 관하여 채권자의 신의칙에 의한 권리남용이라는 주장 자체가 부당하다고 판단하였다. 그러나 앞선 예방접종사건에서[67) 제척기간에 의해 피해자가 일체의 권리행사가 허용되지 않는 반면에 가해자가 손해배상 의무를 면하는 결과는 현저하게 정의·공평의 이념에 반한다면서 일본민법 제724조 후단의 효과를 제한하는 것이 조리(条理)에도 부합한다는 판례를 내놓았다.

개정 일본민법에서는 최장기간을 **소멸시효**로 명문화하여 앞서 살폈듯이 과실책임소송이나 잠재적 손해 및 환경소송 등에서 **시효정지**를 적용하는데 문제되지 않을 것으로 보인다.

나. 홋카이도 강제연행사건

피해자는 중국에서 일본군에 의해 강제 연행된 뒤 강제노동을 하다가 홋카이도 산으로 도망친 후 종전되었는지도 모른 채 13년을 숨어 지내다가 1958년 이웃에 발견되었다. 1958년 2월 피해자는 일본에 대해 사죄와 손해배상을 요구하였으나 객관적 자료가 없어 사실을 확인할 수 없다는 일본 당국의 답변으로 그는 손해배상을 받지 못한 채 중국으로 돌아갔다.[68) 그런데 1993년 답변과는 달리 일본 당국이 피해자의 강제연행과 강제노동 관련 자료를 은폐하여 도쿄화교협회에 보관하고 있었음이 드러났다.

실제 종전 후 1946년 전국 135개 사업장에 연행된 중국인을 취업시킨 "사업장 보고서"가 있었다. 일본 정부는 중국인 노동자 일본 유입에 관하여 전쟁 범죄의 추궁에 대비 목적으로 조사원을 사업장에 파견하여 "현지 조사보고"를 바탕으로 "중국인 노무자 취업 상황 조사 보고서"(통칭 외무성 보고서)를 작성하였으나 이후 모든 자료를 소각한 후 중국에 대한 강제 연행·강제 노동 사실을 부정하여 왔다.

법원은 피해자에 대해 피고 국가가 강제 연행, 강제 노동을 시켰으며 피해자의 배상요구에 대하여 자료를 은폐하였다는 점을 인정하고 다음과 같이 판단하였다.

---

67) 最判 平成 10年 6月 12日 民集 第52卷 4号 1087頁
68) 일본 정부가 전후 수십 년에 걸쳐 중국에 대한 강제 연행·강제 노동 사실을 부인하였는데 중의원에 참석한 일본 정부측 답변에서도 나타난다. 강제 연행여부에 대한 중의원의 질문에 정부 측에선 당시 자료가 없고 그것을 확인하는 방법도 없다고 말하면서 외무성 보고서 문서도 남아있지 않다고 답변하였다. 衆議院 外務委員会, 第20号 昭和 33年 4月 9日

피고에게 제척기간 제도를 적용하여 그 책임을 면제한다면 피해자가 입은 피해의 심각성을 고려할 때 '**정의·공평의 이념에 크게 위배**된다.'라고 해야 하고 또한 이 심각한 피해를 입은 피해자에게 국가로서 손해의 배상에 응하는 것은 조리 (条理)에도 부합한다. 따라서 손해배상청구권의 행사에 대한 일본민법 제724조 후단의 제척기간의 적용을 제한하는 것이 상당하다.[69]

1심 재판부는 판례가 제724조 후단을 제척기간으로 보는 이상 시효정지를 적용할 수 없었다. 그럼에도 피해자의 구제가 필요하다고 본 재판부는 "피고가 자료를 작성하여 피해자에 대한 배상 요구에 응할 기회가 있었음에도 불구하고 자료의 존재를 무시하고 방치하였다."며 채무자인 국가가 손해의 배상에 응하는 것은 조리 (条理)에도 부합한다면서 제척기간 적용을 제한하였다. 앞서 살해 후 시신은닉사건에서 제척기간으로 시효정지를 적용할 수 없고 준용하는 방식으로 피해자를 구제하는 방식과 유사하다. 재판부가 조리(条理)에 부합한다는 것도 소멸시효에서 피해자 구제를 위해 활용된 신의칙에 따른 권리남용과 동일하다 할 것이다.

그런데 이러한 1심 승소판결은 유지되지 못하였다. 항소심에선 피해자를 보호하지 않은 부작위는 소정의 공무원의 과실로 인한 위법행위이며, 피해자가 입은 손해 사이에는 상당 인과 관계가 인정되지만, 일본 제국 헌법 하에서는 국가 무답책 (無答責)의 법리가 확립되어 있으며, 피해자의 도피 생활의 기간 동안 일본과 중국 사이에 국가 배상에 대해 상호의 보증이 없다고 보아 원판결을 취소하였다.[70]

다. 독가스 병기 방치 사건

일본군은 2차 세계대전 당시 국제법적으로 금지된 독가스 무기를 중국에 배치한 후 사용하였다. 종전 후에도 피해의 발생을 방지하기 위한 정보 수집과 중국의 정보 제공하지 않고 1972년 중국과의 국교 회복된 후에도 독가스 무기를 방치하였다. 1974년 10월 이 방치된 무기에 의해 피해자가 다쳤고 17년 지나 1989년 사망하였다. 이후 1996년 피해자 유족은 일본을 상대로 손해배상을 청구하였다. 일본민법 최장기간 20년의 제척기간이 지난 후였다.

---

69) 東京地裁, 平成 13年 7月 12日 判例タイムズ 1067号 119頁
70) 東京高裁 平成 17年 6月 23日 判時 1904号 83頁

이 사건에서는 제척 기간이 적용되는 국가배상법상의 청구권으로서 그 효과를 받는 것은 제척기간의 제도를 창설한 피고 자신이다. 그런데 피고가 행한 행위는 국제법적으로 금지된 독가스 무기를 중국에 배치하였고, 포츠담 선언을 위반하여 종전 전후 조직적으로 독가스 무기 설치를 은닉하였고, 종전 이후에도 피해의 발생을 방지하기 위한 수집한 정보를 중국에게 제공을 하지 않았고 1972년에 중국과의 국교 회복 된 후에도 적극적인 대응을 하지 않은 채 유기된 독가스 무기를 방치했다. 그 행위는 약간의 정당성도 인정될 수 없다.[71]

법원은 원고들이 1986년 2월에 중국출경입경관리법이 시행되기 전까지는 소제기가 객관적으로 불가능했다고 보았고 또한 1996년 피해자의 소제기는 1974년 사고 후 20년이 경과한 시점부터 약 2년 후라는 점을 감안하였다. 법원은 피고가 제척기간을 적용해서 손해배상 의무를 면하는 이익이 현저하게 공정, 공평의 이념에 반하는 경우 그 적용을 제한하는 것이 条理에 부합한다고 보고 20년의 제척기간 적용을 제한하여 원고의 손을 들어주었다.

그러나 2심 재판부는① 이러한 피해 방지를 하지 않은 일본 정부의 부작위와 일본군이 중국에 유기한 독가스 무기로 인한 인과관계를 부정하여 작위의무를 부정하였다. ② 구 일본군에 의한 독가스 무기 유기, 은닉 방치한 행위는 전쟁 행위의 일환으로 진행된 것으로, 일본민법에 의한 손해배상청구권의 성립의 여지가 있다 하더라도 중일공동성명 제5항에 의하여 재판에 소구하는 권능이 소멸되었다고 보아 원고의 청구가 기각 확정되었다.[72][73]

---

71) 일본은 피해 발생을 방지하기 위한 작위 의무가 있다며 국가가 제척 기간을 적용해서 손해배상의무를 면하는 것은 현저하게 공정·공평의 이념에 반한다고 보아 재판부는 제척 기간의 적용을 제한하였다. 東京地裁 平成 15年 9月 29日 判時 1843호 90頁

72) 東京高裁, 平成 19年 7月18日 判時 1994号 36頁 및 最裁, 平成 21年 5月 26日 참조.

73) 전후 일본에 대한 국가배상소송에서 피해자의 승소 사례는 전무하다. 일본 법원의 법리는 크게 국가는 책임을 지지 않는다는 국가무답책을 비롯하여, 시효완성 및 한일협정이나 중국과의 조약으로 종결되었다는 주장으로 책임을 회피하고 있다. 자세한 사항은 이은경, "위안부 피해자의 손해배상구소송에서 법적 쟁점", 공익과 인권 제18권 참조.

3. 우리나라

가. 문제의 소재

불법행위에 관한 손해배상청구권의 소멸시효 기산점을 민법 제766조 제2항에서 '불법행위한 날'로 규정하고 있다. 우리 민법도 불법행위에 대하여 단기 소멸시효는 유럽계약법이나 독일, 프랑스 민법과 동일하게 주관주의체계를 채택하고 있으나 문제는 최장기간에 있다.

독일은 생명·신체 건강 침해에 대해 30년의 최장기간을 두고 일본 프랑스 등도 침해법익에 따라 기간의 차이를 두고 있는데 우리의 경우 침해 법익의 차이 없이 10년으로 되어 있다.[74] 특히 국가를 상대로 하는 손해배상 청구는 5년 시효기간으로 **피해자의 권리 구제 측면에서 매우 취약하다.**

California Civil Procedure Code 제312조에서는 "민사 소송은 특수한 경우 법령에 따라 다른 제한이 규정되지 않는 한 청구원인이 발생한 때부터 규정된 기간 내에 시작된다."라며 사기나 사해적 은폐행위 등 불법행위에 대한 시효의 예외 규정이 있다.[75] 우리는 단일하게 '행위 시'로만 정해져 있어 한계가 있다.[76]

위와 같은 문제점으로 인하여 개정이 절실한 가운데 현재의 대안은 '불법행위한 날'의 해석에 있다. 다음은 손해배상청구권의 장기시효 기산점의 시금석이 되는 판결에 해당한다.

나. 대법원 1979. 12. 26. 선고 77다1894,1895 전원합의체 판결

(1) 개요

매각이 금지된 국유 토지가 공무원의 과실로 수분양자에게 양도되었다. 이후 국가는 말소청구를 제기하였고 수분양자인 국민은 국가를 상대로 손해배상의 반소를 제기하였다. 각 매각된 시기는 수분양자별로 1969년 1월 7일에서 3월 28일이고 그에 대한 각 매수자 명의로 소유권이전등기가 경료된 것이 각 같은 해 2월 24일

---

74) 프랑스 민법 제2226조는 신체손해로 야기된 사건으로 인한 책임소권에 대하여 첫 손해 또는 가중된 손해의 확정된 때부터 10년 (고문이나 가혹행위는 20년)으로 규정하고 있다. 참조
75) CAL. CIV. PROC. CODE §§ 338(4) (fraud) and 352(a)(2) (insanity) 참조.
76) 영국처럼 청구원인(accrual of the cause of action)을 전통적인 '행위 시'(act)와 '채권자의 인식'(discovery rule) 모두 기산점으로 병용하는 것도 한 방법이 될 것이다. Zimmermann(fn 3), p.98 at fn 180.

내지 8월 20일이었다.

이후 이 부동산이 국유재산법상 처분이 제한된 재산이라는 이유로 매각의 당연 무효임을 주장하고 각 피고 명의 등기에 대한 말소청구는 1975년 2월 26일이었고 이에 수분양자들의 국가를 상대로 한 반소제기는 1975년 6월 16일이었다. 국가를 상대로 한 손해배상청구권의 소멸시효는 예산회계법상 5년이었다.

(2) 견해대립

재판부는 극렬히 대립하였다. 소수의견은 제766조 제2항의 존재이유가 제1항의 규정만으로 가해자를 알지 못하는 한 영구적으로 시효가 소멸되지 않는 불합리를 제거하기 위해 제2항이 규정되었다고 보았고 따라서 소멸시효가 완성되기 위해서 불법행위시부터 기산되어야 한다는 입장이었다.

법률상 무효인 매매를 한 행위 자체가 원고 측의 불법행위라는 것이므로 원고 측의 이러한 불법행위는 원고가 최초의 매수인으로부터 매각대금을 수령하였거나 적어도 그 매수인에 대하여 <u>법률상 무효인 매매를 원인으로 하는 소유권이전등기를 넘겨준 때에 그 불법행위는 완료되었다</u> 할 것이고, 그 원인무효등기에 관하여 원고가 말소등기절차를 밟지 않고 있었다고 해도 이는 말소청구를 할 권리를 행사하지 않고 있다는 것일 뿐, 이에 대한 **손해배상청구권의 소멸시효기간의 진행은 최초의 매수인에게 매매를 원인으로 한 소유권이전등기가 경료된** 때부터 기산된다.

소수의견은 불법행위시에 기산되어 소멸시효가 이미 경과하였다고 보는 입장이었다. 그러므로 이전등기 완료가 불법행위완료시점으로 보아 이때부터 5년이 지난 1974년 시효가 완성되었다고 주장하였다. 다수의견은 다음과 같다.

"국가에 대한 불법행위로 인한 손해배상의 소멸시효는 당사자 <u>상호간의 특수관계</u>에 비추어 피고들 명의의 등기가 현실적으로 말소될 것이 확실시 되어 이제까지는 **그의 현실적인 행사를 기대할 수 없어서** 단지 관념적이고 부동적인 상태에서 잠재적으로만 존재하고 있었다고 하여야 할 **손해가 현실화되었다고 볼 수 있는 때**

(손해의 결과의 발생이 현실적인 것으로 되었다고 할 수 있을 때)로부터 그 기간
이 개시되는 것이라고 봄이 상당하다"[77]

(3) 판결 설명

대법원 1979. 12. 26. 선고 77다1894,1895 전원합의체 판결에서 위법한 부동산
매각으로 인한 손해배상청구권에 대한 소멸시효의 기산점을 '불법행위 때'가 아닌
'손해가 현실화된 시기'로 판례를 변경하였다.

"불법행위를 한 날"을 기존 불법행위로 보면 매각된 날은 1969년 1월 7일이고
이전등기가 되었을 때 물권행위는 완성되었다. 이 매각은 당연 무효에 해당되므로
소유권이전등기 경료한 때부터 국가에 대한 불법행위로 인한 손해배상청구권의 시
효가 진행된다. 소수 의견도 이때를 시효기산점으로 보았다.[78] 이 경우 원고인 국
가는 소유권이 회복되나 피고인 매수인은 소유권 상실과 더불어 손해배상청구권도
상실한다. 신의칙에 반하는 결과이다.

그런데 법원은 시효는 경과하였으나 시효주장이 "신의칙상 허용할 수 없다."
가 아닌 시효 기산점을 행위시가 아닌 '손해의 현실화시기'로 변경하여 판단한 것일
까? 이에 대하여 <u>특수한 유형의 불법행위</u>에 관하여 손해가 현실적으로 발생한 때인
'피고 측 명의의 등기가 말소가 확실시될 때'부터로 소멸시효의 기산점을 <u>합리적으
로 연장한 것으로 보는 견해</u>가 있다.[79]

우리는 다수의견의 "원고 국가가 거래과정에서의 담당 공무원의 부주의로 나
타난 위법한 결과를 현실적으로 개인보다 적극적이고 능동적으로 대처할 수 있는
위치에서 <u>위법에 대하여 하등의 조치 없이</u> **매각이 위법이 아니라고 믿었던 피고들**에
게 소멸시효 완성의 주장을 하고 피고들이 받은 손해에 대해서는 고려하지 않고 등
기의 회복만을 구하려한다"고 지적한데서 엿볼 수 있다.

먼저 당사자간의 거래는 **불공정 법률행위에 해당한다.** 당사자 중 국가는 위법
한 결과를 만들어놓고 위법한 상황을 알지 못한 **선의의 매수인**(blameless ignorant)

---

77) 대법원 1979. 12. 26. 선고 77다1894, 1895 전원합의체 판결; 대법원 1990. 1. 12. 선고 88다
   카25168 판결.
78) 대법원 1979. 12. 26. 선고 77다1894, 1895 전원합의체 판결; 대법원 1992. 5. 22. 선고 91다
   41880 판결.
79) 김제완, 권리행사기간 소멸시효와 제척기간연구, 법무부, 2009, 35면.

에 대하여 소유권 회복을 구하고 매수인의 손해에 대해선 고려하지 않고 오히려 소멸시효 완성까지 주장하고 있다. 위법상황을 알지 못하는 선의의 매수인에게 '불법행위시'를 고수하여 소유권이전시기부터 시효가 진행되어 시효 완성을 원용할 수 있을까?

다수의견은 '손해의 현실화시기'를 채택하였다. 매수인에게 '소유권이전등기가 완료된 시(불법행위시)'에 매각행위의 원인무효로 매수인의 손해배상청구권이 잠재적으로 발생하였더라도 소유권이전등기의 '말소가 확실시된 때'에 손해배상청구권이 비로소 현실적으로 발생하였다고 본 것이다.

이후 재판부는 민법 제766조 제2항에 의한 소멸시효의 기산점이 되는 "불법행위를 한 날"이란 "가해행위로 인한 손해의 결과발생이 현실적인 것으로 되었다고 할 수 있을 때를 의미하고 그 소멸시효는 피해자가 손해의 결과발생을 알았거나 예상할 수 있는가 여부와 관계없이 가해행위로 인한 손해가 현실적인 것으로 되었다고 볼 수 있는 때로부터 진행한다."고 설시하였다.[80][81]

다. 무권리자에 대한 손해배상소송

(1) 개요

소유자가 따로 있는 부동산을 무권리자가 자기 명의로 소유권 보존등기나 소유권 이전등기를 한 다음 1934년경 제3자에게 매도하였고 제3자는 소유권 이전등기를 마쳤다. 1982년 소유자가 뒤늦게 이 사실을 알고 매수인인 제3자에게 등기말소청구의 소를 제기하였다.

그런데 이미 매수인인 제3자는 이 부동산에 위 소유권이전등기의 완료시부터 10년간 소유의 의사로 평온, 공연하게 선의이며 과실 없이 이 사건 임야를 점유함으로써 등기부 취득시효가 완성되었다고 주장하였다. 이 주장이 받아들여져 2004년 소유자의 말소등기청구는 패소가 확정되었다. 이어 무권리자에 대한 손해배상청구권을 제기하였다. 소유자의 무권리자에 대한 불법행위 손해배상청구권의 기산점이 언제인가가 쟁점이 되었다.

---

80) 대법원 1993. 7. 27. 선고 93다357 판결.
81) 대법원 2005. 5. 13. 선고 2004다71881 판결, 대법원 1998. 5. 8 선고 97다36613 판결, 대법원 1996. 12. 19. 선고 94다22927 전원합의체 판결.

(2) 법원 판단

법원은 제3자의 등기부 시효취득이 인정된 결과 소유자가 패소하였다고 하더라도 그 등기부 취득시효 완성 당시에 소유자의 무권리자에 대한 손해가 현실화되었다고 볼지에 대하여 다음과 같이 판단하였다.

> 무권리자가 위법한 방법으로 그의 명의로 부동산에 관한 소유권보존등기나 소유권이전등기를 마친 다음 제3자에게 이를 매도하여 제3자 명의로 소유권이전등기를 마친 경우 제3자가 소유자의 등기말소 청구에 대하여 시효취득을 주장하는 때에는 제3자 명의의 등기의 말소 여부는 소송 등의 결과에 따라 결정되는 특별한 사정이 있으므로, 소유자의 소유권 상실이라는 손해는 소송 결과가 나오기까지는 관념적이고 부동적인 상태에서 잠재적으로만 존재하고 있을 뿐 아직 현실화되었다고 볼 수 없고, **소유자가 제3자를 상대로 제기한 등기말소 청구 소송이 패소 확정될 때에** 그 손해의 결과발생이 현실화된다.[82)]

법원은 소유자가 제3자를 상대로 등기말소 청구의 소를 제기하여 "등기부 시효취득의 인정으로 패소 확정되었을 때"를 '손해의 현실화시기'로 보았다.

(3) 판결 설명

이 사건의 특이점은 무권리자가 제3자에게 매도한 후에 매수인인 제3자의 명의로 등기부가 취득시효 완성이 되었다는 점에 있다.

소유자는 먼저 토지에 대한 소유권 회복을 원하였고 제3자를 대상으로 말소등기를 청구하는 소송을 제기하였다. 만약 제3자에 대한 원인무효로 인한 등기말소청구권이 인용되면 무권리자에 대한 손해배상청구권의 행사는 실익이 없다. 제3자를 상대로 원인무효에 대한 등기가 말소되어 소유자의 소유권이 원상회복되기 때문이다. 그런데 소유자의 제3자를 대상으로 말소등기를 청구하는 소송은 패소가 확정되었다. 제3자 등기부의 취득시효 완성이 그 이유이다.

이제 소유자는 무권리자에 대한 손해배상청구권밖에는 권리행사가 불가능한 상황에서 기산점은 언제일까? '불법행위시'를 관철한다면 무권리자의 제3자에 대한

---

82) 대법원 2008. 6. 12. 선고 2007다36445 판결.

매각 이전등기를 하였을 때부터 진행하고 이 경우 시효는 이미 시효는 경과한다.[83]
이제 손해의 현실화시기를 검토하여보자.

자신의 소유지가 무권리자에 의해 이전등기가 경료되고 제3자 매수인이 등기
부취득시효까지 완성하였는지 알 수 없는 소유자(blameless ignorant)를 고려한다면,
제3자 매수인의 등기부 취득시효 완성되었을 때 소유자는 소유권 상실이라는 손해
가 발생하지만 **현실화된 손해는 아니다. 관념적이고 잠재적인 손해일 뿐이다.** 무엇보
다 소유자가 소유권 상실과 손해배상청구권 발생을 인식하지도 못하였다.

결국 소유자가 제3자 상대로의 소송에서 등기부 시효 취득을 원인으로 '패소
가 확정되었을 때' 더 이상 등기부 시효취득자에 대해 등기말소청구가 불가능함과
동시에 무권리자에 대한 손해배상청구권이 현실적으로 나타난다 할 것이다.[84]

라. 혈우병 소송

(1) 개요

혈우병 환자들이 피고 주식회사가 제조·공급한 혈액제제로 인하여 HIV(인간
면역결핍바이러스, Human Immunodeficiency Virus)에 감염된 사안에서 재판부는 감염
의 잠복기가 길거나 감염 당시에는 장차 병이 어느 단계까지 진행될 것인지 예측하
기 어려운 경우, 불법행위에 기한 손해배상청구권의 소멸시효 기산점을 다음과 같
이 정하였다.

감염의 잠복기가 길거나, 감염 당시에는 장차 병이 어느 단계까지 진행될 것
인지 예측하기 어려운 경우, 일률적으로 <u>감염일로 보게 되면,</u> 피해자는 감염일 당
시에는 장래의 손해 발생 여부가 불확실하여 청구하지 못하고 <u>장래 손해가 발생한
시점에서는 소멸시효가 완성되어 청구하지 못하게 되는 부당한 결과가 초래될 수
있다.</u> 위와 같은 경우에는 <u>감염 자체로 인한 손해 외에 **증상의 발현 또는 병의
진행**</u>으로 인한 손해가 있을 수 있고, 그러한 손해는 **증상이 발현되거나 병이 진행**

---

83) 대법원 1979.12.26.선고 77다1894,1895 전원합의체판결 소수의견 참조.
84) 동일하게 가해행위와 그로 인한 현실적인 손해 발생 사이에 시간적 간격이 있는 불법행위의
    경우 '근저당권설정등기말소판결이 확정된 때' 대법원 1990. 1. 12 선고 88다카25168 판결,
    대법원 2007. 11. 16 선고 2005다55312 판결, 대법원 2008. 6. 12 선고 2007다36445 판결 대
    법원 2014. 7. 10 선고 2013다65710 판결 참조.

된 시점에 현실적으로 발생한다고 볼 수 있다.[85]

(2) 판결 설명

HIV 감염은 자체 손해에 해당한다. HIV 감염 당시에는 장래의 AIDS 손해 발생 여부가 불확실하여 청구할 수 없다. **HIV 감염 당시 AIDS로 확대될지 여부가 불확실하기 때문이다.**

HIV 잠복기 약 10년이 지나 객관적으로 AIDS 발현 여부를 알 수 있으므로 AIDS 질병에 따른 손해는 HIV 감염이 진행되어 실제 AIDS 증상이 나타났을 때 현실적으로 AIDS 손해가 발생하였다고 볼 수 있다.

따라서 <u>HIV 감염 외에</u> AIDS 증상의 발현 또는 AIDS병의 진행으로 인한 손해가 있는 경우 그 손해는 **HIV 감염 때가 아닌 AIDS 증상이 발현**되거나 **AIDS병이 진행된 시점부터 AIDS에 관한 청구원인이 진행된**다고 본 판결로서 의미가 있다.

마. 압수폐기물 사건

(1) 개요

원고는 2011. 2.경 냉동오징어를 가공·포장하여 판매하는 수산물가공업을 하였다. 수사기관은 2013. 2.경 원고에 대해 '식품위생법령에 따른 영업신고를 하지 않고 식품제조·가공업을 한다.'는 혐의로 수사를 진행하여 오징어채 150박스 등을 압수하고 2013. 4.경 원고를 그 과정에서 2013. 3. 25. 압수한 오징어채 150박스 등을 폐기처분하였다. 중금속 등 함유한 냉동오징어 판매 혐의로 구속 기소되었으나, 실제 중금속이 함유되지도 않았고 인산염도 인체 손상을 입힐 정도는 아니었다. 그럼에도 수사기관은 원고에 대한 수사결과 발표로 2013. 3. 25.경 인산염으로 인해 치명적인 인체 손상을 초래할 수 있다'고 보도 자료를 배포하였다. 결국 재판과정에서 앞서의 사실이 밝혀져 무죄판결이 선고되고 2015년 5월 21일 확정되었다. 원고는 2018. 5. 16. 이 사건 폐기처분과 공표행위가 불법행위에 해당한다고 주장하면서 이 사건 손해배상청구의 소를 제기하였다.

(2) 판결

원심은 위법한 폐기처분이 이루어진 2013. 3. 25. 이후 5년이 지난 2018. 5.

---

85) 대법원 2011. 9. 29 선고 2008다16776 판결

16.에야 소가 제기되었다면서 장기시효기간이 도과를 이유로 원고의 청구를 기각하였다. 원심은 원고가 권리행사를 할 수 없는 법률상의 장애사유가 있었거나 권리행사를 기대할 수 없는 객관적인 사정이 없었다는 이유였다. 원고는 상고하였고 대법원은 다음과 같이 판단하였다.

형사재판에서 무죄판결이 선고·확정되었다면, 이 경우 위법한 폐기가 없었더라면 압수물 환부의무가 발생하여 압수물의 환부가 이루어졌을 것이므로 결국 위법한 폐기로 인해 압수물의 환부를 받지 못한 피압수자에게 손해가 발생하였음을 인정할 수 있다. 결국 수사기관의 위법한 폐기처분으로 인한 피압수자의 손해는 형사재판 결과가 확정되기 전까지는 관념적이고 부동적인 상태에서 잠재적으로만 존재하고 있을 뿐 아직 현실화되었다고 볼 수 없으므로, 수사기관의 위법한 폐기처분으로 인한 손해배상청구권에 관한 장기소멸시효의 기산점은 위법한 폐기처분이 이루어진 시점이 아니라 **무죄의 형사판결이 확정되었을 때**로 봄이 타당하다.

대법원은 수사기관이 위법하게 압수물을 폐기하고 난 뒤 형사재판에서 무죄판결이 확정되어 폐기로 압수물의 환부를 받지 못한 피압수자에게 손해가 발생한 경우, 수사기관의 위법한 폐기처분으로 인한 손해배상청구권에 관한 장기소멸시효의 기산점은 "위법한 폐기처분이 이루어진 시점이 아니라 **무죄의 형사판결이 확정되었을 때**"로 판단하였다.86)

(3) 판결 설명

국가를 상대로 하는 국가손해배상청구권은 5년의 장기시효기간을 갖는다.87) 원심은 장기소멸시효에도 법률상 장애 없는 시기와 객관적 장애 없는 시기 등 민법 제166조를 검토하여 민법 제766조 불법행위 최장기간이 갖는 특별규정의 취지를 무색케 하는 오류를 범하였다.

수사기관의 위법한 폐기처분은 당시에는 적법한 폐기처분이다. 위법한 처분이라도 일응 공정력이 있고 폐기처분취소소송 등의 절차 없이 위법한 폐기처분 주장

---

86) 대법원 2022. 1. 14. 선고 2019다282197 판결
87) 국가재정법 제96조 제2항

을 하면서 국가손배소송을 제기한다면 가능할 것인가? 처분의 위법을 다루기 때문에 공정력의 문제는 없다고 하나 형사재판과 무관하게 진행될 수 있을지 의문스럽다. 대법원은 가해행위와 이로 인한 현실적인 손해의 발생 사이에 시간적 간격이 있는 불법행위에 기한 손해배상채권으로 보아 '손해의 현실화 시기'로 사안을 해결하였다.

압수물의 폐기처분행위는 2013. 3. 25.에 이루어졌다. 그러나 위법한 폐기처분으로 인한 피압수자의 손해인지는 원고의 무죄판결 확정되기 전까지는 관념적이고 부동적인 상태에서 잠재적으로만 존재하고 있을 뿐 아직 현실화된 것은 아니다. **형사재판에서 무죄판결이 확정**된 때부터 위법한 폐기로 인해 압수물의 환부를 받지 못한 피압수자의 손해가 현실화된다.

아쉬운 점은 원심 재판부가 '손해의 현실화'에 대한 고려가 없다는 점이다. 손해의 현실화는 일찍이 형사처분을 받은 피의자가 무죄확정 판결이후에나 국가에 대한 피해자로서 손해배상청구가 실제 가능함에도 위법행위 당시부터 시효가 진행된다고 보는 원심 재판부의 시각은 비판받아 마땅하다.

제
7
장 /

소멸시효 전망

제
7
장
/

소멸시효 전망

제1절 'contra non valentem'의 확대

1. 법언 'valentem agere nulla currit praescriptio'

1804년 프랑스 민법 제정 이전엔 'contra non valentem'은 여러 법언 중의 하나였다. 형평(l'équité)에 기초한 이 법언은 '시효 중단을 위한 소도 제기할 수 없는 자'에 해당하는데 대표적인 예시가 혼인한 여성이었다.

19세기 당시 사회에선 남편은 자신의 고유 재산의 관리·처분권 및 공동재산의 관리 처분권과 아내의 고유 재산의 관리 권한을 가졌다. 그런데 아내의 동의 없이 남편이 아내의 고유재산 또는 공동재산을 제3자에게 양도하거나 제3자가 점유를 계속하는 경우, 아내의 제3자에 대한 소제기에 대해서는 "시효는 진행하지 않는다."고 보았는데 이 근거를 위 법언에서 찾고 있다. 아내가 소송을 제기하면 남편이 매도자로 담보 책임을 지게 되므로 혼인한 여성은 **사실상 소제기가 불가능**하기 때문이라는 점이다. 결국 법언 'valentem agere nulla currit praescriptio'의 실제 적용은 혼인한 여성의 소제기에 국한되었었다.

한편 조건이나 기한부 채무는 'actioni non natae non praescriber'(발생하지 않는 권리는 시효에 걸리지 않는다)는 법언에 바탕을 두고 있어 앞서 'contra non valentem' 구별이 된다. 조건 ·기한 채권에 대하여 채권자는 조건의 성취까지 권리를 행사할 수 없기 때문에 즉각적인 이행이 가능(exigible)한 시점, 즉 조건 성취 때부터 시효의 진행이 시작하여 법언을 달리한다고 보았다. 조건이나 기한부 채무의 경우에 현실 이행의 소는 불가능하지만 보존행위로서 기한의 도래나 조건 성취에 따른 소송은 가능하기 때문이었다. DUNOD도 기한·조건 채무처럼 현실의 급부의 소를 제기할 수 없는 자에 대하여 법언 'actioni non natae non praescribiter'(발생하지 않은 권리는 시효에 걸리지 않는다.)가 적용되고 법언 'contra non valentem agere'가 적용되는 자는 '시효 중단을 위한 소송조차 제기할 수 없는 자'로 보았다.[1]

이러한 법언들은 프랑스 민법이 제정되면서 조문으로 규정되었다. 대표적으로 혼인한 배우자간(제2236조), 미성년자의 법률행위(제2235조) 및 조건과 기한이 있는 채무(제2233조)이다. 당초 결혼한 여성의 늦은 소제기를 보호하기 위하여 적용되었던 법언 'contra non valentem agere non currit praescriptio'은 각국의 재판부를 통하여 적용 범위를 넓혀갔다.

2. 독일 시효정지(Hemmung der Verjährung)

독일에서 'contra non valentem agere non currit praescriptio'의 사례는 **불가항력에 의한 시효정지**이다.[2] 독일법원은 자신의 귀책사유 없이 외부 결과로 법적 조치가 불가능한 경우로 보기 때문에 천재지변이나 정치적 제약(konkreter polit-ischer Zwänge)으로 사법적 구제 불능 등을 사례로 든다.

최근 아동 성학대 소송에서 피해자가 심리적인 위축으로 권리행사가 불가능한 경우에도 불가항력에 의한 시효정지를 인정하여 불가항력 범위 확대를 꾀하고 있어 앞으로의 귀추가 주목된다.

가. 서설

"불가항력(höhere Gewalt)"이란[3] 불확정한 법적 개념으로 채권자가 고도의 주

---

1) 香川崇, "消滅時效の起算点·停止に関する基礎的考察", 富山大学経済学部富大経済論集 第54卷 第3号, 2009, 61-66頁.
2) Reinhard Zimmermann(fn 3), pp.106-107.
3) MüKoBGB/Grothe BGB, 2015 BGB § 206 Hemmung der Verjährung bei höherer Gewalt Rn. 4, 5.

의를 기울였음에도 채권자의 통제 범위를 벗어나 채권자 스스로 극복하거나 피할 수 없어 소송이나 법적 조치 등 채권자의 권리행사가 채권자의 귀책사유 없이 (schuldloses Verhalten) 불가능한 것을 말한다.[4]전쟁, 테러, 자연재해 등이 대표적인 예에 해당한다.[5]

독일 민법 제206조에서는 "채권자가 소멸시효 기간의 최종 6개월 안에 불가항력으로 인하여 권리 추구에 장애를 받는 경우 소멸시효는 정지된다."고 규정하고 있다.

불가항력은 채권자가 고도의 주의를 기울였음에도 회피할 수 없는 외부 결과로 자신의 청구권을 행사할 수 없었음을 전제로 채권자에게 귀책사유 없는 행위 (schuldloses Verhalten) 그 이상을 요구한다.[6] 따라서 단순히 채무자의 주소를 모르는 경우 불가항력이 부정된다.[7]법적 무지나 착오 등 채권자에게 사소한 책임이라도 있는 경우 불가항력을 주장할 수 없다.[8]

채권자의 법정 대리인이나 선임 대리인의 과실은 본인에게 귀속된다. 그러나 공증인의 과실은 본인에게 귀속되지 않는다.[9] 행정당국이나 법원의 부정한 행위로 인해 유발되거나 또는 합리적으로 모든 주의의무를 기울였음에도 불가피한 경우가 아니라면 불가항력으로 보지 않는다.[10] 법 집행의 정지는 청구권이 문제되지 않는 한 법 집행이 합법적으로 제공되지 않았거나 사법 당국이 이러한 집행을 거부했을 때를 말한다.[11] 반면 법원에 직접적으로 청구 가능한 경우에는 불가항력에 의한 정지를 할 수 없다.[12]

---

4) BAGE 103, 290(292ff.) = NJW 2003 2849.
5) MüKoBGB/Henssler, 7. Aufl. 2017, BGB § 701 Rn. 34
6) BGHZ 81, 353, 355.
7) RGZ 118, 142, 143. BGH NJW 1975, 1465, 1466.
8) BGH NJW 1997, 3164; BAG NJW 2003, 2849 [2850]
9) MüKoBGB/Grothe BGB(fn 87), § 206 Hemmung der Verjährung bei höherer Gewalt Rn. 4, 5
10) BGH ZIP 1995, 949, 951; NJW 1997, 3164.
11) BAGE 103, 290 (292 ff.) = NJW 2003, 2849; Staudinger/Peters/Jacoby (2014) Rn. 6.
12) RGZ 128, 46 (47).

나. 정치적 제약(konkreter politischer Zwänge) 판례

(1) 사실관계

독일 통일 전 동독체제하에 있었던 원고는 피고에게 자신이 동독을 탈출할 계획임을 알렸다. 당시 동독 실정법에 의하면 '동독 탈출'은 위법에 해당하였다. 피고는 이를 동독 비밀경찰인 슈타지(STASi)에 알렸고 원고는 정보국(MfS)에 체포되어 3년 10개월이란 징역형을 선고받게 되었다. 통일된 후 원고는 피고를 상대로 손해배상청구를 하였다. 피고는 원고의 동독 탈출을 알리는 것은 동독 체제하에서 동독 형법 StGB-GDR § 225에 따른 의무라고 주장하였고 원고의 청구는 시효가 완성되었다고 항변하였다.

(2) 법원의 판단

연방대법원은 먼저 동독이 국제 협약에 가입했음에도 불구하고 거주, 이전의 자유라는 기본권을 존중하지 않았다는 사실에 근거하여 이전의 자유를 범죄로 규정하여 피고로 하여금 신고하도록 요구하는 것은 정의 관념에서 벗어난다고 보았다. 또한 피고의 "원고의 동독 이탈을 피고가 동독 관청에 신고한 것은 동독 형법에 따른 시민의 의무"라는 주장에 대해서도 피고가 정보국(MfS)에 대한 단순한 신고에만 국한되지 않고 동독 당국에 이 사실을 알려 지시를 받고 동독 탈출을 같이 할 것처럼 유도하는 일종의 프락치 "Lockspitzel"로서 활동을 하였기에 피고의 주장이 정당화할 수 없다고 판단하였다. 결국 연방대법원은 피고가 동독 민법 §324 ZGB-GDR에 규정된 다른 시민의 생명과 건강 및 개인 재산을 침해하지 않아야 할 의무를 위반하였다고 보았다.

피고의 소멸시효 완성에 대한 항변에 대하여도 다음과 같이 연방대법원은 설시하였다.

1. 동독 민법 ZGB-GDR에 따라[13] 소멸시효 조항은 법적 조치가 불가능한

[13) 동독 민법(ZGB 또는 ZGB-GDR로 약칭)은 1976년 1월 1일에 발효되어 독일이 통일되면서 1990년 10월 3일에 효력이 상실되었다. 동독 민법은 현재까지 상속 등 적용 사례가 적지 않다. 독일 연방대법원은 "동독 민법의 필수 해석 및 적용은 전 동독의 법적 관행을 고려하여 이루어져야 한다."면서 동독 민법을 소송에 적용하고 있다. Märker: Unrechtsbereinigung auf dem Zivilrechtsweg? - Zur Schadenshaftung bei Denunziationen in der Ex-DDR DtZ 1995, 37

경우 적용할 수 없는데 법치국가 원칙상 사법적 청구집행이 불가능한 경우 소멸시효는 정지된다. **동독의 실제 생활에서 구체적인 정치적 제약 (konkreter politischer Zwänge)으로 인해 사법적 구제를 주장할 수 없는 경우 또한 예외적으로 시효가 정지된다.**

2. 동독 민법 ZGB‒GDR을 적용하는 경우 §472 제2항도 적용되는데 조항의 요건이 먼저 충족해야하며[14] 무엇보다 채무자의 행위가 채권자가 적시에 청구권을 행사하지 못했던 데에 상당한 기여를 한 경우 적용된다.[15]

연방대법원은 원고가 동독 탈출을 신고한 피고에 대한 손해배상청구를 동독체제하에서 제기하기는 실제 정치적 제약으로 인하여 불가능하였다고 보았다.[16] 따라서 동독 체제 동안 원고의 권리구제(Rechtsverfolgung)가 불가능하였다고 보고 1990년 10월 3일까지 시효가 정지된다고 판단하였다.[17]

(3) 판결 설명

연방대법원은 피고가 동독 민법 §324 ZGB‒GDR에 규정된 다른 시민의 생명과 건강 및 개인 재산을 침해하지 않아야 할 의무를 위반하였고 따라서 원고에게 동독 민법 §330 ZGB‒GDR에 따른 손해배상청구권이 있다고 보았다.

여기서 주목되는 점은 '특별한 정치적 제약(konkreter politischer Zwänge)'을 불가항력에 의한 시효정지로 인정했다는 데에 있다.[18] 원고의 손해배상청구는 동독

---

14) §472 (2) Das Gericht kann auch nach eingetretener Verjährung für einen geltend ge‒machten Anspruch Rechtsschutz gewähren, wenn dafür schwer wiegende Gründe vor‒liegen und es im Interesse des Gläubigers dringend geboten erscheint und dem Schuldner zuzumuten ist.

15) BGH Schadensersatzpflicht aufgrund Anzeige geplanter "Republikflucht" aus ehemaliger DDR NJW 1995, 256

16) BGHZ 126, 87 [7. Verjährung einer Schadensersatzforderung nach DDR‒Recht], S.98= NJW 1994, 1792; BGH ZIP 1996, 850(851).

17) Eine Verjährung des Schadensersatzanspruchs kann der Bekl. schon deshalb nicht geltend machen, weil der Lauf der Verjährungsfrist gem. § 477 I Nr. 4 DDR‒ZGB bis zum 3. 10. 1990 wegen Unmöglichkeit der Rechtsverfolgung gehemmt war (NJW 1994, 1792 (1795) = LM H. 9/1994 Art. 231 EGBGB 1986 Nr. 3; BGH, NJW 1994, 2684 = LM H. 1/1995 DDR‒StHG Nr. 1 = ZIP 1994, 1486 (1490)

18) BGHZ 126, 87 (97f.) = NJW 1994, 1792; BGH ZIP 1996, 850 (851); jeweils zu § 477 Abs. 1 Nr. 4 DDR‒ZGB, der mit § 206 vergleichbar war; KG ZOV 2010, 87 (89) zur

(GDR)이 존재하는 동안엔 **청구가 실제 불가능하므로 시효 정지된다**고 본 것이다.[19]

앞서 보았듯이 불가항력은 채권자가 고도의 주의를 기울였음에도 회피할 수 없는 외부 결과로 자신의 청구권을 행사할 수 없어야 한다. 이 판결은 원고의 정치적 제약(konkreter politischer Zwänge)에 대해서도 '회피할 수 없는 외부 결과'로 인정하였다는 점에서 의의가 있다.

동독 정치체제하에서 채권자가 SED(독일 사회주의 통일당-동독체제의 유일당)의 법률에 의해 비밀문서에 접근할 수 없었기 때문이라도 채권자와 채무자 모두 독일 연방공화국에 있었다면 동독민법(§ 477조의 4 GDR-ZGB)에 따른 법적 조치 불가능으로 인한 시효정지는 될 수 없다고 판단하였다.[20]

다. 의료과실 소송

(1) 사실관계

통일되기 전 동독에 거주한 피해자는 생후 1년 후 원고는 발가락과 무릎 부위에 운동 이상을 보여 1975년 2월 경직성 마비로 진단받았다. 1973년 6월 출생하는 과정에서 병원에서 출산 중 산소 부족을 인식하고 적시에 교정하지 않아 뇌 손상으로 이어졌다고 주장하면서 병원을 상대로 손해배상을 청구하였다.

시효는 동독 민법(ZGB-GDR)에 의해 규율되는데 당시 동독 민법 §§ 474, 475 Nr. 2 GDR-ZGB에 따르면 출생과정에서 의료과실은 피해자가 청구의 원인과 가해자의 신원을 안 날부터 4년이라는 불법행위의 단기 시효규정과 불법행위 완성 후 10년의 최장기간 규정이 있었다. 동독 민법 1976년 1월 1일 시행이후 1985년 12월 31일이 최장기간이 완성되는 시점이었다.

피해자 및 법정대리인은 1990년 통일되기 전까지 의료 기록을 볼 수 없었고 의사에게서도 피해자의 경련 증상에 대한 설명도 듣지 못해 법적인 권리행사를 할 수 없었다고 불가항력에 의한 시효정지를 주장하였다. 항소법원은 1983년 베를린에서의 경직성 마비를 치료한 기록을 통하여 주관적 시효와 장기 시효가 모두 지났

　　Undurchsetzbarkeit eines Herausgabeanspruchs zu DDR-Zeiten; Schulze IPRax 2010, 290 (297). MüKoBGB/Grothe BGB § 206 Rn. 7.

19) Märker: Unrechtsbereinigung auf dem Zivilrechtsweg? ─ Zur Schadenshaftung bei Denunziationen in der Ex-DDR DtZ 1995, 37

20) DtZ 1997, 218.

다고 보았고 불가항력에 의한 시효 정지도 배척하였다.

(2) 법원의 판단

연방대법원은 다음과 같이 동독 민법에 따른 사법적 조치 불가능한 경우 시효 정지 적용할 수 있음을 설시하였다.

> 1. 동독 민법에 따른 시효 조항은(의료 손해배상 청구) 동독 민법 §477 제1항 제4호 ZGB-GDR의 사법적 조치 불가능에 대해서도 적용할 수 있다. 동독의 실제 생활에서 당사자가 구체적인 정치적 제약(konkreter politischer Zwänge)으로 사법 지원을 받을 수 없는 예외적인 경우에도 동일하게 적용될 수 있다.
> 2. 동독 민법 ZGB-GDR을 적용하는 경우 §472 제2항도 적용되는데 조항의 요건이 먼저 충족해야하며 무엇보다 채무자의 행위가 채권자가 적시에 청구권을 행사하지 못했던 데에 상당한 기여를 한 경우 적용된다. [21]

항소법원은 동독 민법에 1975년 2월 경직성 마비 진단을 받았을 때부터 안다고 보아 1976년 동독 민법 시행이후 4년의 주관적 시효기간이 끝나는 1979년 12월 31일까지 소제기가 없어 주관적 시효가 경과하였다고 보았다. 1983년 치료한 사실을 들어 원고가 의료과실에 대해 알 수 있었을 것으로 추정하였다. 또한 독일 민법 ZGB-GDR의 시행일(1976년)을 기준으로도 1985년 말까지 불가항력의 주장에 대해 신청인이 어떤 불이익이나 보복의 위협으로 인해 법적 조치가 불가능했음을 보여주는 어떠한 상황도 제시하지 않았음을 이유로 기각하였다. 연방대법원도 항소법원의 판단이 개정법에 타당하다고 판단하였다.[22]

---

21) BGH, 03.05.1994 - VI ZR 278/93 - Verjährung nach DDR-Recht; Hemmung; Unmöglichkeit der Rechtsverfolgung.
22) 원고나 원고의 부모가 법적 조치를 취할 수 없었기 때문에 동독 민법 ZGB 제477조 제1항 제4호에 의거 소멸시효가 정지되어야 한다는 원고측 견해와 달리 시효가 정지되지 않는다. 시효 기간 동안(1985년 12월 31일까지) 법적 조치의 불가능을 판단할 수 있는 어떠한 상황도 원고에 의해 제시되지 않았고 또한 분명하지도 않다. BGH, 03.05.1994 - VI ZR 278/93 - Verjährung nach DDR-Recht; Hemmung; Unmöglichkeit der Rechtsverfolgung.

(3) 판결 설명

동독 민법 제472조 제2항에서는 중대한 사유가 있고 채권자의 이익을 위해 긴급하게 필요하고 채무자에게 합리적으로 기대할 수 있는 경우 시효가 만료된 후에도 원고의 청구에 대해 법원이 법적 보호를 부여할 수 있다고 규정하고 있다. 연방대법원은 이에 대하여 무엇보다 채무자가 채권자에 대해 채무자의 행위가 채권자가 적시에 청구권을 행사하지 못했던 데에 상당한 기여를 한 경우를 의미한다고 보고 있다.

불가항력은 채권자의 귀책사유 없이(schuldloses Verhalten) 법적 조치가 불가능한 것을 의미한다. 연방법원은 개별 사례의 모든 상황을 고려하여 당사자가 구체적인 정치적 제약으로 인해 실질적인 삶의 현실에서 법적 도움을 요청할 수 없는 예외적인 경우에 불가항력에 의한 시효 정지를 적용할 수 있다고 보았다.

이 사안은 원고가 불가항력의 시효정지 주장과는 다르게 이에 대해 아무런 증거를 제시하지 못하였고 472조에 채무자의 행위가 채권자가 적시에 청구권을 행사하지 못한 데에 어떠한 기여한 바도 없다. 법원 역시 불가항력의 시효정지를 인정할 만한 예외적인 상황이 존재하지 않았다고 보았다. 법원의 판단은 지극히 타당한 것이라 볼 수 있다.

3. 프랑스 시효정지

가. 불가항력(force majeure)의 시효정지

개정 프랑스 민법에서 주목할 소멸시효 입법으로는 불가항력(force majeure)에 의한 시효 정지의 추가였다. 개정 프랑스 민법은 명시적으로 제2234조에서 "법률, 합의 또는 불가항력으로 야기되는 방해사유로 인하여 권리행사가 불가능한 상태에 있는 자에 대해서는 시효가 진행되지 않거나 정지된다."[23]고 규정하였다. 'contra non valentem'을 입법으로 보여주는 예에 해당한다.[24]

개정 전 구 프랑스 민법 제2251조에서 '법률에 의한 예외 조항에 해당하지 않

---

23) Article 2234 La prescription ne court pas ou est suspendue contre celui qui est dans l'impossibilité d'agir par suite d'un empêchement résultant de la loi, de la convention ou de la force majeure.

24) Janke Benjamin West(fn 58), pp. 38−39.

는 한 시효는 진행한다.'25)에 대해 파기원(Cour de cassation)은 그 범위를 넓혀서 법률 외에 약정이나 **불가항력**(force majeure)**으로 인하여 소제기가 불가능한 경우** 시효의 정지를 인정해왔다.26)

　불가항력(force majeure) 사례로 피해자는 1946년 정신병원에 입원하였다가 1959년 9월 퇴원한 이후 연금을 신청하였다. 채무자인 장애연금공단측은 소멸시효를 주장하였다. 법원은 피해자가 1959년까지 정신병원에 입원 중이었기 때문에 사회보장보험에 따른 권리를 주장할 수 없었다고 보고 **"소제기가 불가항력이었던 사람에게는 시효가 적용되지 않는다."**고 판단하였다.27)

　판례는 전쟁, 질병, 천재지변을 비롯하여28) 채권자가 알지 못하였을 때29)미성년자의 이익(l'intérêt des mineurs étant)30)등을 이유로 불가항력에 의한 시효 정지를 인정하였다.

　불가항력이 끝난 후에 어느 정도 기한 내에 소송을 제기하여야 하는가? 프랑스 민법에는 나타나있지 않지만 프랑스 개정 민법 원안(Avant－projet)에서 6개월 이내에 제기를 요청하고 있다.31)

나. 불가항력(force majeure) 판례

(1) 사실관계

　1960년 Aude 주의 저소득층 주택 조합은 Polystrat와 파빌리온 건축 도급계약 체결하였는데 이후 하자가 발생하여 시정을 요구하였다. 그런데 Polystrat는 다른 회사와 하도급을 맺었고 다른 회사에 의해 파빌리온 하자 보수가 행해졌다. 이 업

---

25) Article 2251 La prescription court contre toutes personnes, à moins qu'elles ne soient dans quelque exception établie par une loi.
26) "법률, 약정 또는 불가항력으로 인한 장해로 소송을 제기할 수 없는 자에 대하여 시효는 진행하지 않는다." la prescription ne court pas contre celui qui est dans l'impossibilité d'agir par suite d'un empêchement quelconque résultant soit de la loi, soit de la convention ou de la force majeure Cass. civ. 1e 4 févr 1986, Bull. I N° 16.
27) Cass. civ. 2e 10 févr 1966, N° 197.
28) Cass. req., 9 avr 1818, S., 1819, 1, p.462.
29) Cass. soc. 18 déc 1991, Bull. civ V, N° 598.
30) Cass. civ. 1e 4 févr 1986, Bull. I N° 16.
31) AVANT－PROJET DE REFORME DU DROIT DES OBLIGATIONS (Articles 1101 à 1386 du Code civil) ET DU DROIT DE LA PRESCRIPTION (Articles 2234 à 2281 du Code civil) sec2 Art 2226. France code civil.

무는 1967년 7월까지 지속되었으며 다른 보증이 없는 한 10년 보증기간을 갖고 있었다.

1968년 이후 Polystrat 사의 여러 번의 개입에도 불구하고 하자가 지속적으로 발생하였다. 1977년 4월 25일 주택 조합은 Polystrat의 전문 책임 보험자로 지정된 SMABTP에 보험금 소송을 제기하였고 1981년 2월 3일 소송 과정에서 원고에게 제공된 정보를 통하여 Polystrat이 전문 책임보험을 Eagle로 변경한 사실을 알고 SMABTP에 소를 취하하고 Eagle를 제소하였다.

원심은 SMABTP에 대한 소 취하를 승인하였으나 Eagle회사에 대해선 10년의 보증 기간이 1977년 7월에 만료되었음에도 원고가 1981년 2월에 제기하여 시효가 경과되었다고 보고 원고의 Eagle에 대한 소제기는 허용할 수 없다고 판결하였다.

(2) 파기원(Cour de cassation) 판단

파기원(Cour de cassation)은 원고가 실질적으로 전문 책임 보험 회사가 Eagle 이라는 것을 안 때부터 시효가 진행된다고 보았다.

원고 주택조합에게 Polystrat이 전문 책임보험을 SMABTP에 든다고 말했고 Eagle은 1980년 1월 15일에 전문 책임 보고서를 법원에 제출 후 소송에 참여했음에도 불구하고 소송 절차가 종료되는 시점까지 자신의 보험 계약이 아직 발효되지 않음을 알고 있었다. 원고 주택조합은 **분쟁 중인 Polystrat사의 실질 책임 보험 회사가 어디인지 알지 못하여 새 보험회사에 대해 법적 조치가 불가능**(l'impossibilité d'agir)했던 것으로 추정된다.

따라서 법적 조치가 불가능했던 피해자가 자신을 수익자로 체결된 보험 계약의 존재를 알게 된 날부터 피해자의 이익을 위해 시효는 진행할 수 있다[32]

파기원(Cour de cassation)은 Polystrat이 원고 조합에게 SMABTP에 전문 책임보험을 가입하였다고 말한 사실과 Eagle이 새로운 보험회사란 사실을 원고가 알지 못하고 있는 점을 고려하였다. 파기원(Cour de cassation)은 원고 주택조합이 1981년 2월까지 Eagle이 Polystrat의 전문책임 보험회사라는 사실을 알지 못하여 Eagle 보험

---

32) Cass, civ 1e 7 oct 1992 N° de pourvoi: 89-13461

회사를 상대로 소송을 제기하는 것을 불가능했다고 판단하였다.

(3) 판결 설명

앞서도 보았지만 프랑스 법원은 일찍이 채권자가 귀책사유 없이 손해의 발생을 '**알지 못하는 경우**(l'ignorance)'에 대해 '**불가항력에 의한 시효 정지**'를 인정하였다.

파기원(Cour de cassation)은 원고 조합이 "책임 보험 계약 체결 사실을 **알게 된 날**(du jour où la victime des désordres avait connu l'existence du contrat)"부터 새로운 책임보험 회사에 대한 보험금 청구권의 시효가 진행된다고 판단하였다.

이 판결도 원고 조합이 피고 지정에서 새로운 보험회사를 알지 못하는 선의(blameless ignorant)로 인하여 법적 조치를 취할 수 없었다고 보아 불가항력으로 인한 시효 정지를 적용한 사안에 해당한다. 앞서도 본 바와 같이 프랑스 법원은 독일 법원과 비교할 때 '불가항력(force majeure)'의 범위를 넓혀서 판단하고 있다.

다. 소송 수행 조항(clause de direction du procès) 판례

(1) 개요

교통사고가 발생하여 각 차량의 운전자들은 사망하였고 동승하고 있었던 A와 B는 부상을 당하였다. 한편 MGFA보험회사는 A와 보험계약을 맺었는데 소송 수행 의무 조항(clause de direction du procès)이 있었다. MGFA보험회사가 A를 법률상 대리하는 조항이었다. 1977년 6월 교통사고에 대한 재판에서 운전자의 과실을 동승자에게도 똑같이 적용하는 판결이 났다. 이에 B는 불복하여 상소하였으나 MGFA보험회사는 상소하지 않았다.

상급심 재판에서 B의 상소가 인용되었고 A도 그 이익을 누린다고 법원에 주장하였으나 배척되었고 1983년 4월 확정되었다. A는 1984년 12월 보험회사 MGFA를 상대로 상소를 제기하지 않은 사실에 대하여 소송수행의무 부작위에 따른 손해배상을 청구하였다. MGFA보험회사는 상소하지 않은 때부터 2년의 시효가 경과하였다고 주장하였고 손해배상청구권의 청구원인이 언제 발생하였는지가 쟁점이 되었다.

(2) 파기원(Cour de cassation) 판단

파기원(Cour de cassation)은 보험 계약에 포함된 소송 수행의무(la clause de direction du procès) 위반에 따른 손해배상청구권의 소멸시효 기산점은 A의 청구가 패소 확정된 "1983년 4월 확정된 때"부터라면서 다음과 같이 시효 기산점을 설시하였다.

> 보험자의 채무불이행이나 부적절한 의무이행으로 인한 소멸시효의 기산점은 피보험자가 **보험자의 의무 위반과 이로 인한 손해를 안 때**(à la date où l'assuré a eu connaissance des manquements de l'assureur à ses obligations ainsi que du préjudice en résultant pour lui)부터 시작된다.[33]

파기원(Cour de cassation)은 이때부터 채권자인 "피보험자가 보험자의 의무 위반을 인식하였다"고 보고 이때 보험회사에 대한 의무위반에 따른 손해가 발생하였다고 판단하였다.

(3) 판결 설명

MGFA보험회사가 소송 수행의무를 이행하지 않은 것은 B는 불복하여 상소한 때이다. 이때 MGFA보험회사의 소송수행의무 위반 불법행위는 발생한다. 그러나 소송 수행의무를 하지 않았다고 하여 바로 손해가 발생한 것은 아니다. B가 불복 상소하여 얻은 승소 이익이 A의 이익으로 법원이 인용한다면 손해가 발생한 것으로 간주되지 않기 때문이다. 결국 B의 승소이익이 A에게 미치지는 않는다는 법원의 판단이 확정되어야 손해가 발생한 것이다. 이러한 판단은 1983년 4월에 파기원에 의해 확정되었다.

따라서 채권자는 **승소 이익이 본인에게는 미치지 않는다는 '패소 확정시' 비로소 보험회사에** 대한 소송수행의무 위반에 따른 **손해를 알 수 있어** '패소 확정 전'까지는 채권자는 'contra non valentem'에 해당한다.

우리의 가해 행위시와 손해 발생 사이 간격이 있는 경우에 해당한다. 잠재적이고 관념적인 손해가 'B의 승소이익이 A에게 미치지는 않는다'.는 법원의 판단이

---

33) Cass. Civ. 1e 13 Nov. 1991, Bull. 1991 N° 307.

확정되었을 때 비로소 A의 MGFA보험회사에 대한 '손해가 현실화'되었다고 볼 수 있다.

라. 신체 침해에 대한 '확정' 판례

(1) 개요

1980년 9월 26일 피해자는 교통사고를 당하여 1985년 6월 24일 로리앙 법원으로부터 가해자의 보험회사 알리안츠에 대해 피해자의 보험금 수급이 인정되는 판결을 받았다. 그런데 당시 피해자는 후발 손해의 발생이 우려되는 상황이어서 법원은 확정을 위하여 1986년 5월 24일 전문가를 통한 후유증 등 피해 조사를 명령하였다.

1996년 5월 24일 피해자는 자신의 신체 침해에 대해 보험회사를 상대로 권리 재개를 신청하였다. 피고 측 알리안츠 보험회사는 손해의 '확정'(la consolidation du dommage)과 관계없이 피해자의 손해 및 원인을 안 시점부터 시효가 진행해야 한다고 주장하였다.

(2) 파기원(Cour de cassation)의 판단

파기원(Cour de cassation)은 "신체 상해의 경우에는 '확정(la consolidation du dommage)'되었을 때부터 제2270−1조의 소멸시효가 진행된다."고 판단하였다.[34] 'contra non valentem'에 **확정이 이루어지 않은 경우** 시효가 진행되지 않는다고 본 사례에 해당한다.[35]

앞서 보았듯이 프랑스 파기원(Cour de cassation)은 예측가능한 손해가 아닌 '손해의 확정(la consolidation du dommage)'까지 요구한다. 피고 측 알리안츠 보험 전문가가 마지막으로 관찰한 시점에서 시효가 지났다고 주장하였다. 그러나 파기원은 사람의 신체 상해의 손해배상청구권은 '확정'(la consolidation du dommage)이 필요하며 따라서 피해자의 상황이 더 이상 악화되지 않은 고착화된 상태에 이르렀을 때부터 시효가 진행한다고 보고 있다.[36]

---

34) Cass. civ. 2e 4 Mai 2000, Bull. civ. II, N° 75.
35) Zimmermann(fn 3), fn 67.
36) Cass. civ. 2e 11 Jui 2002, Bull. civ. II, N° 177.

4. 'contra non valentem' 적용 범위 확대

각국 법원은 구체적 사안에 따라 법언 'contra non valentem agere nulla currit praescriptio"(소를 제기할 수 없는 경우 시효는 진행하지 않는다)를 적용하면서 점차 범위를 확대하고 있다.

19세기 이전 자신의 고유 재산의 관리권이 남편에게 있었던 시절에는 소를 제기할 수 없는 자로 '결혼한 여성'의 불가능한 소제기에 시효 정지를 위하여 쓰였던 법언이었다. 이후 독일이나 프랑스 법원은 천재지변과 같이 자신이 통제할 수 없는 장애로 인하여 권리행사가 불가능할 때 불가항력(höhere Gewalt)의 시효정지로 'contra non valentem'을 실현하였다.

소멸시효의 갱신을 통해서도 'agere non valenti non currit praescriptio'를 나타낼 수 있다.[37] 일반적으로 법은 채권자 보호에 필요한 범위 내에서만 시효에 관여하여야 한다. 특정 상황에서는 시효가 새로 시작된다. 이것은 전통적으로 시효의 '중단'으로 불리다가 오늘날 '갱신'이라고 기술되는데 갱신은 시효 운영에 있어서 가장 적극적인 간섭 수단이다. 채무자에 대한 채권자의 청구 또는 채무자에게 적용되는 집행 행위가 있다.

소멸시효는 연장될 수 있는데 시효정지를 적용한다거나 주관적 기산점을 통하여 연기가 가능하다. 실제 중단(갱신)보다는 **연기**나 **정지**가 **채권자 보호**로 더 활용되고 있다. 연기는 당사자 간의 청구에 관한 협상이 이루어지는 경우에 채무자의 신원이나 청구를 발생시키는 사실을 채권자가 알지 못하거나 합리적으로 알 수 없는 한 연기된다. 사법 또는 중재 절차가 청구에 계류 중인 경우도 그러하다.

현대 시효 개정에서 법언 'contra non valentem agere nulla currit prae-scriptio'이 개정 시효법의 취지라고 밝힌 바 있다. 이 법언의 구현으로 채권자의 인식을 기준으로 하는 주관주의 기산점 체계를 채택하면서 채권자가 자신의 청구권에 대한 **권리행사를 인식했는지**에 초점을 맞추고 있다. 프랑스 법원은 'contra non valentem'은 청구권을 발생시키는 '**사건**'뿐만 아니라 '**손해 발생**'에 **대한 인식**까지 있어야 시효가 진행한다고 보고 있다.[38]

---

37) Reinhard Zimmermann(fn 3), pp. 31−32.
38) 현재 프랑스법원이나 이탈리아 법원 그리고 네덜란드 민법(Art. 3 : 310 [1] BW)에서 채권자의 손해발생 사실에 대한 인식을 요구하는 것을 contra non valentem agere non currit

이렇게 'Contra non valentem agere non currit praescriptio'(prescription does not run against a person who is unable to bring an action.)' 범위를 넓히고 있다 '결혼한 여성에 대한 보호' 목적으로 시작된 이 법언은 '불가항력'에도 적용하였고 현재 사건에 대한 **인식** 및 **손해 발생**에 대한 **인식가능성이 없는 경우에도** 'Contra non valentem agere'에 따라 채권자의 때 늦은 청구를 받아들이고 있다. 환경 소송 등 미지의 소송에서 'agere non valenti non currit praescriptio'은 더욱 확대될 것으로 보인다.

제2절　생명·신체 침해와 최장기간(long-stop)

1. 개요

주관적 기산점 체계인 발견주의(discoverability criterion)가 채권자의 이익을 대변한다면[39] 객관적 최장기간은 채무자의 이익으로 일정 단계에 들어서면 채무는 종결된 것으로 보아 채권자와 채무자간의 소멸시효의 균형을 만들어준다. 그런데 오늘날 이 균형은 위험에 처해 있다.

최장기간을 현재와 같이 행위시(the time of act)부터 진행할 경우 미래의 환경 소송 등에서 피해자가 손해를 발견하기도 전에 최장기간이 경과되어 사법적 구제를 받을 수 없는 위험이 있다. 대표적인 사례가 석면폐증 등 잠재적 손해로 인한 인간의 생명·신체 침해 소송이다.[40]

고도의 인격적 법익인 생명·신체 침해에 대해 최장기간으로 채권자의 권리행사를 제한할 경우 사람의 생명·신체 법익에 대한 특별한 보호의 취지가 무색하게 된다는 현실적 고민이 있다. 특히 비교적 짧은 최장기간(ex 10년)의 경우 생명·신체 침해 소송에의 적용이 적절한지에 대한 의문이 대두된다.[41]

앞서 최장기간에 관한 손해 발생이 전제되어야 하는 것인지의 논쟁을 살펴보

---

praescriptio의 구현이라고 본다. Reinhard Zimmermann(fn 3), pp. 34−36.

39) Reinhard Zimmermann(fn 3), p. 102.

40) 미처 손해에 대한 합리적인 발견가능성도 없는 상황에서 최장기간이 경과할 수 있기 때문이다. Cartledge v. E. Jopling & Sons Ltd 소송이나 HR 28 April 2000, NJ 2000, 430.네덜란드의 석면소송이 그러하다.

41) Reinhard Zimmermann(fn 3), pp. 101−102.

았다. 여전히 '손해의 발생' 여부를 두고 논쟁이 있으나 사람의 생명·신체 침해에 따른 손해배상청구에 있어선 최장기간을 배제해야 한다는데 학자들은 견해를 같이 하고 있다. 생명·신체와 같이 고도의 우월적 법익에 대해서는 최장기간을 이유로 채권자의 권리행사가 배척되어선 안 된다는 당위가 깔려있다.[42]

Reinhard Zimmermann교수도 석면과 같은 잠재적 소송에는 최장기간으로 채권자의 이익이 담보되기 어렵고 또한 최장기간은 유효적절한 소송으로 이용되기엔 너무 장기간이어서 생명·신체 침해에 대해서는 최장기간의 배제가 바람직하다고 보고 있다.[43] Evelien de Kezel 교수도 예외적인 상황에서는 최장기간을 적용하지 말 것을 제안한다. 최장기간의 적용이 **채권자에 대한 '정의의 부정'**에 해당할 수 있다고 설명한다.[44]

이렇듯 생명·신체 법익의 보호는 최장기간을 배제하는 다음의 입법 현황에서 확인할 수 있다. 이어 최장기간을 적용한 스위스 판례에 대한 최근 유럽재판소 결정과 우리나라의 반인권 국가범죄에 대한 헌법재판소 결정을 차례로 검토하여 최장기간 배제를 통한 채권자의 권리행사를 인정하려는 각 법원의 노력 역시 살펴본다.

2. 입법 현황

가. 영국

객관적 기산점체계만 고수해왔던 영국은 잠재적 손해로 인한 생명·신체 침해에 대한 손해배상소송을 계기로 변화를 맞이하였다. 1997년, 영국 법률위원회는 (British Law Commission) 최장기간에 대한 시효 적용에 관하여 사람의 생명·신체 침해는 30년, 그밖에 다른 청구는 10년으로 구별하여 생명·신체에 대한 법익 보호 필요성을 주장한 바 있었다.

2001년에는 사람의 생명·신체 상해에 대해서는 최장기간(long-stop)을 적용

---

42) Reinhard Zimmermann(fn 23), p. 57.
43) Reinhard Zimmermann(fn 23), p. 53.
44) Evelien de Kezel, "Problematiek van verborgen letselschade en verjaring: reflectie over een speciale vergoedingsregeling n.a.v. zgn. 'asbestschadevorderingen'", Tijdschrift voor privaatrecht (TPR) 2004, 127 ff.

하지 않을 것을 제안했으며 현재 영국 시효법은 이를 따르고 있다.45) 석면처럼 잠복기가 긴 손해배상청구나 성 학대 소송에 대해서는 30년의 최장기간도 경과되기 십상이기 때문이었다.

이 조항은 오직 사람의 생명·신체 상해에 근거한 청구에만 적용이 된다. 또한 청구와 관련하여 최장기간을 배척하는 것이 공정하고 공평하다는 주장 책임은 청구권자인 원고에게 있다.

나. 네덜란드

네덜란드의 경우 불법행위의 손해배상 청구 또는 계약상 채무불이행에 따른 권리행사는 피해자가 손해와 그 손해에 책임 있는 사람의 신원을 알게 된 다음 날부터 5년이 지나면 시효가 완성되는 주관주의 시효와 손해를 야기한 '사건'이 발생한 날부터 20년이 지난 후 시효가 완성되는 최장기간 시효를 두고 있다.

최장기간은 다시 나뉘어져 일반적인 사건이 발생한 날부터 20년, 위험물질로 인한 공기, 물, 토양오염 등 환경 피해의 경우 30년으로 규정하고 있다.46) 그러나 사람의 생명·신체 완전성에 대한 권리 침해에 관하여는 최장기간이 적용되지 않고47) 일반 규정인 주관주의에 의한 5년의 기간만 적용된다.48) 이 같은 내용은 2004년 개정 시행된 네덜란드 민법 규정으로 Van Hese v. Schelde 소송과 같이 20세기 후반에 제기되었던 석면 관련 소송과는 관련이 없다. 앞으로 다가 올 미지의 환경소송이나 위험 물질 소송에 적용될 것이다.

다. 프랑스

앞서 보았듯이 사람의 생명·신체 상해에 관한 특별시효 규정(프랑스 민법 제

---

45) Limitation Act 1980 Sec 14 B. Reinhard Zimmermann(fn 23), p.38 ; Eleanor J. Russel, "Reform of Limitation in Personal Injury Actions", 12 Edinburgh L. Rev. (2008) pp.262－263.
46) Art 3:310 (1) (2) Dutch Civil law 참조.
47) 이 새로운 규칙에 대한 초안은 피해가 아직 발견될 수 없었던 시기에 석면 피해자들의 청구가 최장기간에 의해 배척된 수많은 결정에 대한 대안으로서 1999년에 제출되었다.
48) Art 3:310 (5) Dutch Civil law 제1항 및 제2항과 반대로, 상해 또는 사망으로 인하여 손해배상을 청구할 권리는 피해자가 손해 및 책임이 있는 사람의 신원을 알게 된 날 다음 5년 경과 시 만료된다. 피해자가 피해 및 책임이 있는 사람의 신원을 알게 된 날에 미성년자인 경우, 그 권리는 성년이 된 후 그 다음 날부터 5년 경과시 만료된다.

2226조)으로 10년 또는 고문, 야만행위 또는 미성년자에 대한 폭행이나 성적 침해로 야기된 손해의 경우 20년의 규정을 두고 있다.

2008년 프랑스 민법이 개정되기 전에도 파기원(Cour de cassation)은 구 프랑스 민법 제2270-1조의[49] 최장기간의 기산점을 손해의 표면화(la manifestation du dommage)에서 더 나아가 '손해가 확정(la consolidation)된 때'부터 시효가 진행한다고 보았다.[50] 이러한 최장기간 기산점으로서 '손해의 확정(la consolidation du dom-mage)'은 개정 프랑스 민법 제2226조에 첨가되었고 기산점을 과도하게 늦춘다는 비판까지 일었다.[51]

개정된 프랑스 민법 제2232조 제2항에서 "제1항은 제2226조(신체적 상해에 관한 손해배상) 등에 대해선 적용하지 않는다."[52]라고 규정하여 사람의 생명·신체적 침해에 관한 손해배상청구권에 대해 최장기간을 배제하고 있다. 명실 공히 사람의 생명·신체 침해에 관한 법익을 특별히 보호하고 있음을 알 수 있다.

3. Howald Moor and Others v. Switzerland

이상에서 본 바와 같이 사람의 생명·신체 침해에 대한 손해배상 청구에 관하여 최장기간 적용을 배제하는 입법 규정을 통하여 채권자의 권리를 구제하고 있다. 그러나 아직 대부분의 국가는 사람의 생명·신체 상해에 관하여 최장기간 적용 배제를 규정하지 않고 있는 가운데 최근 유럽에서 사람의 생명·신체의 침해에 관하여 최장기간의 적용 여부를 판단한 판례가 나와 주목된다.

가. 사실관계

스위스인 1946년생 Hans Moor는 Maschinenfabrik Oerlikon(현재 Alstom SA)에서 근무했는데 1965년부터 1978년까지 지속적으로 석면에 노출되었고 2004년 5

---

49) Article 2270-1 (Loi n° 85-677 du 5 juillet 1985; Loi n° 98-468 du 17 juin 1998) 계약 외의 손해배상의 소권은 손해의 발생 또는 손해의 가중이 나타난 때로부터 10년의 시효로 소멸한다. Les actions en responsabilité civile extracontractuelle se prescrivent par dix ans à compter de la manifestation du dommage ou de son aggravation.

50) Cass. civ. 2e 4 Mai 2000, Bull. civ. II, no. 75 N° de pourvoi: 97-21731

51) Reinhard Zimmermann(fn 23), pp. 44-45.

52) Chap III Sec 1 : Art 2232 France code civil 참조.

월 그는 폐암(중피종 흉막)을 진단받았다. 스위스 사고 보험회사(Swiss Caisse suisse d' assurance en cas d' accident 이하 CNA)는 Hans Moor에 대해 직업병을 인정하고 사망시까지 보험금을 지급하였다. 2005년 10월 Hans Moor는 회사를 상대로 금전 및 비 금전적 손해를 법원에 청구하였다. 자신이 직장에서 질병에 걸렸고 회사가 석면에 노출된 직원에 대한 보호의무를 다하지 못했다고 주장하였다. 한 달 후 Hans Moor는 사망하였다. 이후 Hans Moor 유족은 CNA에 대해서도 연대책임이 있다며 손해배상을 청구하였다.

피고 CNA는 보험금 지급 근거 법률인 책임연방법에 따르면 피해가 발생한 후 10년의 시효 규정이 있고 1995년 이후 석면 노출이 발견되지 않아 Hans Moor가 일한 시기인 1978년 석면에 노출된 이후 최장기간 10년이 경과하였다고 주장하였다. 이 같은 주장이 받아들여졌고 스위스 연방 최고 법원은 1965년부터 1978년까지의 석면 노출로 인한 손해배상 청구가 스위스법의 절대적인 최대기간(absolute Verjährungsfrist)인 10년이 경과되었다고 청구를 기각했다. 유족들은 2010년 8월 4일 유럽인권재판소에 소를 제기하였다.

나. 유럽 인권재판소 판단

유럽 인권재판소 제8부는 스위스 시효 법령과 재판받을 권리(EMRK)에 대한 적합성을 조사한 후 다음과 같이 판단했다.[53]

1. **공정한 재판을 받을 권리는**[54] 성격상 절대적인 권리는 아니고 규정에 따라 **제한될 수 있다.** 그러나 개인 권리의 본질적인 부분까지 영향을 끼치는 경우 제한될 수 없다. 공정한 재판받을 권리(EMRK) 제6조 역시 제한될 수 있으나 그 제한이 정당하고 사용수단과 추구되는 목적 사이에 적절한 균형이 있는 경우에만 가능하다.

2. 규정에 따라 제한될 수 있는데 몇 가지 중요한 목표 특히 법적 확실성의 유지를 추구하기 위하여 소멸시효도 그러하다.

3. 석면 관련 질병의 잠복 기간은 수십 년이 될 수 있으므로, 스위스 법과 스

---

53) EGMR: Verjährung von Schadensersatzansprüchen wegen Umweltschäden(NVwZ 2015, 205)

54) NVwZ 2015, 205.

위스 연방 판례법에 따르면 **석면 먼지에 노출될 때부터 10년의 시효기간
이 시작되므로 시효가 항상 경과한다.** 그 결과 석면 피해자가 자신의 청구
를 객관적으로 알기도 전에 시효 법령에 의해 청구가 배제되므로 손해배상
청구는 가망이 없어진다.

4. 소멸시효를 기산할 때, **피해자가 자신에게 질병이 발생하였는지 알 수 없
었음을 고려하여야 한다.** 이 경우, 피해자의 권리에 본질적인 영향을 미치
는 법원에 대한 접근을 차단하는 **소멸시효를 적용하므로** 공정한 재판을
받을 권리를 위반한다.[55]

다. 판결 설명

유럽인권재판소의 난제는 석면 피해자에 대한 스위스법 장기시효 10년을 적용
하여 피해자의 권리구제를 배척할 것인가에 있었다. 석면 관련 질병의 잠복 기간은
수십 년이 될 수 있음에도 해당 스위스 법과 스위스 직업 안전 보건법에 따라 피해
자가 '석면에 노출된 날'부터 기산하기 때문에 석면 피해자 자신이 청구원인을 객관
적으로 알기 전에 피해자의 손해배상청구 소멸시효는 경과한다.

스위스연방법원도 특정 질병의 경우 질병이 발현된 경우에만 손해가 명백해지
고 시효가 만료되기 전에는 손해를 확실하게 예측할 수 없다는 점을 인정했다. 그
러나 법적 안정성을 위해서 손해가 분명해진 때와 관계없이 손해가 발생하였을 때
부터 진행한다고 보았다.

유럽인권재판소는 공정한 재판을 받을 권리도 법적 안정성을 위하여 제한될
수 있으나 위와 같이 피해자가 피해를 알 수 없음에도 소멸시효로 제한하는 것은
공정한 재판받을 권리를 침해한다고 보았다. 이 판결은 사람의 생명·신체 침해에
대해서는 원고가 **인식하기 전에 시효 완성을 이유로 배척하면 공정한 재판받을 권리
제6조에 위반**됨을 보여준다.[56]

피해자가 생명·신체 침해(personal injury)되었는지를 알 수 없었다는 것이 과
학적으로 입증된 경우에는 그 사실을 고려하여 시효를 산정해야 한다는 유럽 인권
재판소의 판결은 유럽 중 대륙법계에서 최장기간에 대하여 변화를 예고한다. 스위

---

55) EGMR (II. Sektion), Urt. v. 11.3.2014 - 52067/10, 41072/11 (Howald Moor ua/ Schweiz)
56) NVwZ 2015, 205.

스는 2020년 개정을 통하여 생명·신체 침해(personal injury)에 대해서는 피해자가 손해 및 가해자를 안 날부터 3년 또는 손해를 야기한 행위가 발생한 날부터 20년의 최대기간(absolute Verjährungsfrist)으로 이전의 1년과 10년 기간을 연장하였다.[57]

독일도 석면과 같은 잠복기를 갖는 환경소송에 대해서는 시효의 기산점 산정에 있어서 피해자가 석면 피해를 알 수 없었다는 사실을 고려하여야 한다는 입장이다.[58] 유럽 인권재판소 결정에 부합하려면 독일 민법 BGB 199 II항의 장기시효는 배제되어야 한다.[59] 이에 대해 독일 민법 BGB의 개정 없이 §206 BGB(불가항력으로 인한 정지(höhere Gewalt))를 적용해서 해결할 수도 있다는 견해가 있다.[60] 이 견해는 사람의 생명·신체 법익에 한정하여 장기시효(long-stop)에 대해 '불가항력을 통한 정지'로 해결할 것을 제안한다.

현재 소멸시효를 두고 있는 나라에서 적어도 사람의 생명·신체 침해(personal injury claims)에 대해서는 피해자의 권리구제를 위하여 최장기간에 구애받지 않는 추세이다. 결국 사람의 생명·신체 침해(personal injury claims)에 관한 손해배상 청구에서는 **해악에 노출된 때**(harmful exposure)**가 아니라 그로 인하여 손해가 분명해졌을 때**(the time of manifestation)를 기준으로 피해자의 권리구제에 중심을 두고 있다.[61]

4. 사람의 생명·신체 침해에 관한 헌법재판소 결정

우리나라에서 사람의 생명·신체 침해(personal injury claims)와 관련하여 대표적인 사건은 2005년 제정된 진실·화해를 위한 과거사정리 기본법(이하 기본법) 제2조 제1항 제3호의 '민간인 집단 희생사건' 및 제4호의 '중대한 인권침해사건'이다.

이 사건들은 한국 전쟁 시 1950년대와 군부독재시절 1960~80년대에 국가 공권력에 의한 불법행위가 있었으나 은폐되었다가 진실화해위원회를 통하여 불법행

---

57) Federal Acton the Amendment of the Swiss Civil Code(The Code of Obligations)Art60, 128a https://www.fedlex.admin.ch/eli/cc/27/317_321_377/en
58) BeckOGK/Spindler, 1.7.2018, BGB § 823 Rn. 760
59) Korves: Ewiges Recht? Zur Anspruchsverjährung bei der Haftung für Umwelteinwirkungen NVwZ 2015, 200(201)
60) NVwZ 2015, 200.
61) Reinhard Zimmermann(fn 23), p. 55.

위가 밝혀진 사안들이다. 이후 피해자들이 국가를 상대로 소송을 하는 경우에 불법행위시부터 최장기간 5년을 도과한다.

이러한 상황에서 법원은 시효는 완성되었으나 채무자인 국가의 시효완성 주장이 신의칙에 반하는 권리남용이라고 보아 피해자의 권리를 구제하여 왔다. 그런데 피해자의 권리행사에 단기 시효보다 짧은 '6개월 내지 3년의 상당기간'을 의무 부과하는 2012다202819 전원합의체 판결을 내놓아 많은 비판이 일어났다. 결국 민법 제166조와 민법 제766조 소멸시효 규정을 반인권 국가범죄에 적용하는 것은 위헌이라는 헌법재판소 결정으로 일단락을 맺게 된다.

가. 개요

피해자들은 1950년 한국전쟁 전후 군경에 의해 강제연행되거나 소집되어 재판절차없이 살해되었다. 또한 1980년대 군부독재시절 피해자들은 국가보안법 위반 등의 범죄사실로 수사를 받고 기소되어 사형 또는 징역형 등 판결이 확정되어 수십년간 복역을 하였다. 1987년 민주화운동이 일어난 후 2005년 기본법에 의해 '진실·화해를 위한 과거사정리 위원회(이하 진화위)'는 2006년부터 2010년까지 한국전쟁시 비무장 민간인들이 군경에 의해 강제연행 및 구금된 후 재판 없이 살해되었다고 진실규명을 결정하였다. 또한 군부독재시절 피해자들이 수사기관의 고문이나 가혹행위에 의하여 허위자백을 하여 유죄판결과 형집행을 받았다고 진실규명을 결정하였고 법원의 재심을 권고하였다.

이후 진실규명결정을 받은 피해자들은 재심절차에서 기존 유죄판결은 취소되고 무죄로 확정되었으며, 2009년 내지 2011년경 형사보상절차에서 형사보상금 지급결정이 확정되어 청구인들은 그 무렵 보상금을 지급받았다. 청구인들은 위 형사보상금이 재산적·정신적 손해를 전보하기에 부족하다고 보아 2010년 내지 2012년경 대한민국을 상대로 손해배상을 청구하는 소를 법원에 제기하였고, 소송 계속 중 법원에 민법 제166조 제1항, 제766조, 국가재정법 제96조 제2항, 구 예산회계법 제96조 제2항에 대한 위헌법률심판제청신청을 하였으나 기각·각하되었다. 이에 청구인들은 헌법재판소법 제68조 제2항에 의한 이 사건 헌법소원심판을 청구하였다.

나. 판례의 태도

우리 판례는 기본법 제2조 제1항 제3호의 '민간인 집단 희생사건' 및 제4호의 '중대한 인권침해사건'의 경우에는 **불법행위가 발생한 날부터 진실규명일까지 권리행사에 객관적 장애가 있었다고** 보고 시효는 완성되었지만 채무자인 **국가의 소멸시효 완성의 항변이 신의칙에 반한다면서** 피해자 또는 유족의 권리행사를 인정하여 왔었다.[62]

그런데 2012다202819 전원합의체 판결은 피해자의 권리행사는 '상당한 기간' 내에 하여야 한다는 판결을 내놓으면서 진실규명결정일부터 짧게는 6개월 내지 3년내에 소제기 등 권리행사를 할 것을 피해자에게 요구하였다.

소멸시효를 이유로 한 항변권의 행사도 민법의 대원칙인 신의성실의 원칙과 권리남용금지의 원칙의 지배를 받는 것이어서 채무자가 소멸시효 완성 후 시효를 원용하지 아니할 것 같은 태도를 보여 권리자로 하여금 이를 신뢰하게 하였고, 권리자가 그로부터 권리행사를 기대할 수 있는 **상당한 기간 내에 자신의 권리를 행사하였다면,** 채무자가 소멸시효 완성을 주장하는 것은 신의성실 원칙에 반하는 권리남용으로 허용될 수 없다.[63]

전원합의체 판결에 따라 일선 법원은 단기시효보다 짧은 6개월 내지 3년이라는 '상당한 기간' 내에 소제기가 이루어지지 않은 청구에 대해서는 상당한 기간을 지났다면서 피해자의 청구를 배척하였다. 결국 국가 불법행위에 의한 민간인 희생사건과 중대한 인권침해사건 상당수의 피해자들이 '국가 공권력에 의한 불법행위로 발생한 민간인 희생 및 중대한 인권침해'라는 진실규명을 받고도 국가손해배상소송에서는 상당한 기간 도과로 패소하는 결과를 맞이하였다.

특히 1, 2심에서 승소하여 가집행을 통해 손해배상금을 받았음에도 최종 패소 판결로 인하여 국가의 부당이득반환청구에 피해자들은 지연이자까지 물어야 하는 초유의 사태를 겪기까지 하였다. 학계의 상당한 비판이 일었고[64] 피해자들은 헌법

---

62) 대법원 2013. 3. 28. 선고 2010다108494 판결; 대법원 2011. 1. 13. 선고 2010다53419 판결; 대법원 2011. 10. 13. 선고 2011다36091 판결; 대법원 2011. 9. 8. 선고 2009다66969 판결; 대법원 2011. 6. 30. 선고 2000다72599 판결 등
63) 대법원 2013. 5. 16. 선고 2012다202819 전원합의체 판결.

소원을 제기하였다. 마침내 헌법재판소의 결정이 나왔다.

다. 헌법재판소의 객관적 기산점 적용 위헌 결정

헌법재판소는 민법 제166조 제1항, 제766조 제2항의 '객관적 기산점'을 '민간인 집단 희생사건' 및 제4호의 '중대한 인권침해사건'에 적용하는 것은 소멸시효 제도를 통한 법적 안정성과 가해자 보호만을 지나치게 중시한 나머지 **합리적 이유 없이 손해배상청구권의 보장 필요성을 외면**한 것으로 청구인들의 국가배상청구권을 침해한다고 결정하였다.

또한 반인권 국가범죄의 특성을 도외시하고 일반 불법행위와 동일하게 불법행위 시점부터 시효를 진행하여 피해자의 청구권을 배척하는 것은 손해의 공평·타당한 분담 원리에 위배된다고 보았다. 헌법재판소는 이에 따라 기본법 제2조 제1항 제3호 및 제4호에 규정된 사건에 대하여 주관적 기산점만 적용할 것을 결정했다.

진실·화해를 위한 과거사정리 기본법 제2조 제1항 제3호의 '민간인 집단 희생사건'의 경우에 위원회로부터 진실규명결정을 받은 피해자 등은 특별한 사정이 없는 한 그 **진실규명결정이 있었던 때**에 손해 및 가해자를 알았다고 볼 수 있을 것이므로, 피해자 등은 진실규명결정을 안 날로부터 3년 이내에 국가배상을 청구하여야 민법 제766조 제1항의 단기소멸시효 완성을 저지할 수 있을 것이다. 한편, 진실·화해를 위한 과거사정리 기본법 제2조 제1항 제4호의 '중대한 인권침해사건과 조작의혹사건' 중 유죄확정판결을 받았던 사건의 경우에는 유죄확정판결의 존재라는 특별한 사정이 있어 **재심으로 기존의 유죄확정판결이 취소된** 이후에야 비로소 손해의 발생, 위법한 가해행위의 존재, 가해행위와 손해발생 사이의 상당인과관계 등 불법행위의 요건사실에 대하여 현실적이고도 구체적으로 인식하였다고 봄이 상당하므로, 피해자 등은 재심판결 확정을 안 날로부터 3년 이내에 국가배상을 청구하여야 민법 제766조 제1항의 단기소멸시효 완성을 저지할 수 있을 것이다.[65]

이를 도식화하면 다음과 같다.

---

64) 자세한 사항은 이은경, "국가범죄에 있어 소멸시효 기산점과 '상당 기간' — 진도 민간인희생사건 전원합의체 판결 중심으로", 민주법학 31권 4호 43면; 최광준, "인권침해에 대한 국가의 책임, 소멸시효완성의 항변과 신의칙", 경희법학 제51권 제2호(2016), 355—356면 참조.
65) 헌법재판소 2018. 8. 30. 선고 2014헌바148 등 결정

민간인 집단희생사건: 불법행위 ⟶ **진실규명결정일**

인권침해사건: 불법행위 ⟶ 진실규명결정일 ⟶ 재심청구 ⟶ 재심 **무죄확**

정판결일

결국 진실화해위원회의 진실규명결정일을 기준으로 **진실규명결정을 통지받은**
날 손해의 발생, 위법한 가해행위의 존재, 가해행위와 손해발생 사이의 상당인과관
계 등 불법행위의 요건사실에 대하여 피해자가 현실적이고도 구체적으로 인식할
수 있다고 본 것이다.

라. 헌재재판소 결정 의의

국가가 소속 공무원들의 조직적 관여를 통해 불법적으로 민간인을 집단 희생
시키거나 장기간의 불법구금·고문 등에 의한 허위자백으로 유죄판결을 하고 사후
에도 조작·은폐를 통해 진상규명을 저해하였음에도 불구하고, 불법행위 시부터 시
효가 진행한다고 보는 것은 피해자와 가해자 보호의 균형을 도모하는 것으로 보기
어렵고, 발생한 손해의 공평·타당한 분담이라는 손해배상제도의 지도 원리에도 부
합하지 않는다.

헌법재판소의 **객관적 기산점 적용에 대한 위헌결정**은 판례가 장기시효에 대하
여 행위시로 보는 데에 따른 것으로 판례와 같이 행위시를 관철한다면 시효가 완성
될 수밖에 없고. 채권자의 권리구제는 채무자의 시효완성 주장이 신의칙에 반하는
권리남용으로만 가능할 뿐이다. 이 경우 일반조항으로의 회피와 상당한 기간 여부
등의 난관이 있다.

헌법재판소는 채권자의 권리구제를 위하여 **객관적 기산점 적용 배제**를 결정하
였다. 헌법재판소에서 반인권 국가범죄에 주관적 기산점만을 적용하는 데에는 사람
의 **생명·신체 침해**(personal injury claims)의 경우 최장기간을 배제하려는 앞서 세계
적인 흐름과 관련이 있다.

Zimmermann 교수는 모든 유형의 청구가 객관적 기산점에 종속될 필요는 없
다면서 "불법행위(delictual claims)의 시효는 '피해자의 인식 또는 인식가능성'을 기
준으로 해야 한다. 특히 사람의 생명·신체 상해(personal injury claims)에 따른 손해
배상청구는 그러하다."고 강조한다.[66]

사람의 생명·신체 상해에 최장기간의 배제는 시효의 기산점의 변동을 가져온 사안들에 대한 확인이며 앞으로의 대책에 해당한다. 불법행위 손해배상청구에서 시효를 요건으로 할 때 피해자는 책임을 져야할 특정 가해자에 대한 손해배상청구권의 존재를 인식하는 것이 결정적인 요소이다.[67]

반인권 국가범죄의 경우 불법행위시 전쟁 상황을 이용한다든지, 군경 등 공권력을 동원한다든지, 허위자백을 통한 재판절차를 이용한다든지 일반 제3자의 시각에서 '국가의 업무상 정당행위'로 비추어지는 상황이 연출되기 때문에 쉽사리 불법행위시에 손해가 발생하였다고 볼 수 없다.

헌법재판소도 이 점을 고려하여 "국민에 대한 생명을 보호하고 안전의무를 지닌 국가가 국민의 생명과 신체에 불법행위를 저지른 경우에도 불구하고 단지 시간의 경과로 피해자의 청구를 배척할 수는 없다."며 객관적 기산점의 배제 및 주관적 기산점의 적용을 결정한 것이다.

이로써 '상당 기간'을 요구하여 실제 채권자의 권리행사를 무력화하여 국가범죄 피해자들에게 2차 가해를 하였던 2012다202819 전원합의체 판결은 판례 변경 없이 자연스레 폐기되었다.

제3절 유죄 판결에 대한 손해배상청구

형사재판에서 유죄판결이 있은 후 이와 관련하여 국가에 대한 손해배상청구를 하는데 그전에 형사 재심을 통한 무죄확정판결을 필요한지에 관한 논쟁이 있다. 이 논쟁은 일본에서 먼저 시작되었다.

1. 일본

가 학설대립

(1) 직접 청구설

재심을 통하지 않고 직접 국가에 대한 손해배상청구가 가능하다는 견해로 재

---

66) Reinhard Zimmermann(fn 23), p.98. at fn 182.
67) H. Koziol(fn 9), no. 9/3

심에서 유죄확정판결에 대한 취소를 필요로 하지 않고 직접 유죄확정 판결에 대해 불법을 주장하면서 손해배상을 청구할 수 있다는 입장이다. 재심의 필요성이 없기 때문에 손해배상청구권의 소멸시효는 선행한 유죄판결시부터 진행한다.[68]

이 견해에 따르면, 이전 소의 민사·형사 판결에서 확정된 권리 관계를 복멸하는 것과 판결에 대한 위법으로 국가에 대한 손해배상 청구를 하는 것과는 목적 및 심판의 대상을 달리하는 별개의 문제로 본다. 따라서 유죄확정판결의 인정 판단의 위법성 유무를 국가배상 청구 소송에서 별도의 목적 관점에서 심리 판단하여도 사법 제도의 본질과 상소 재심 제도의 취지에 반하지 않는다는 입장이다.

만약 유죄의 확정판결 이후 20년이 지나 재심 무죄확정판결이 난 경우, 신의칙 법리나 정의와 공평의 이념을 통한 일본 민법 제724조 후단의 효과를 제한할 수 있다고 해석하고 있다.[69] 현재 일본의 유죄판결 이후 손해배상청구는 형사절차에서의 무죄확정을 필요하지 않고 직접 국가배상 소송을 제기할 수 있다는 견해가 우세하다.

(2) 무죄확정 필요설

권리자의 주관적 사정이 아닌 객관적으로 손해배상청구권의 권리행사를 방해하는 사정이 존재하는데 재심을 통해 무죄판결이 확정될 때까지 이전의 유죄의 확정 판결은 불법이 될 수 없으므로 유죄 판결을 불법으로 규정하는 손해배상청구권을 행사하기 위해 재심의 무죄확정판결이 필요하다는 견해이다.

일단 형사상 유죄 판결이 확정되면 재심 등의 법정 절차가 아닌 한 누구라도 그 재판에 대해 오판 내지 무죄로 그 효력을 부정할 수 없으며, 유죄 판결의 정당성이 민사소송에서 손해배상청구소송의 전제 문제로 재심에 의한 무죄 판결을 거치지 않고는 확정 판결의 불법을 입증하는 것이 사실상 불가능하기 때문에 손해배상청구권에 대한 제척기간은 재심에 의한 무죄판결의 확정까지는 진행하지 않는다고 본다. 직접 청구설에 입각한 최고재판소 판례가 나오기 전까지 판례의 태도였

68) 古崎慶長, 判例タイムズ 505号 1983, 209頁; 原田尚彦, 判時 724号 1974, 126頁; 宇賀克也, 判時 1070号 1983,189頁; 古崎慶長, 国家賠償法. 有斐閣. 1971, 1281頁; 遠藤博也, 国家補償法 上卷. 青林書院. 1981, 300頁.
69) 西埜章. "国家賠償請求権と消滅時効·除斥期間 (淺生重機教授 河邉義正教授 古稀記念論文集)." 明治大学法科大学院論集 10 (2012), 130−131頁.

다.[70) 이하 두 판례를 차례로 소개한다.

나. 판례

유죄판결에 직접적으로 국가배상을 청구할 수 있는지에 관해 유죄판결의 실질적 확정력으로 인해 위법성을 주장할 수 없어 민사절차에 의해 확정된 형사판결을 뒤집는 것은 불가능하다고 본다.[71) 재심에서 무죄확정 후 국가배상청구권이 부정된다면 일본 헌법 제17조 국가배상청구권의 취지에 맞지 않고 유죄확정판결이라는 불법으로 국가배상청구권을 방해한다고 보아 재심을 통해 무죄 판결이 확정될 때까지 국가배상청구권의 제척기간이 진행되지 않는다고 해석한다.[72)

따라서 불법 공소제기나 오판으로 인한 국가를 상대로 한 손해배상청구에 대해 피해자가 가해자의 가해 행위를 인식했다하더라도 '무죄의 확정 판결을 받았을 때'까지 가해자에 대한 손해배상청구권의 행사가 현실적으로 불가능하기 때문에 '무죄의 확정 판결을 받았을 때'부터 시효가 진행한다고 판단한다.[73)

결국 불법한 공소 제기 및 오판으로 인한 손해 발생을 주장하려면 재심을 통하여 유죄 이외의 재판 즉 무죄, 면소, 공소 기각 등 **형사 재판이 확정된** 때부터 국가를 상대로 한 손해배상청구권의 시효가 진행한다고 보았다.[74)

다. 1982년 최고재판소 판결

1982년 최고재판소는 확정된 판결이 오판으로 인해 국가배상을 청구하기 위해서는 사전에 재심에 의하여 확정 판결의 취소를 필요로 하는 것이 아니라 별도의 목적과 관점에서 **직접 국가에 대한 손해배상청구가 가능**하다고 판결하였다. 다만 직접 청구에서도 다음과 같은 특별한 사정이 필요하다고 설시하였다.

---

70) 피해자는 1915년 강도 살인사건이 발생하자 피의자로 체포된 후 무죄를 주장했지만 무기징역이 선고 확정됐다. 복역 중에 그는 계속적으로 재심을 청구했으나 기각되었고 1969년 형의 집행이 면제되었다. 6차례 재심청구 끝에 재심이 인용되어 1977년 7월 강도 살인사건에 대해 무죄판결을 받았고 이후 국가를 상대로 손해배상청구를 하였다. 広島地裁, 昭和 55年 7月 15日 判時 971号 19頁; 東京地裁 昭和 47年 7月 1日 訟務月報 19巻 7号 1頁.

71) 大阪地裁, 昭和 48年 4月 25日 判時 704号 22頁.

72) 大阪高裁, 昭和 50年 11月 26日 判時 804号 15頁.

73) 最判, 昭和 58年 11月 11日 交通民集 16巻 6号 1515頁.

74) 東京地裁, 昭和 39年 4月 15日 判時 371号 5頁 ; 東京地裁, 昭和 44年 4月 23日 判時 557号 3頁; 東京高裁, 昭和 45年 8月 1日 判時 600号 32頁.

유죄의 확정판결이 국가배상법 제1조 제1항에 해당하는 위법행위에 부합한 것으로 그 책임이 긍정되기 위해서는 해당 재판부가 위법 또는 부당한 목적을 가지고 재판했다거나 사실 인정이나 법령의 해석적용에 경험법칙·채증법칙·논리법칙을 현저히 일탈하고 판사에게 요구되는 양심을 의심받는 듯한 비상식적인 과오를 저지른 것이 해당 재판의 심리단계에 있어서 명백하다는 등 재판관이 그 부여된 권한의 취지에 명백히 배제하고 이를 행사했다고 인정할 수 있는 특별한 사정이 있음을 요구한다.[75]

이렇게 유죄 판결에 대해 직접 그 불법을 주장하여 손해배상을 청구할 수 있다는 최고재판소의 판결이 나온 후 히로시마 고등법원은 형사 유죄판결을 받은 때부터 20년의 제척기간이 도과했다는 이유로 기각하였다.[76]

2. 우리나라

가. 개요

아직까지 우리의 경우 학계에서 이 부분에 대해서는 논의된 바는 없다. 이론적으로는 일본의 직접 청구설대로 민사·형사 판결이 구분되어 형사 판결에 대한 위법을 이유로 국가에 대한 손해배상 청구가 가능하고, 판결의 인정 판단의 위법성 유무를 국가배상청구에서 별도의 목적 관점에서 심리 판단할 수 있다는 결론에 이를 수 있다.

판례는 형벌에 관한 법령이 헌법재판소의 위헌결정으로 소급하여 효력을 상실하였거나 법원에서 위헌·무효로 선언된 경우, 그 법령이 위헌으로 선언되기 전에 그 법령에 기초하여 수사가 개시되어 공소가 제기되고 유죄판결이 선고되었다고 하여도 이러한 사정만으로 국가배상청구소송을 할 수 없다는 입장이다.[77] 재심사건에 대해서도 유죄의 확정판결에 대한 무죄확정이 선행되어야 한다고 보고

---

75) 最判 昭和 57年 3月 12日 民集 36卷 3号 329頁.

76) 広島高判, 昭和 61年 10月 16日 判時 1217号 32頁.

77) 대법원 1996. 7. 12 선고 94다52195 판결. 한편 대법원은 긴급조치 제9호의 적용·집행으로 강제수사를 받거나 유죄판결을 선고받고 복역함으로써 개별 국민이 입은 손해에 대해서 국가배상책임 있다는 판결을 한 바 있다. 자세한 사항은 이은경, "대법원 2022.8.30.선고 2018다212610 전원합의체 판결의 시사", 법학연구 통권 제70집, 2022.12. 참조.

있다.[78]

그런데 최근 수사과정에서 불법구금이나 고문을 당한 사람이 그에 이은 공판 절차에서 유죄 확정판결을 받고 수사관들을 직권남용, 감금 등 혐의로 고소하였으나 검찰에서 '혐의 없음' 결정까지 받았다가 나중에 재심절차에서 무죄판결을 선고받은 후 국가손해배상청구를 한 사안에서 원심과 대법원이 서로 다른 판단을 하여 관심을 끈다.

나. 대법원 2019. 1. 31. 선고 2016다258148 판결

(1) 사실관계

피해자는 수사기관에 의해 임의동행의 방식으로 연행되어 구속영장이 발부된 1981. 9. 21.까지 7일 동안 가혹행위를 당하였다. 이후 국가보안법 위반으로 구속 기소되었고 법원은 1982. 2. 18. 피해자에게 유죄를 인정하였다. 상고심 끝에 1984. 10. 10. 징역 1년과 집행유에 2년이 확정되었다.

피해자는 위와 같이 수사관들로부터 폭행과 고문을 당한 후 오른쪽 눈의 시력을 대부분 상실하였고 청력에도 이상이 생겼다. 피해자는 수사관들을 직권남용, 감금 등 혐의로 고소하였으나 검찰에서 '혐의 없음' 결정까지 받았다. 1985년과 1986년에는 위와 같은 폭행과 고문의 후유증으로 자살을 시도하였고, 그 후에도 심각한 우울증을 앓았다.

피해자는 2014. 2. 17. 재심을 청구하였고 재심에서 무죄 형사 판결이 확정된 후 정신적 손해배상을 구하는 소를 제기하였다.

(2) 원심 판단

원심은 "수사과정에서 한 위법행위가 없었더라면 피해자가 재심대상사건에서 형사소송법 제325조 후단에 따라 무죄판결을 선고받았을 고도의 개연성이 있었다고 볼 수 없다." 등을 이유로, 재심대상사건에서 무죄판결이 확정되기 전에도 권리행사가 가능했다고 보고 소멸시효 항변을 받아들였다.

---

78) 대법원 2014. 2. 27. 선고 2013다209831 판결; 대법원 2014. 1. 16. 선고 2013다205341 판결; 대법원 2014. 10. 27. 선고 2013다217962 판결 등 다수

재심대상사건에서 무죄판결이 확정되기 전까지 계속하여 원고들이 권리행사를 할 수 없는 장애가 있었다고 보기는 어렵다(재심대상사건에서 무죄판결이 확정되어야 비로소 손해배상 성립요건의 증명이 있다고 인정되는 유형이 아니고, 수사과정에서의 원고들 주장 위법행위가 증명되면 재심 전이라도 손해배상책임의 성립이 인정될 수 있다.[79])

원심은 직접청구설 입장에서 피해자가 수사과정에서 수사관의 위법행위가 증명하면 재심 전이라도 국가의 손해배상책임의 성립이 인정될 수 있다며 유죄판결 후부터 국가에 대한 손해배상청구권의 시효가 진행된다고 보고 이미 피해자의 손해배상청구권의 시효가 지났다고 보아 원고의 청구를 기각하였다.

(3) 대법원 판단

대법원은 원심과 반대로 이 사안에 대해 불법구금과 고문을 당한 피해자가 유죄 확정판결을 받고 수사관들을 직권남용, 감금 등 혐의로 고소하였으나 검찰에서 '혐의 없음' 결정까지 받았다는 사실에 주목하면서 무죄확정 필요설을 취하며 다음과 같이 판단하였다.

> 이러한 **무죄판결이 확정될 때까지는** 국가를 상대로 불법구금이나 고문을 원인으로 한 손해배상청구를 할 것을 **기대할 수 없는 장애사유**가 있었다고 보아야 한다. 이처럼 불법구금이나 고문을 당하고 공판절차에서 유죄 확정판결을 받았으며 수사관들을 직권남용, 감금 등 혐의로 고소하였으나 '혐의 없음' 결정까지 받은 경우에는 재심절차에서 무죄판결이 확정될 때까지 국가배상책임을 청구할 것을 기대하기 어렵고, 채무자인 국가가 그 원인을 제공하였다고 볼 수 있기 때문이다[80]

대법원은 위와 같이 판단하면서 원심이 소멸시효 항변에 관한 법리를 오해하여 판결에 영향을 미친 잘못이 있다며 소멸시효 항변을 인용한 원심을 파기하였다.

---

79) 서울고등법원 2016. 9. 29 선고 2016나2003346 판결
80) 대법원 2019. 1. 31. 선고 2016다258148 판결

다. 검토

앞서 이론상 형사와 민사가 목적과 심판 대상을 달리하는 별개의 제도라는 점에서 형사판결에 대해 민사 소송을 통하여 직접 손해배상청구가 가능하다고 하더라도 수사기관의 가혹행위에 대해 형사 고소하였으나 '혐의 없음' 결정이 나는 상황에서 형사판결효력을 민사재판에서 독립적으로 불법성을 판단하는게 현실적으로 쉽지 않을 것이라는 건 형사판결의 실질적 확정력까지 가지 않더라도 예측 가능하다.

일본 최고재판소 판결에서도 보았다시피[81] 형사 재심을 거치지 않고 직접 손해배상을 청구할 때, 형사재판이 위법 또는 부당한 목적을 가지고 재판했다거나 경험법칙·채증법칙·논리법칙을 현저히 일탈하는 등의 **특별한 사정의 증명**을 요구하고 있어 과연 피해자가 시급하게 형사 유죄를 다투는 상황에서 형사판결의 위법을 주장하면서 민사소송을 제기할 수 있을지 의문이 있다.

당사자에게 민사상 수상책임과 증병책임이 있는 만큼 형사 유죄 판결을 받은 피해자로서는 무죄 확정판결로 형사책임을 벗어난 후에 유죄 판결의 위법성을 다투는 것이 보다 실익이 있을 것이다. 또한 직접청구설의 경우 유죄판결부터 시효가 진행되므로 시효기간 도과로 인한 피해자 권리구제가 소멸되는 문제점 역시 간과할 수 없다.

따라서 형사 유죄판결은 법률상의 장애에 가까운 객관적 장애사유로서[82] 유죄 판결에 대하여 재심절차에서 무죄의 확정판결이 있는 날부터 손해배상청구권의 시효가 진행된다고 보아야 한다.

제4절   위자료에 관한 지연손해 기산점

1. 문제제기

불법행위로 인한 재산상 손해는 위법한 가해행위로 인하여 발생한 재산상 불

---

81) 最判 昭和 57年 3月 12日 民集 36卷 3号 329頁 참조.
82) 피고인들이 재심에서 무죄선고를 받은 때부터 기산하는 것이 타당하다. 국가가 유죄판결이 확정되고 그 판결이 번복되지 않은 상태에서 판결로 인한 구금, 사형 집행 등이 국가의 불법행위라는 전제하에 손해배상청구소송을 제기할 것을 기대할 수 없기 때문이다. 이유정, "사법절차를 통한 과거사 청산의 쟁점", 재심 · 시효 ·인권, 2007, 290면.

이익을 말한다. 즉 위법행위가 없었더라면 존재하였을 재산 상태와 그 위법행위가 가해진 현재의 재산상태의 차이를 말하며, 손해액은 원칙적으로 불법행위시를 기준으로 한다. 여기에서 '현재'는 '기준으로 삼은 그 시점'이란 의미에서 '불법행위시'를 뜻하는 것이지 '지금의 시간'이란 '사실심 변론종결시'를 뜻하는 것은 아니다.[83]

판례는 불법행위로 인하여 상해를 입고 그 때문에 사망한 자의 손해배상청구권에 대한 지연손해의 기산일을 '불법행위 날'에 재산상 손해 및 위자료 모두 발생하고 지연 손해 역시 별도의 청구 없이 불법행위시에 발생한다고 본다.[84] 그런데 최근 판례가 위자료에 대하여 불법행위시와 다르게 사실심 변론종결시를 기준으로 보고 지연손해도 이에 따르는 예외 사정을 두어 문제가 된다.

2. 외국과의 비교

가. 독일

독일 민법에서 불법행위로 인한 손해배상액을 산정하는 기준시는 이행청구시가 원칙이다.[85] 채권자가 이행기 도래 후 최고를 한 후에 비로소 발생하여 채무자의 지체를 요건으로 이행기 도래 후 채권자의 최고를 요구하고 있다.[86] 독일 민법 제280조, 제286조 제1항에서 채권자가 이행기 도래 후 최고를 하였음에도 채무자가 급부하지 아니한 경우 채무자는 최고로 인하여 지체에 빠진다.

예외적으로 독일 민법 제849조에 의하면, 물건의 침탈 또는 훼손으로 그 감소 가액을 배상해야 하는 경우에 손해배상액의 지연이자는 가액결정의 기준이 되는 시기부터 이자를 청구할 수 있는데, 그 시기는 침해 또는 손해발생시기를 가리킨다.[87]

독일 연방대법원은 "불법행위에 근거한 손해배상 청구가 손해 발생시부터 법정이율에 따라 이자가 지급되어야 한다는 일반적인 법원칙은 외국법에 의거한 것으로 독일 민법의 §849 BGB는 이러한 면에서 '자연 발생적' 이자에 대한 예외이며

---

83) 대법원 2010. 4. 29 선고 2009다91828 판결.
84) 대법원 1993. 3. 9. 선고 92다48413 판결.
85) 김재형, Ⅳ 불법행위로 인한 위자료에 대한 지연손해금의 발생 시기, 민법판례분석, 한국민사판례연구회, 2015. 422면.
86) Münchener Kommentar zum BGB. Auflage 2016 §286 Rn. 6.
87) RGZ 153, 171(173); BGHZ 8, 288(298) = NJW 1953, 499(500 f); BGH NJW 1965, 392 f.; Münchener Kommentar zum BGB. Auflage 2017 BGB § 849 Rn. 7

이 규정에서 규율된 물건의 침탈 또는 훼손의 경우에 한하여 적용되어야 한다."고
말한다.[88]

이와 같이 독일 민법에서 불법행위로 인한 손해배상에 대하여 지연이자를 불
법행위시부터 기산하는 것은 예외적이지만 불법행위 시를 기준으로 배상액을 산정
하고 있다는 점에서 일관성을 지니고 있다.

나. 일본

일본은 채무 불이행과 불법행위를 나누어 채무불이행에 기한 손해배상청구 채
무는 기한의 정함이 없는 채무이며, 일본 민법 제412조 제3항에 의하여 그 채무자
는 채권자의 이행 청구를 받은 때에는 지체에 빠지는 것으로 본다.[89]

불법행위에 대해선 불법행위와 동시에 지체에 빠진다는 다수설과 판례이다.
그 이유로는 주로 연혁과 공평 관념을 들어[90]이미 타인의 권리를 불법행위로 침해
했기 때문에 지연손해에 대해 최고를 필요로 하지 않고 손해전보가 신속하게 이루
어져야 한다고 본다.[91] 불법행위의 경우 '원상회복의 이념'에 의해 "피해 이전 상황
과 손해 전보 후 사이에 조금도 틈을 남기지 않아야 한다."는 관념이 있다.[92] 이러
한 방식이 피해자 보호에도 타당하다고 본다.[93]

지연 손해에 대한 손해배상액 산정은 재량적 성격을 강조하여 구두변론 종결
시에 바로 손해액의 평가에 모든 사정을 고려하고 금전평가의 기준시라는 견해
와[94] 소송지연에 따른 문제를 고려하여 채무불이행과 동일하게 청구시부터로 보는
견해가 있다.[95] 판례는 불법행위와 동시에 지체에 빠지게 되어 지연손해금도 그 시
점부터 계산된다고 본다.[96]

---

88) BGH NVwZ 1994, 409.
89) 最判, 昭和 55年 12月 18日 判決 民集 34卷 7号 888頁 참조.
90) 我妻栄, 新訂債権総論, 岩波書店, 1964, 105頁
91) 我妻栄, 事務管理·不当利得·不法行為, 日本評論社, 1940, 208頁
92) 四宮和夫, 不法行為, 青林書, 1985, 636頁
93) 中井美雄, 債権総論講義 有斐閣 1996, 432頁
94) 藤原弘道, "損害賠償債務とその遅延損害金の発生時期(上)(下)". 1987, 判タ 629号 11頁
95) 平野裕之, 不法行為法, 信山社, 2013, 473–474頁.
96) 最判, 昭和 37年 9月 4日 昭和34(オ)117 民集 16卷 9号 1834頁; 피해자 유족의 유족 보상 연
    금은 피해자의 일실 이익의 손해에서 손익 상계 조정이 이루어져야 것을 판시한 최근 판결
    도 이 입장에 있다. 最判 平成27年 3月 4日 民集 69卷 2号 178頁

3. 지연 손해 발생시점

가. 대법원 2011. 7. 21. 선고 2011재다199 전원합의체 판결

대법원은 위자료를 산정할 때에는 사실심 변론종결 당시까지 발생한 일체의 사정이 그 참작대상이 될 뿐만 아니라, 위자료 산정의 기준이 되는 국민소득수준이나 통화가치 등도 변론종결 시의 것을 반영해 변동된 통화가치 등을 추가로 참작하여 위자료의 수액을 재산정해야 하는데 불법행위 시와 변론종결 시 사이에 장기간이 경과되어 통화가치 등에 상당한 변동이 생긴 경우 다음과 같이 판시하였다.

불법행위가 행하여진 시기와 가까운 무렵에 통화가치 등의 별다른 변동이 없는 상태에서 위자료 액수가 결정된 경우에는 그 <u>채무가 성립한 불법행위 시로부터 지연손해금이 발생한다고 보더라도 문제될 것은 없으나,</u>

불법행위시와 사실심 변론종결시 사이에 40년 이상의 오랜 세월이 경과되어 위자료를 산정함에 반드시 참작해야 할 변론종결시 통화가치 또는 국민소득수준 등에 불법행위시와 비교하여 상당한 변동이 생긴 때에는, 합리적인 이유 없이 과잉손해배상이 이루어지는 것을 방지하기 위하여, 예외적으로 **위자료 산정의 기준시인 사실심 변론종결일부터 지연손해금**이 발생한다.[97]

이상과 같이 불법행위 시와 변론종결 시 사이에 통화가치 등에 상당한 변동이 생긴 경우 불법행위로 인한 위자료배상채무의 지연손해금 기산일을 ＝사실심 변론종결 당일로 본다는 것이다.

나. 비판적 검토

판결은 배상액 산정의 기준시점을 파악하는데 재산상 손해에 대해 손해배상액은 불법행위시를 기준으로 하는 반면, 위자료의 경우 사실심 변론종결시를 기준으로 하고 있다. 이에 지연손해금을 도출한 결과는 다음과 같다.

---

97) 대법원 2011. 7. 21. 선고 2011재다199 전원합의체 판결

통상의 경우

    불법행위시＝적극적 손해＋소극적 손해＋적극·소극·정신적 손해의 지연손해

    변론종결시＝정신적 손해

변동의 경우

    불법행위시＝ 적극적 손해＋소극적 손해＋적극·소극 손해의 지연손해

    변론종결시＝ 정신적 손해＋정신적 손해의 지연손해

(1) 위자료의 기준시

위자료의 기준시점을 사실심 변론 종결시로 본 점이다. 판례는 이제까지 배상액 산정의 기준시점을 불법행위시로 보았다.[98][99] 그리고 손해배상액 산정에 참작할 사정을 사실심 변론종결시까지 판단하여 왔다.[100]

불법행위로 인하여 일실이익 손해도 원칙적으로 손해가 발생한 불법행위 당시로 산정하지만 임금이 인상되었을 때에는, 사실심의 변론 종결때에 가장 가까운 시기의 임금을 기준으로 삼아 산정하고 있으며[101] 피해자가 종전과 같은 직장에서 같은 수입을 얻는다 하더라도 "피해자의 신체훼손에 불구하고 재산상 아무런 손해를 입지 않았다고 단정할 수는 없다.[102]"고 보아 판례는 사실심 변론종결시까지 경험칙상 모든 사유를 참작하고 있다.

따라서 위자료도 불법행위시 발생하고 변론종결시까지 여러 제반 사정을 참작

---

98) "불법행위로 인한 손해배상채권은 불법행위시에 발생하고 그 이행기가 도래하는 것이므로, 장래 발생할 소극적·적극적 손해의 경우에도 불법행위시가 현가산정의 기준시기가 되고, 이때부터 장래의 손해발생시점까지의 중간 이자를 공제한 금액에 대하여 다시 불법행위시부터의 지연손해금을 부가하여 지급을 명하는 것이 원칙이며 (중략) 불법행위시 이후 사실심의 변론종결일 이전의 어느 시점을 기준으로 하여 현가를 산정하면서도 지연손해금은 그 기준시점 이전부터 명하는 것은 위와 같은 방법에 비하여 중간 이자를 덜 공제하였거나 지연손해금을 더 많이 인용한 결과가 되어(일종의 과잉배상이 된다) 허용될 수 없다" 대법원 1994. 11. 25 선고 94다30065 판결.

99) 대법원 2010. 8. 26. 선고 2009다67979,67986 판결.

100) 대법원 1992. 11. 13. 선고 92다14526 판결, 대법원 2006. 3. 9. 선고 2005다16904 판결, 대법원 1991. 6. 11. 선고 91다7385 판결, 대법원 1991. 8. 13. 선고 91다7798 판결

101) 대법원 1993. 7. 27. 선고 92다15031, 판결

102) 대법원 1991. 1. 29. 선고 90다카24984 판결(공1991,865), 대법원 1991. 2. 12. 선고 90다13291 판결(공1991,976), 대법원 1991. 3. 12. 선고 90다13277 판결(공1991,1169), 대법원 1991. 8. 13. 선고 91다7798 판결 등

하는 것이다.[103)]

(2) 위자료 지연손해의 이중 기준

위자료 지연손해금에 대한 이중의 기준이 문제된다. 대상 판결은 위자료 산정의 기준시점을 사실심 변론종결일이라고 판시하면서도 통상의 경우 불법행위 당시부터 지연손해금의 지급을 명하는 것이 원칙이라고 한다. 그러나 위자료를 산정하는데 사실심 변론종결일을 기준으로 하는 것이 옳다면 지연손해금도 사실심 변론종결일을 기산점으로 하여 산정하는 것이 논리상 타당하다.[104)] 대상 판결의 논리대로라면 위자료의 경우 불법행위 당시부터 지연손해금이 붙는 것은 오히려 예외가 되어야 한다.

다. 지연 손해의 기산점

(1) 문제의 소재

불법행위가 없었더라면 피해자가 그 손해를 입은 법익을 계속하여 온전히 향유할 수 있었다는 점에서 지연손해금 역시 불법행위시부터 발생한다고 보는 것이 타당하다. 한편 변론 종결시까지의 발생한 일체의 사정들이 참작사유가 되어 위자료의 원금이 산정되기 때문에 그 위자료채무액에 대한 불확실성에 지연손해금까지 더해져 원금보다 지연손해금이 훨씬 더 커지는 상황에 대한 현실적인 고민이 따른다.

쟁점은 불법행위시부터 변론종결시까지 장기간이 경과하고 통화가치 등에 상당한 변동이 생긴 경우 배상액 산정에 어떻게 반영하느냐의 점에 있다.

(2) 위법행위 시점과 손해발생 시점에 시간적 간격이 있는 손해의 발생 시기

우리 판례도 불법행위에서 위법행위 시점과 손해발생 시점에 시간적 간격이 있는 경우 손해액 산정의 기준 시점은 손해발생 시로 본다.[105)]

---

103) 대법원 1999. 4. 23. 선고 98다41377 판결, 대법원 2002. 11. 26. 선고 2002다43165 판결
104) 김용담, 주석민법 2010, 283−284면.
105) 대법원 2007. 11. 16. 선고 2005다55312 판결; 대법원 2012. 2. 23. 선고 2010다97426 판결; 대법원 2011. 7. 28 선고 2010다76368 판결.

불법행위로 인한 손해액 산정의 기준시점은 불법행위시라고 할 것이나, 다만 불법행위시와 결과발생시 사이에 시간적 간격이 있는 경우에는 결과가 발생한 때에 **불법행위가 완성**된다고 보아 불법행위가 완성된 시점, 즉 손해발생시가 **손해액 산정의 기준시점**이 된다고 할 것이다.106)

잠재적 손해 또는 손해가 뒤늦게 발견되는 경우 손해의 표면화 현실화되었을 때부터 손해가 발생하는 것으로 보아 이때부터 손해배상청구권의 소멸시효가 진행된다고 본 바 있다.

(3) 일본 진폐소송

위중한 행정 결정에 상당하는 건강 상태에 따른 손해 또는 석면 관련 질환에 의한 사망으로 인한 손해의 지연 손해금 기산점에 대해 손해의 현실화를 '가장 위중한 행정 결정을 받은 때' 또는 석면 관련 질환으로 '사망했을 때'로 본다. 이 경우 다음과 같이 지연 손해금이 산정된다.

1) 석면에 노출되어 4단계 행정관리결정 통지를 받고 사망한 피해자 망 X1은 석면 먼지에 노출하여 석면폐 (4단계)에 걸린 것이 인정되나 X1의 사망 및 사망 X1의 석면 분진 노출 사이의 인과 관계를 인정할만한 증거는 없다. **이 경우 4단계 행정관리결정에 따른 손해액과 이에 따른 지연 손해금**은 다음과 같이 산정될 것이다.

> 지연 손해금 기산시기 − 2006년 7월 10일(4단계 행정관리결정일)
> 손해액 − 손해 원금 및 이에 대해 2006년 7월 10일(4단계 행정관리결정일)부터 지불할 때까지 연 5%의 비율에 의한 지연 손해금107)

---

106) 대법원 2007. 6. 15. 선고 2005다45605; 대법원 2014. 7. 10 선고 2013다65710 판결 등 참조.

107) "이러한 질병의 특성에 비추어 2단계, 3단계, 4단계 행정 결정을 차례로 받았다고 하여 당초의 손해가 양적으로 확대했다고 해석할 수 없으며, 각각 관리 구분마다 질적으로 다른 손해가 발생한 것으로 해석되어야하며, 또한 석면 관련 질환에 의해 사망한 경우에는 2단계 내지 4단계에 해당하는 건강 상태에 따른 손해는 질적으로 다른 별도의 손해가 발생했다고 보아야 한다." 大阪高裁, 平成 25年 12月 25日 民集 68卷 8号 900頁; 福岡地裁, 平成 18年 8月 30日 判時 1953号 11頁

2) 사망한 피해자 A11은 석면에 노출하여 4단계 행정관리결정을 받고 사망하였는데 피해자 A11의 사망 및 석면폐에 의해 인과관계도 인정되었다. 그렇다면 피해자의 **사망으로 인하여 손해액과 이에 따른 지연손해금**이 산정된다. 이때 위자료 중 원고 X21와 원고 X22 각각 상속했다고 한다면

　　지연 손해금 기산시기－2009년 12월 19일(사망일)

　　손해액－X21와 원고 X22가 균분하여 위자료와 이에 대해 2009년 12월 19일부터 지불할 때까지 연 5%의 비율에 의한 지연 손해금

불법행위에 기한 손해배상청구권은 손해의 발생과 동시에 아무런 최고를 필요로 하지 않고 지체에 빠진다. 불법행위가 없었더라면 피해자가 그 손해를 입은 법익을 계속해서 온전히 향유할 수 있었다는 점에서 불법행위로 인한 손해배상채무에 대하여는 공평의 관념에 비추어 그 채무성립과 동시에 지연손해금이 발생한다고 보아야 한다.[108] 적극적 손해이든 소극적 손해이든 정신적 손해이든 어떤 손해이든 간에 지연손해를 손해 발생과 분리하여 산정할 수는 없다. 결국 손해의 발생이 관건이다.

(4) 사안 해결

불법행위 시와 변론종결 시 사이에 장기간이 경과되어 <u>통화가치 등에 상당한 변동이 생긴 대표적인 사건</u>이 앞서 본 진실·화해를 위한 과거사정리 기본법 제2조 제1항 제3호의 '민간인 집단 희생사건' 및 제4호의 '중대한 인권침해사건'이다.

앞서 본대로 헌법재판소는 민간인 집단희생사건 및 재심사건에 대해 주관적 기산점만 적용할 것을 주문하였다. 또 "재심을 통한 **무죄판결이 확정될 때까지는 국가**를 상대로 손해배상청구를 할 것을 **기대할 수 없는 장애사유**가 있었다."고 대법원 2019. 1. 31. 선고 2016다258148 판결이나 수사기관의 위법한 폐기처분으로 인한 피압수자의 손해는 **형사재판 결과가 확정**되기 전까지는 관념적이고 부동적인 상태에서 잠재적으로만 존재하고 있다고 본 대법원 2022. 1. 14. 선고 2019다282197,

---

108) 대법원 1993. 3. 9. 선고 92다48413, 판결; 불법행위로 인한 손해배상채무의 지연손해금의 기산일(＝불법행위 성립일). 대법원 2010. 7. 22. 선고 2010다18829 판결

판결 모두 불법행위와 손해발생시에 시간적 간격이 있는 경우에 해당한다.

기본법 제3호의 '민간인 집단 희생사건' 및 제4호의 '중대한 인권침해사건' 모두 국가 공권력의 불법행위라는 진실규명결정이 있기 전까지 국가를 상대로 한 손해는 관념적이고 잠재적으로만 존재한다. 결국 **진실규명결정**과 인권침해사건 중 재심사건의 경우 **재심무죄확정**이 있어야 **손해가 현실화**되었다고 할 수 있다.

> 민간인 집단희생사건: 불법행위 ──→ **진실규명결정일**
> 재심사건: 불법행위 ──→ 진실규명결정일 ──→ 재심청구 ──→ 재심 **무죄확정판결일**

가해행위시에 관념적이고 부동적인 상태에서 잠재적으로만 존재하고 있는 손해가 **진실규명결정시에 손해가 현실화**되었다고 보면 **적극·소극·정신적 손해를 포함하여 지연 손해 역시 이때 발생한다.**

그러므로 판례의 통화가치 변동의 사안에서 불법행위에 관한 적극·소극 손해 및 지연 손해는 '불법행위시' 그러나 정신적 손해 및 지연 손해는 '변론종결시'로 보는 논리적 모순을 해결할 수 있을 것이다.

위안부피해자의 손해배상청구권이 2015년 한일합의 또는 국가면제에 의해 제한되는가?

위안부피해자의 손해배상청구권이 2015년 한일합의 또는 국가면제에 의해 제한되는가?

A Study on Whether 'comfort women' Victims (wartime sexual slavery)' Right to Claim Compensation is Restricted by the 2015 Korea-Japan Agreement or State Immunity

Ⅰ. Introduction

The reality of the 'comfort women' issue was revealed through the testimony of victims in the 1990s. The Japanese government acknowledged and apologized for co-ercion through the Kono Statement in 1993 and tried to settle it with the Asian Women's Fund as a moral compensation, but it remained incomplete due to a differ-ence in position with the victim who wanted legal responsibility.[1]

In 2011, the Constitutional Court ruled that the "Korean government's omission to resolve disputes with Japan regarding the victims of 'comfort women' was uncon-stitutional (2006 Heonma 788), and it was urgently necessary to resolve the 'comfort women' victims between Korea and Japan. As a result, there was an agreement be-tween Korea and Japan in 2015, but the reality is that both the victims and the new

---

1) After Abe took office in 2006, the US House of Representatives passed a bill demanding an apology to Japan in 2007 due to a negative stance on the Kono statement. Kentaro Yamamoto, Background of the Comfort Women Issue-Focusing on the Movement of the Kono Statement-, Reference, (September 2013,) pp. 66-68.

government are neglecting them.

In the midst of this, conflicting judgments have arisen in the first trial in a lawsuit filed by the 'comfort women' victims of the Japanese military against Japan. In the judgment of January 8. 2021, the judgment was the first to acknowledge liability for compensation, but in judgment of April 21. 2021, another court dismissed the lawsuit against Japan on the grounds of state immunity. In June, the plaintiffs, who had won the judgment in January, accepted the application for property declaration made by the 'comfort women' victims against the Japanese government for enforcement.[2]

Chapter 2 examines whether the 1965 Korea-Japan Agreement restricts the rights of 'comfort women' victims to claim compensation. First, we review the contents of the 1965 Korea-Japan Agreement and check whether the 'comfort women' victims' right to claim compensation is included in the agreement. Chapter 3 examines whether the 2015 Korea-Japan Agreement is a legally binding treaty between Korea and Japan to examine whether the 2015 Korea-Japan Agreement restricts the exercise of individual claims. Chapter 4 compares the January and April judgments on whether the 2015 Korea-Japan Agreement limits the rights of "comfort women victims" to claim compensation. Let's examine whether the 2015 Korea-Japan Agreement affects individual claims. It also examines whether the rights of "comfort women victims" to claim compensation are limited by the 2015 Korea-Japan Agreement or state immunity. Chapter 5 leads to the conclusion that neither the Korea-Japan agreement nor state immunity can limit the rights of 'comfort women' victims to claim compensation.

---

2) Japan did not respond to the lawsuit, citing the principle of "state immunity," which states that sovereign states are exempt from the jurisdiction of other countries. As the Japanese government showed no response even after the verdict, the "comfort women victims" filed an application for the Japanese government to disclose their assets in Korea to the court in April to claim damages through forced collection. Seoul Central District Court [Seoul Central Dist. Ct.], 2021ka-myeong391 June. 9, 2021 (S. Kor.).

II. Does the 1965 Korea-Japan Agreement Limit the Rights of Comfort Women Victims to Claim Compensation?

1. 1965 Korea-Japan Agreement[3)]

It is necessary to examine the contents of the Korea-Japan agreement that led to such a judgment.[4)]

Article 2 (1) and (3) of the Korea-Japan Agreement concluded in 1965 are stipulated as follows.

> 1. The two Contracting Parties agree to the peace treaty with Japan, signed at San Francisco on September 8, 1951, concerning the property, rights and interests of both Contracting Parties and their nationals (including legal persons) and claims between the Contracting Parties and their nationals. Confirms that it will be fully and finally resolved, including those provided for in Article 4(a).
>
> 3. Subject to the provisions of Article 2, <u>measures against the other Contracting State with respect to the property, rights and interests</u> of that Contracting State and its nationals within the jurisdiction of the other Contracting State on the date of signature of this Agreement and **claims** between

---

3) Agreement on the Settlement of Problem concerning Property and Claims and the Economic Cooperation between the Republic of Korea and Japan, June 22, 1965, 583 U.N.T.S. 173.

4) When Korea-Japan diplomatic ties were established in 1965, the plaintiffs who had wage claims against Japan during the Japanese colonial period filed a lawsuit against Japan. The Japan Tribunal believes that the exercise of claims against the Japanese government by Koreans has been extinguished due to the Korea-Japan Agreement. A typical example is the case for compensation for damages to victims of Korean victims in the Asia-Pacific region. The court said, "The right to claim compensation for damages of Koreans who served as comfort women in the wartime corresponds to 'property, rights and profit' in Article 2-3 of 1965 Korea-Japan Agreement. It was extinguished with the application of the 「Act on Measures for Property Rights in the Republic of Korea」, etc. in accordance with Article 2 of 1965 Korea-Japan Agreement. The right to claim damages has expired 20 years from December 18, 1965, the effective date of the Korea-Japan Agreement." Tokyo High Court, July 22, 2003. Heisei 13 (Ne) No. 2631.

the Contracting Parties and both Contracting Parties. Similarly, you cannot claim claims for causes that occurred before the same date.[5]

In addition, Article 2 of the Minutes of Agreement I is as follows.

(a) The term "property, rights and interests" has been understood to mean all kinds of substantive rights whose property value is recognized on a legal basis.

(e) It was agreed that the measures to be taken under Article 3 refer to the domestic measures to be taken by each country to settle the problem concerning the property and rights and interests of the two countries and their nationals and claims between the two countries and their nationals as referred to in Article 1.

(g) Regarding the issues concerning property and rights and interests of the two countries and their nationals, and claims between the two countries and their nationals, which are to be fully and finally settled as referred to in Article 1, the "Korea Claims Guidelines against Japan" submitted by the Korean side at the Korea-Japan talks (the so-called 8 items) [6] are included. Therefore, it was confirmed that no claims can be made re-

---

5) supra note 3.
6) ① Request for refund of 246,633,198.61g (presented at the 5th meeting) and 67,541,771.2g (presented at the 5th meeting) exported through the Bank of Chosun
② Request for repayment of claims made by the Japanese government as of August 9, 1945
③ Request for refund of money lost or remitted from Korea after August 9, 1945
④ Request for return of property in Japan by a corporation that had its head office, head office, branch or main office in Korea as of August 9, 1945
⑤ Requests for reimbursement of Japanese government bonds, public bonds, Japanese bank notes, receivables, compensation, and other claims made by Korean corporations or Korean natural persons against Japanese nationals or Japanese nationals(A) Japanese Securities(B) Japanese currency(C) Korean receivables for evacuation(D) Compensation for damage caused by war(E) Relations between Koreans' claims to the Japanese government(F) Claims made by Koreans to Japanese or corporations
⑥ Items related to the exercise of individual rights by the Korean (natural or legal person) against the Japanese government or Japanese nationals Dong-A Ilbo (June. 23. 1965)

garding these 8 items. [7]

Reviewing the 1965 Korea-Japan Agreement and Article 2 of the Minutes of Agreement I, "Measures as property, rights and interests" in Paragraph 3 are a specific measure and can be interpreted as meaning that both Contracting States extinguish substantive rights through their domestic laws. Therefore, it is limited to "property, rights and interests" that not only the right to diplomatic protection but also substantive rights are extinguished by domestic law.[8]

Claims can be divided into those included in the eight outlines of claims against Japan and those that are not. The right to claim included in the eight outlines of claims against Japan can be seen as a relinquishment of the right to diplomatic protection through the 1965 Korea-Japan Agreement.

In the case of claims excluded from the eight outlines even through literal interpretation, the state's right to diplomatic protection and an individual's right to claim against Japan can be claimed.[9] In the case of the right to claim compensation for the victims of the 'comfort women', it is self-evident that it could not be included in the 8 items of claims against Japan in the 1965 Korea-Japan Agreement because they had denied the 'comfort women' act itself before the 1993 Kono Statement.[10]

2. Japan's Position on Individual Claims for Compensation

As we saw earlier, under the 1965 Korea-Japan agreement, the rights of 'comfort women' victims are not covered. The rights of 'comfort women' victims to claim compensation belong to the rights of civilians against Japan. Here, we examine whether

---

7) supra note 3
8) supra note 3
9) In Japan, "property, rights, and interests" are considered substantive rights for which property values have already been recognized as a legal basis. In contrast, claims do not constitute 'property, rights, and interest'. Therefore, its legal existence itself must be determined through litigation. See The 126th House of Representatives Budget Committee No. 26, May 26, 1993.
10) see footnote 21.

individual claims are limited by the Korea-Japan agreement. In Chapters 3 and 4, we will examine whether the effect of the 2015 Agreement between Korea and Japan for "comfort women victims" limits the individual rights of "comfort women victims" but consider Japan's position before that.

1) Japanese government

After the war, Japan signed Soviet-Japanese Joint Declaration of 1956 with The USSR [11]like the Korea-Japan Agreement, the San Francisco Peace.[12] After each treaty was signed, the atomic bomb victims and Japanese victims detained in Siberia believed that their claims against the United States or Russia had been extinguished by the previous agreements. Therefore, they claimed compensation for the loss against their home country, Japan.

In response, Japan said, "It is the right of the state to negotiate with a foreign country based on the right to claim compensation under international law through the foregoing agreement. However, the right of an individual to independently claim compensation is different from the state's right, so it is not affected by any promises made by the state in a treaty with a foreign country." Therefore, "the right to individual claim is not waived because it is mutually waived only for the right to diplomatic protection."[13] This indicates that the Japanese government has no obligation to pay on behalf of the Japanese government because the treaty with the United States

11) Clause 5 (Measures for non-returned Japanese citizens) The USSR waives all claims against Japan. From August 9, 1945, Japan and the USSR mutually renounce all claims against other countries, groups and peoples of each country, its groups and peoples as a result of the war. http://teikoku-denmo.jp

12) The Treaty of San Francisco (1951) "Article 14 (b) Except as otherwise provided in the present Treaty, the Allied Powers waive all reparations claims of the Allied Powers, other claims of the Allied Powers and their nationals arising out of any actions taken by Japan and its nationals in the course of the prosecution of the war, and claims of the Allied Powers for direct military costs of occupation." "Article 19(a) Japan renounces all claims of Japan and its nationals against the Allied Powers and their nationals arising out of any action taken out of war or because a state of war existed. It also waives all claims arising out of the presence, performance of functions or actions of the armed forces or authorities of one of the Allied Powers in the territory of Japan prior to the entry into force of this Convention." http://www.chukai.ne.jp.

13) Tokyo District Court, December 7, 1963, Hanrei Jihosha, No.355 17.(1964)

or Russia does not limit individual claims against the United States or Russia.[14]

As in the treaties with the United States and Russia, Japan expressed that in the Korea-Japan agreement, only the right to diplomatic protection was waived, excluding civilians' right to claim. In 1991, the Budget Committee of the House of Representatives when a post-war litigation for compensation for victims of forced labor and 'comfort women' was filed in Japan, the government's response to the Budget Committee of the House of Representatives was as follows.

> In the Korea-Japan Claims Agreement, the ultimate and complete resolution of the claims issue between the two countries is to settle the claims between the two countries, including each country's claims. **This is a mutual renunciation of the diplomatic protection rights of the two countries.**
>
> Therefore, it **does not mean that the so-called individual right to claim itself has been extinguished in the sense of domestic law,** it means that the two governments cannot treat it as an exercise of diplomatic protection.[15]

As seen in this answer, he gave an answer meaning that there is only waiver of the right to diplomatic protection and there is no way to prevent a lawsuit that has exercised civilian claims against Japan. Behind the claim that only the right to diplomatic protection was waived, it was the same as the intention to escape the responsibility claimed by its citizens against the state in other agreements. In other words, because Japanese people who left property in Korea gave up only their diplomatic protection due to the Korea-Japan agreement, they can claim their individual rights as they are. As a result, the Japanese government ignored its citizens' claims for compensation for losses by implying that it had no obligation to compensate.[16]

---

14) "The point of the waiver of claim in Paragraph 6 of the Joint Declaration of Japan and the Soviet Union is the waiver of the State's own right to claim and the diplomatic protection that the State automatically has. Therefore, it does not mean that individual citizens have waived their right to claim against the Soviet Union or its citizens." House of Councilors Cabinet Committee March 26, 1991 No. 3

15) 121st House of Councilors Budget Committee August 27, 1991 No. 3

The same opinion was expressed by the Budget Committee of the House of Representatives in 1993. Although the government had been negotiating to normalize relations between Korea and Japan, it complained that there was a large difference in positions between the two countries and that it was difficult to prove the facts as 10 years had passed since the end of the war. So, in the end, the two countries announced that the Korea-Japan agreement dealt with the property claim between the two countries in order to contribute to the stability of the people's livelihood and economic development in Korea from a global perspective. He also hinted that the individual right to claim remains.

> "As it is a waiver of diplomatic protection rights with respect to property, rights and interests and claims, and there are provisions as mentioned in paragraph 3 in response to paragraph 1, the Japanese Government has adopted domestic law (Act 2 Act on measures against property rights in the Republic of Korea, etc.)
>
> It means that the substantive right to property, right and interest is extinguished, and not only the diplomatic protection right but also the right is substantially extinguished, but the diplomatic protection is renounced with respect to the claim. If there is an individual claim, **it can exist in a form that is not subject to diplomatic protection.**"[17]

---

16) Masatoshi Tanida who was in charge of negotiating the Korea-Japan Agreement at the time, explained, "The Japanese government is not responsible for compensation for Japanese people who have left assets on the Korean Peninsula because the waiver through the 1965 Agreement is a renunciation of diplomatic protection." edited by Yagakusha, Law on Measures for Property Rights in South Korea, etc. pp.107-110 (1966)

17) While explaining the Korea-Japan Agreement, the government side explained, "In Article 2(3), there is a provision such that the other party does not make any claims with respect to the measures and claims against the property, rights and interests of one Contracting State. In Japan, a law is made to extinguish the substantive rights that exist. Specifically, bonds, security rights, or property rights to Japan or Japanese nationals have been extinguished. **This is a substantive right, and the reason why the right to claim is not the subject of this Act is because the right to claim, which is the very object of extinction, does not exist in a visible form.** For example, during a dispute between A and B, if A is beaten by B and the court orders B to compensate for A, this claim is A's claim against B, and the court's ruling confirms that B has a debt to A. **It is only**

In response to the National Assembly, the Japanese government announced the following regarding individual claims.

> "The issue of property claims between Korea and Japan was completely and finally resolved in the so-called Claims and Economic Cooperation Agreement of 1965. Regarding the issue of property claims of Korean and Japanese citizens, the bilateral renunciation of diplomatic protection does not mean that individual property or claim rights were directly extinguished in the sense of domestic law by the provisions of the Korea-Japan agreement itself. This is the so-called treaty handling issue, which is dealt with in accordance with national legislation. The structure of the Convention is that the so-called diplomatic protection cannot be exercised. **The individual right to claim does not deprive it of the right to bring it to court, for example. However, there are cases where the courts make decisions based on domestic law.**"[18]

2) Japan's Position on the Rights of 'comfort women' Victims to Claim Compensation

In 1991, in South Korea, Kim Hak-soon was the first to announce to the world that she was a victim of 'comfort women'. The Japanese parliament, surprised by this, also asked if the state was involved in the mobilization of the 'comfort women' in relation to the complaint filed by the 'comfort women' victims. The government did not know and denied the involvement of the state because there was no relevant data through various investigations.[19]

---

when the judgment is rendered that the claim becomes a substantive right for the first time." The 126th House of Representatives Budget Committee No. 26, May 26, 1993.

18) House of Representatives Cabinet Committee No. 1 March 25, 1994.

19) Government official Noriyuki Wakabayashi said "As for the issue of comfort women in the military, the Ministry of Labor has conducted various investigations, but there is no data. I also asked the labor authorities at the time or the labor mobilization police station, but they answered that these organizations did not participate in the wartime comfort women, so it is im-

While covering up the 'comfort women' victims, the Japanese government acknowledged the possibility of exercising civil rights against Japan in accordance with the original interpretation of the 1965 Korea-Japan Agreement. Then, in 1991, when the testimony of Kim Hak-soon, a victim of 'comfort women', became known domestically and internationally, an investigation was conducted to find out the truth. [20] As a result, when the facts were confirmed, **the Kono Statement in 1993 acknowledged the coercion of 'comfort women' victims and promised to take responsibility.** [21] The contents are as follows. [22]

"Regarding the issue of 'comfort women' in the military, in a statement by the chief cabinet secretary in August last year, the government is carefully considering ways to express apology and remorse to all those who have experienced extreme pain and have been deeply wounded. We are working hard to come to conclusion as soon as possible, but it is difficult to say specifically when, at the moment. We can't just delay it, so we want to bring out the review results as soon as possible."[23]

Contrary to expectations, however, at the 126th House of Representatives Budget Committee, the issue of compensation for the 'comfort women' was also dis-

---

possible to understand the situation, including whether the government was involved in this situation."121st House of Councilors Budget Committee August 27, 1991 No. 3

20) Since December 1991, the Japan government has conducted an inquiry as to whether it had been involved in the issue of the so-called "wartime comfort women" from the Korean Peninsula into the ministries and agencies which might keep the related materials. Statement by Chief Cabinet Secretary Koichi Kato on the Issue of the so-called "Wartime Comfort Women" from the Korean Peninsula (July. 6. 1992)

21) The Government of Japan has been conducting a study on the issue of wartime "comfort women" since December 1991. I wish to announce the findings as a result of that study. The Government study has revealed that in many cases they were recruited against their own will, through coaxing coercion, etc., and that, at times, administrative/military personnel directly took part in the recruitments. Statement by Chief Cabinet Secretary Yohei Kono on the Result of the Study on the Issue of "Comfort Women" https://www.awf.or.jp/e6/statement-02.html

22) House of Representatives Cabinet Committee No. 1 March 25, 1994.

23) id

cussed, but the government responded that it would take measures from a moral and humanitarian point of view.[24]

the Japanese government did not bear legal responsibility, but only moral responsibility through the establishment of the Asian Women's Fund and began to speak in the sense that the legal responsibility was resolved in the 1965 Korea-Japan agreement.[25] Regarding the Asian Women's Fund, then President Kim Dae-jung of South Korea opposed the funding provided by the Japanese people, and made it clear that the legal responsibility rests with the Japanese government.

On May 17, 2004, at the Cabinet Committee meeting of the House of Representatives of Japan, the government said that it had already been legally settled through treaties such as the San Francisco Peace Treaty and the Peace Treaty between the two countries.[26]

As I said now, **the so-called "comfort women" issue has been legally resolved between the parties to the San Francisco Peace Treaty,** so the Asian Women's Fund thinks that it is the most appropriate and best to respond accordingly. We have been working together in the fullest extent.[27]

On the contrary, Narizaki (楢崎, Democratic House of Representatives) says that the **'comfort women' issue has not been resolved and that the state should apologize to the victims, and proposes a bill to promote the resolution of the Japanese military's "comfort women" issue to provide compensation** under the

---

24) The 126th House of Representatives Budget Committee No. 26, May 26, 1993.
25) "The Japanese government legally settled the so-called property rights or compensation rights through the Korea-Japan Treaty, and the Asian Women's Fund was established through public donations from Japan for the 'comfort women' issue." The Japanese government sidestepped the issue, saying it was doing its best to finance the project. House of Representatives Cabinet Committee No. 3 September 9, 1998.
26) The 159th House of Representatives Settlement Administrative Oversight Committee No. 1 Subcommittee No. 1 (May 17, 2004 (Monday)) https://www.shugiin.go.jp. https://www.shugiin.go.jp/internet/itdb_kaigirokua.nsf/html/kaigirokua/004115920040517001.htm
27) ibid

state responsibility.[28]

3) Position of Japanese courts

After the Kono Statement, the main stage for the claim of 'comfort women' victims has shifted from politics to litigation. The Yamaguchi Judgment, which appeared in the early days of the 'comfort women' victim lawsuit, is the only judgment in which the plaintiff's claim has been cited for the 'comfort women' victims. In the Yamaguchi judgment, the court held that the defendant, who was a state identical to this, had the original legal duty to ensure that no further harm was caused to the victim, even if it was caused by the state actions of imperial Japan prior to the enactment of the Japanese constitution.

> "Considering that neglecting the loss of many women who became 'comfort women' also causes serious new human rights violations, at the latest since August 4, 1993, when the Cabinet Secretary's statement was published. It can be said that **the duty to take legal action to ensure that no further damage is caused has been converted into an obligation under the Japanese constitution to legislate special compensation to recover the damages of the 'comfort women'** plaintiffs, and it can be said that the legislative task was given to the National Assembly.
>
> Therefore, the omission of legislation violates the State Compensation Act because a reasonable time to enact legislation within three years has elapsed until the end of August 1996. Also, since the legislative duty could be easily recognized as a legislative task in the discourse, there is an error of legislative omission."[29]

---

28) ibid

29) Since the enactment of the Constitution of Japan, which has a negative perception and reflection on the militarism of Imperial Japan, based on the fundamental values of respect for the individual and the dignity of the person, the duty becomes increasingly heavy and measures to re-

The Yamaguchi judgment came after the Asian Women's Fund was established. In other words, the Japanese government claimed that the problem was finally resolved by using the Asian Women's Fund as a result of the Kono Statement, but the Yamaguchi Court ruled that **it was only a result of moral responsibility and legal responsibility still remained.** However, the case was confirmed to be defeated at the Hiroshima High Court.

In the Asia Victims' Suit, the court acknowledged the state's duty to care for the safety of the comfort women victims and the illegal responsibility for neglecting them. [30] However, the court dismissed the plaintiff's claim, considering that the claim fell under the "property, rights, and interests" of the Korea-Japan Agreement, and that the substantive rights had been extinguished by the enforcement of the law in accordance with the measure. [31]

In this lawsuit, with the exception of the DB of 'comfort women' who have lived in Japan, [32] all claims for wages and the right to claim compensation for 'comfort women' are considered to be "property, rights and interests" under the substantive

---

cover damages for the victims must be taken. Even though the defendant was aware of the existence of the military 'comfort women' system, even after the enactment of the Japanese Constitution, the defendant multiplied the suffering by neglecting the plaintiffs for many years, and **this omission itself constitutes a new violation of the dignity of the plaintiffs.** Yamaguchi District Court Shimonoseki Branch, April 27, 1998.

30) A person who has a dominant contractual relationship with the state for the operation of a comfort station in response to compulsion to act as a military "comfort woman" during World War II, or a person who is a co-operator with a private company. There may be cases where there is a duty to consider safety to protect health, etc. from danger, and there may be cases where there may be a case of tort liability equivalent to the supervisor's responsibility under Article 715 Paragraph 2 of the Civil Act. Tokyo High Court, July 22, 2003. Heisei 13 (Ne) No. 2631 Appeal case for compensation for Korean victims of each Asia-Pacific War.

31) Claims for damages due to violations of the state's duty to care for the safety of the claimants or illegal acts all fall under causes that occurred prior to the date of the conclusion of the Korea-Japan Claims Agreement. It is reasonable to interpret it as falling under the "property, right or interest" of Article 3 and extinguished from June 22, 1965. in accordance with the application of Article 1 of the Measures Act. ibid.

32) However, the appellant DB was a person who lived in Korea from 1940 to around 1952, and his claim for damages fell under Article 2-2 (a) of the Korea-Japan Claims Agreement, since it does not fall under Article 2-3 of the Korea-Japan Claims Settlement Agreement, it does not disappear and exists according to Article 1 of the Measures Act.

law, and it is considered that they have been extinguished through the Korea-Japan Agreement.[33][34]

This is also contrary to the Japanese government's argument that the concept of a claim can be recognized as a substantive right by the existence of a claim by a final judgment rather than "property, right, and interest" already acquired.

Finally in a case in which Chinese plaintiffs and others claimed damages claiming that they were forcibly taken from China to Japan during World War II in 2007 and subjected to forced labor, confinement, and rape, the Supreme Court of Japan judged that claims arising during the Sino-Japanese War were extinguished under Article 5 of the Sino-Japanese Joint Statement under the framework of the San Francisco Peace Treaty concluded with the former Allied Powers.[35]

"The reason this framework was established is that if a peace treaty is signed

---

33) In a similar judgment. "The claims of Xs who may have obtained claims for damages based on violation of the duty to consider safety and illegal acts, except for claims of X who have resided in Japan after August 15, 1947, are "to property and claims As it falls under "Property, Rights and Interests" in Article 2-3 of the Agreement between the Republic of Korea and Japan on the Settlement of Problems and Economic Cooperation (hereinafter referred to as the "Korea-Japan Claims Agreement"), "Resolution of Problems Regarding Property and Claims" and Article 2 of the Agreement on Economic Cooperation between the Republic of Korea and Japan to be extinguished on June 22, 1965 in accordance with the provisions of Paragraph 1 of the Act on Measures for Property Rights in the Republic of Korea, etc. Tokyo High Court, November 30, 2000. Judgment Monthly Litigation Report Vol. 48, No.3 685.
34) Hiroshima High Court, January 19, 2005.
35) On September 8, 1951, Japan signed the San Francisco Peace Treaty with 45 Allied Powers, excluding the Soviet Union and China. On the premise that all claims were mutually waived, Japan recognized its obligation to pay war compensation to the Allied Powers. The disposition of overseas assets within the jurisdiction of the Allied Powers was entrusted to the Allied Powers, and the specific war compensation agreement set the framework for Japan's post-war treatment to be concluded individually with each Allied Power. **This framework was used during the signing of the treaty with the 48 Allied Powers.** Accordingly, in light of the importance of the San Francisco Peace Treaty, in which it was confirmed that Japan restored independence, **Japan should take the basic framework of the Convention in concluding a peace treaty not only with the parties to the San Francisco Peace Treaty, but also with countries or regions that are not party to the treaty, and in handling post-war procedures.** Supreme Court April 27, 2007. Jihosha Hourly Bulletin No.1969 28.

and problems related to various claims arising in the course of the war are re-solved by ex post and individual exercise of civil judicial rights, it will hinder the achievement of the purpose of the peace treaty for any country or people in the future. interpreted as thought.

The purpose of the waiver of the claim in the framework of the San Francisco Peace Treaty is to prevent the settlement of the claim issue by ex-post and individual exercise of the right in civil court.

The "waiver" of the claim here (Articles 14 (b), 19 (a)) is not to sub-stantially extinguish the claim, but rather to interpret it as the loss of the power to bring the claim to trial."[36]

Following the judgment of the Supreme Court of Japan, the Japanese court held that, in accordance with the purpose of the Supreme Court, the treaty had the ef-fect of reaching Korea, not a contracting country, under the framework of the peace treaty.

In the above, it was seen that the Japanese government gave up only the right to diplomatic protection in the case of civilian claims against Japan through the Korea-Japan agreement. [37]

The Japanese government did not even admit to the exploitation of the "comfort women" from the beginning on the issue of "comfort women". After the Kono Statement, the Japanese court held that the moral responsibility had been completed through the creation of the Asia Fund. Finally, the Japanese court held

---

36) "According to the framework of the San Francisco Peace Treaty, the circumstances leading up to the conclusion of this Agreement, and the text of Article 2 of the Agreement in this case, the measures taken by both Korea and Japan pursuant to the conclusion of this Agreement, ① claims of Korea or its nationals against Japan or its nationals are "property, rights and inter-ests", in principle, in accordance with Paragraph 1 of the Measures Act, extinguishes on June 22, 1965 ② In accordance with other reasons that occurred before that date, all claims are sub-ject to paragraphs 1 and 3 of the same Article. It is clear that Korea and its people have become an element that cannot make any claims against Japan and its people. It is construed to follow the framework of the San Francisco Peace Treaty, which mutually waives all claims arising in the course of the war, including individual claims." Toyama District Court, September 19, 2007

37) See 2. Japan's Position on Individual Claims for Compensation above.

that the right to claim personal claims, **including the issue of "comfort women", as well as diplomatic protection, were all extinguished by the "framework" of the San Francisco Treaty.**

However, the judgment of the Supreme Court of Japan is problematic in the following. Since we are not a party, **the effect of the treaty cannot be applied.**[38] **It can only be seen as giving up the legal explanation that it has the effect of being effective on non-contracting countries that are not contracting states.**[39]

It also contradicts the judgment of the Japanese court, which interpreted that although the diplomatic right of the state was waived by the treaty, the individual's right to claim was not waived.[40] [41]

Above all, **the right to claim the "comfort women" victims were not even the subject of negotiations in the Korea-Japan agreement.** When the 2005 Korea-Japan Agreement document was released, it was revealed that at the time of the Korea-Japan Agreement, claims regarding 'comfort women' were not included. This could be said to have become clearer when **the public-private joint committee officially announced that the legal responsibility for compensation for the victims of the "comfort women" remained.**

---

38) Of the 51 participating countries, 48 signed the treaty.

39) After the peace treaty, in 1955, Japan signed a reparation agreement for damage caused by aggression with Myanmar, Indonesia, the Philippines, and South Vietnam, and paid formal reparations. The reparation agreement with them was based on Article 14 of the San Francisco Peace Treaty on Compensation. However, in our case, the Korea-Japan Agreement is an agreement based on Article 4 of the San Francisco Peace Treaty regarding territories, so it is unreasonable to apply the waiver of claims between the Contracting States in Article 14 of the San Francisco Peace Treaty. Lee Won-deok, "The Contemporary Meaning of Re-illumination of the Korea-Japan Reconciliation of Relations", *A Study on the Normalization of Relations between Korea and Japan*, pp. 8-9(2013).

40) In the lawsuit for non-payment of forced labor by Koreans and compensation for damages, and the lawsuit for damages for violation of the duty of safety consideration filed by the Chinese, the Japanese court held that the statute of limitations for claims would begin after the enforcement of the Civil Immigration Law of the People's Republic of China on August 27, 1991.(Toyama District Court, July 24, 1996) **This proves that the individual right to claim has not been extinguished due to the agreements or treaties concluded with each country.**

41) See also Hiroshima High Court, July 9.

3. Korea's position on Individual Claims for Compensation

Civilian claims against Japan were extinguished by the Korea-Japan Agreement of 1965, and it was recognized that Korean citizens could no longer file civil claims against Japan. The perception that civilians' right to claim against Japan has been extinguished can be seen through newspaper articles at the time.[42][43][44]

Dong-A Ilbo (June. 23. 1965) with the text "It has been confirmed that all claims are included and that no claims can be made" in the minutes of agreement published at the time Daily newspapers and The government recognized that the individual right to claim has been extinguished by being included in the Compensation Act related to the right to claim against Japan in the Korea-Japan Agreement.

The plaintiffs who suffered the atomic bomb damage during the Japanese occupation filed a lawsuit against Japan in 1999, but it was dismissed. One of the issues at the time was whether the right to claim civil rights in the Korea-Japan Agreement was extinguished.[45] The victims of the atomic bomb filed an information disclosure law-

---

42) South Korea's claim to Japan was $300 million in grants, $200 million in remuneration, and more than $300 million in private economic cooperation (including fishery cooperation). The issue of whether the promises between countries even extinguish the individual right to claim remained a problem until the very end, but Japan's claim that "bringing difficulties with these issues in the future will destroy the normalization of diplomatic relations" overcame the South Korean argument, resulting in the loss of public and private claims. was completely annihilated. Kyunghyang Shinmun (June.23. 1965)

43) Despite the ongoing opposition struggles by the opposition and students to block the ratification of the 1965 Korea-Japan Agreement, they are rushing to enact domestic laws to respond to the agreement along with the schedule for ratifying the agreement. According to the source, among them, the 「 Claims Management Act 」 has already been drafted, with the aim of ① forming a Claims Management Committee that includes civilian economists and ② creating a special account for managing claims to compensate for general private individual claims. Dong-A Ilbo (June. 25. 1965)

44) As part of the $300 million in claims against Japan, it has established a policy of compensating for the claims against Japan owned by civilians, and to this end, the 「Compensation Measures Act on Claims Against Japan」 is in a hurry. Kyunghyang Shinmun (July. 3. 1965)

45) The defendant argued that it was extinguished by the Property Rights Measures Act because it fell under Article 3 of the Korea-Japan Claims Agreement. The plaintiff argued that the individual rights of citizens of the two countries were not extinguished because there was no legal basis for acknowledging that an individual's right to claim could be extinguished by mutual con-

suit against the Ministry of Foreign Affairs in 2002 to confirm the exact contents of the documents related to the Korea-Japan Agreement, which was the basis for the extinction of the 2002 claim.[46] And through the documents that were released, it was revealed that during the 1965 Korea-Japan Agreement, the Korean government demanded compensation from Japan for the actual victims of forced labor, regardless of whether they were alive or not.[47]

With this as an opportunity, the Roh Moo-hyun administration held a public-private joint committee in August 2005 and announced the Korea-Japan Agreement as follows.[48]

"The 1965 Korea-Japan Claims Agreement was not primarily intended to claim compensation for Japanese colonial rule, but to settle the financial and civil claims and debt relations between Korea and Japan based on Article 4 of the San Francisco Treaty.

In regards to illegal acts against humanity involving the Japanese government and military, such as the issue of "comfort women" for the Japanese military, cannot be considered to have been resolved by the Claims Agreement, and the Japanese government remains legally responsible.

---

sent between the Republic of Korea and Japan. Hiroshima District Court, March 25, 1999.

46) The Seoul Administrative Court said, "The Japanese government and companies are arguing that the right to claim has been extinguished based on the contents of the 1965 Korea-Japan agreement and minutes of agreement. To determine whether this argument is correct, the plaintiffs need to know how the 1965 Korea-Japan agreement was agreed and what the contents of the agreement were. Due to the age of the plaintiffs, there is not much time left to determine whether individual claims are recognized. Even though Japan is requesting that the disclosure of documents be delayed, it may cause some inconvenience in diplomatic relations. Given the historical peculiarity of Korea-Japan relations, this seems to be tolerable on a national level." Seoul Administrative Court (Feb. 13. 2004).

47) Nevertheless, compensation legislation stipulated that only the dead were compensated, so victims of forced labor injuries such as plaintiffs were excluded. Hankyoreh (January 17. 2005)

48) Press release from the Office of Government Policy Coordination, Results of the Public-Private Joint Committee on Follow-up Measures to Disclose Documents for the Korea-Japan Talks (August 26. 2005)
https://www.opm.go.kr/flexer/view.do?ftype=hwp&attachNo=73036

The government will hold the Japanese government accountable for the "comfort women" issue, including acknowledging legal responsibility. In addition, we will continue to raise this issue through international organizations such as the UN Human Rights Commission."[49]

As seen above, the government also expressed an opinion that it would continue to seek diplomatic countermeasures against illegal acts against humanity under Japanese colonial rule.

On the other hand, it has been reported **that Japan acknowledges that the individual right to claim does not expire and exists regardless of the 1965 Korea-Japan agreement.**[50]

In 2012, the Supreme Court for the first time judged the legal nature of the Korea-Japan Agreement as follows.

"The Korea-Japan Agreement is not a negotiation to claim compensation for Japanese colonial rule, but a negotiation to settle financial and civil claims and debt relations between Korea and Japan through a political agreement based on Article 4 of the San Francisco Treaty. The economic cooperation fund paid by the Japanese government to the Korean government does not appear to have any legal relationship with the resolution of the rights issue under Article 2, and

---

49) ibid.

50) It was revealed in a 1965 internal document obtained by Yonhap News Agency on March 14, 2010 from the Japanese Ministry of Foreign Affairs. This document was classified as confidential immediately after it was written and is part of the Japanese documents related to the Korea-Japan summit that were partially disclosed in 2008 following an information disclosure lawsuit in Japan, submitted as evidence. The Ministry of Foreign Affairs of Japan, 'The Legal Meaning of the People's Property and Waiver of Claims in the Peace Treaty' (April 6, 1965) and 'The Japan-Korea Claims Treaty and Domestic Compensation Issues Regarding Private Property in Korea, etc.' (September 1965) 1), etc., in three internal documents, "The meaning of Article 2 of the Korea-Japan Claims Agreement is a promise not to exercise the right to diplomatic protection, which is a unique right recognized by a country under international law, **The people's property (individual claim rights) did not cover the national debt,**" said. Yonhap News Agency (March. 14, 2010).

the Japanese government did not acknowledge the illegality of colonial rule during the Korea-Japan talks.

As a result, the governments of Korea and Japan could not come to an agreement on the nature of Japanese colonial rule over the Korean Peninsula. Given that it is difficult to see that the right to claim damages for illegal acts is directly related, **it is reasonable to assume that the South Korean government's right to diplomatic protection has not been waived.**"[51]

In 2018, the Supreme Court announced the legal nature of the 1965 Korea-Japan Agreement in a case where alimony was sought for forced labor at Nippon Steel Co., Ltd. during forced mobilization during the Japanese colonial period.

According to the progress and circumstances before and after the conclusion of this Claims Agreement, especially the following circumstances, the Claims Agreement is **not a negotiation to claim compensation for Japan's illegal colonial rule but is basically a bilateral agreement** between Korea and Japan based on Article 4 of the San Francisco Treaty. It seems that it was intended to settle the financial and civil bond and debt relationship through a political agreement.[52][53]

In view of the above, the **'comfort women' victims' right to claim compensation for compensation is based on the premise of illegal acts** against humanity directly related to the Japanese Empire's illegal colonial rule on the Korean Peninsula and the war of aggression. Japan fundamentally denied legal compensation for the victims of 'comfort women', and accordingly, the governments of both countries

---

51) Supreme Court, 2009da22549, May.24. 2012.
52) Supreme Court, 2013da61381, October 30, 2018
53) As mentioned above, the 'claim for reimbursement of receivables, compensation, and other claims of Koreans for conscription' in Paragraph 5 above cannot be regarded as presupposing the illegality of Japanese colonial rule. ibid

could not reach an agreement on the nature of the Japanese Empire's domination of the Korean Peninsula. Under these circumstances, it is difficult to say that the 'comfort women' victims' right to claim alimony is included in the scope of the Claims Agreement.

III. Whether the claim rights of 'comfort women' victims have been extinguished under the 2015 Korea-Japan Agreement

1. Constitutional Court's decision(2006 Heonma 788)

The issue of the 'comfort women' victims, which had fallen into a stalemate, entered a new phase in 2011 with the Constitutional Court's decision to be unconstitutional.[54] the Constitutional Court judged as follows.

The Japanese military 'comfort women' damage is caused by forcibly mobilized by Japan and the Japanese military and forced into sexual slavery by the Japanese military under their supervision. The right to claim compensation from the Japanese military "comfort women" victims for crimes against humanity is a property right guaranteed by the Constitution. Since it has the meaning of recovering ex post facto, blocking the realization of the right to claim compensation is not limited to **the problem of property rights under the Constitution, but is directly related to the violation of the fundamental human dignity and value.**[55]

And the Constitutional Court said "In contrast, Japan is of the position that the Japanese military 'comfort women' victims' right to claim compensation against Japan has been extinguished due to the Korea-Japan Claims Agreement. whereas the

---

54) Constitutional Court, 2006 Heonma 788, August. 30. 2011
55) id

Korean government's position is that the right to claim compensation for the victims of the Japanese military 'comfort women' was not included in the issue of the claim resolved by the Korea-Japan Claims Agreement, so there is a difference in interpretation between the two countries, that is, a 'dispute' in Article 3 of the Korea-Japan Claims Agreement."[56]

2. 2015 Korea-Japan Agreement

On December 28, 2015, ahead of the New Year, the two governments announced an agreement on the issue of 'comfort women' victims. The South Korean and Japanese governments announced an agreement on the issue of 'comfort women' victims in the Japanese military through a joint press conference.[57]

1) The announcement of Japanese government is as follows.

① The 'comfort women' issue was an issue that deeply damaged the honor and dignity of many women who were involved in the military at the time. From this point of view, the Japanese government is deeply responsible. As Prime Minister of Japan, Prime Minister Abe once again expresses a deep apology from the heart to those who have suffered and been hurt as 'comfort women'.

② The Japanese government has been seriously working on this issue until now, and based on this, it is decided to proceed with a project to restore the honor and dignity of all 'comfort women' and to heal their wounds **with the budget of the**

---

56) The obligation to proceed to the dispute settlement procedure pursuant to Article 3 of the Korea-Japan Claims Agreement is an action obligation derived from the Constitution and is specifically stipulated in the Act. Failure to do so violates the Constitution and infringes upon the basic rights of victims of the Japanese military 'comfort women'. ibid

57) In December 2015, the two governments made a political decision to "accelerate consultations to resolve the comfort women issue as early as possible, keeping in mind that this year is the turning point of the 50th anniversary of the normalization of diplomatic relations between Korea and Japan." Based on the results of discussions through various channels between the two countries, including those at the Director-General's level, it was announced today that the two countries had reached an agreement on content acceptable. See footnote 58 for details.

Japanese government.

③ On the premise that the Japanese government will steadily implement the above-mentioned measures together with the Korean government, through this announcement, we confirm that **this issue has been finally and irreversibly resolved. The Japanese government will refrain from criticizing each other on this issue in the international community, including the United Nations, in the future.**58)

2) The announcement of the Korean government is as follows.

① The Korean government evaluates the Japanese government's declaration and measures leading up to this announcement, and on the premise that the Japanese government will faithfully implement the previously expressed measures; With this announcement, we confirm together with the Japanese government that **this issue will be finally and irreversibly resolved.** The Korean government will cooperate with the measures implemented by the Japanese government.

② Recognizing that the Japanese government is concerned about the statue of a girl in front of the Japanese embassy in Korea from the viewpoint of maintaining the peace and dignity of the mission, the Korean government is also aware of the possible countermeasures through consultations with related organizations, etc. try to solve it properly.

③ The Korean government, together with the Japanese government, will **refrain from accusing and criticizing each other on this issue in the international community, including the United Nations**, in the future, on the premise that the measures expressed by the Japanese government will be faithfully implemented.59)

3. Whether the 2015 Korea-Japan Agreement is a legally binding treaty

In international law, a treaty refers to an international agreement governed by in-

58) http://www.archive814.or.kr/Archives_Type/list/5?CF_ID=1
59) http://www.archive814.or.kr/Archives_Type/list/5?CF_ID=1

ternational law concluded by international law subjects to produce a certain legal effect. In some cases, states also make agreements that are not legally binding, unlike treaties, which in many cases contain content that is too abstract or non-specific to be binding, such as the identification of a common goal or declaration of principles. Generally, they do not go through the formal process of concluding a treaty. Since such an agreement is also concluded with the expectation that the contents of the agreement will be complied with, it can be a basis for protest or criticism against countries that do not comply with the agreement, but it is distinct from legal binding force.[60]

In distinguishing between a treaty and a non-binding agreement, in addition to formal aspects such as the name of the agreement, whether the agreement was made in writing, and whether the procedures required by domestic law were followed, in addition to the process, content and expression of the agreement, substantive aspects such as whether the intentions of the parties are recognized and whether specific rights and obligations that can give legal effect are created must be considered comprehensively.[61]

1) The official position of the Moon Jae-in government

The comfort women's demands were for Japan to acknowledge its legal responsibility, to make an official apology, and to compensate accordingly. Groups of 'comfort women' victims immediately protested the 2015 Korea-Japan agreement. This was because legal responsibility was omitted from the 2015 agreement between Korea and Japan, and the content of the agreement of restricting the installation of a statue of a girl and a final and irreversible resolution without the consent of the victim was a problem.

On December 27, 2017, the government's investigation report on the Korea-Japan Agreement was published. Regarding the above agreement, it was seen that "It is an official promise that was jointly announced by the foreign ministers of

---

60) Constitutional Court, 2016Heonma 253, December. 27. 2019
61) ibid

the two countries and ratified by the heads of state, and <u>its nature is not a treaty but a political agreement.</u>"[62]

First, the victim-centered approach that has become an internationally accepted norm <u>for wartime women's human rights was not sufficiently incorporated in the course of the "comfort women" consultation</u> **process,** As long as a resolution is not accepted by the victims as was the case with the agreement, the <u>"comfort women" issue will continue to be raised as an unresolved issue</u> **even if the two governments declare that it is "finally and irreversibly resolved."**

Second, former President Park Geun-hye sought to resolve the 'comfort women' issue by tying it to the overall Korea-Japan bilateral relations as seen in emphasizing that there should be "no summit meeting without progress in the 'comfort women' issue," and ended up further exacerbating the bilateral relations.

Third, Modern diplomacy must embrace the people. For issues such as the 'comfort women' that draw public attention, democratic procedures and processes that reflect the people's position are more important than anything else. Other than the parts disclosed in the agreement, some of the contents that could be a burden to the South Korean side were not disclosed.[63]

In addition, **it was revealed that there were non-disclosed contents between the two countries, such as prohibiting the installation of statues of comfort wom-**

---

62) Task Force on the Review of the Korea-Japan Agreement on the Issue of "Comfort Women" Victims, Report on the Review of the Korea-Japan Agreement of December 28, 2015 on the Issue of "Comfort Women" Victims 2017.12.27.
https://www.mofa.go.kr/www/brd/m_4076/view.do?seq=367886&srchFr=&srchTo=&srchWord=&srchTp=&multi_itm_seq=0&itm_seq_1=0&itm_seq_2=0&company_cd=&company_nm=
63) Finally, communications were lacking among the President, negotiators, and the Ministry of Foreign Affairs. As a result, the system of modifying or adjusting the policy directions to accommodate changing environments did not operate properly. The Agreement shows that the policy decision-making process requires seeking a wide range of opinions, close communications, and adequate allocation of roles among relevant authorities. ibid pp.30-31.

en in foreign countries and the expression of 'sexual slavery'.

Regarding the South Korea-Japan agreement after seeing the investigation report, the Moon Jae-in government said, "We will do our best to do what our government should do to restore the honor and dignity of the 'comfort women' victims and heal their wounds, and we will take victim-centered measures."[64]

"The 2015 agreement that did not properly reflect the wishes of the victims, the grandmothers, <u>cannot be a real solution to the issue of the 'comfort women' victims of the Japanese military</u>.

It cannot be denied that the 2015 agreement was an <u>official agreement</u> between the two countries. Taking this into account, the Korean government will not require the Japanese government to renegotiate the agreement.

However, I expect Japan to acknowledge the truth as it is in accordance with universal international standards, and to continue its efforts to restore the honor and dignity of victims and to heal the wounds of their hearts. What the victims' grandmothers all long for is a voluntary and genuine apology."[65]

According to the investigation result report, **the government also revealed that although it is an official agreement between the two countries, it is a political agreement, not a treaty, and that the intention of the victims as above is not reflected,** so that the Korea-Japan agreement cannot be a final and irreversible settlement. The government authorities expressed, "We will continue to deal with historical issues based on truth and principles."[66]

2) Judgment by the Constitutional Court

As an objection to the 2015 Korea-Japan Agreement, the 'comfort women' victims filed a constitutional complaint seeking confirmation of the constitutionality of

---

64) 2018.1.9. Korea Policy Briefing (www.korea.kr)
65) Id
66) Id

the agreement. It was argued that the contents of the Korea-Japan agreement violated their dignity and values as human beings. **The Constitutional Court also ruled that the 2015 Korea-Japan agreement cannot be considered a legally binding treaty.**[67]

It is clear in light of the progress of the agreement in this case that the agreement in this case is an official promise that was jointly announced by the foreign ministers of the two countries and ratified by the heads of state, but the agreement in this case was not made in writing, and it was It does not use the form of an article, does not express the intention of both parties regarding the effect of the agreement, and does not contain the content of creating specific legal rights and obligations.

Above all, it is unclear whether specific rights and obligations between Korea and Japan will be created in the context of the agreement in this case. It is difficult to see that the agreement in this case is a legally binding treaty, and in that the waiver of specific claims and the guarantee of exemption from trial procedures or legal actions, which can be found in general lump sum compensation agreements, are not stipulated. There is no reason to believe that the waiver or disposition of the right to claim compensation has been dealt with.[68]

The Constitutional Court said, "The agreement in this case is a political agreement in the process of diplomatic consultations for resolving the issue of 'comfort women' victims of the Japanese military. Unless it can be seen that the rights of the Japanese military 'comfort women' victims have been disposed of through the agreement in this case or that the diplomatic protection authority of the Korean government has been extinguished, it cannot be considered that the legal status of the Japanese military 'comfort women' victims is affected by the agreement in this case. It is difficult to see that there is a possibility of infringing on the basic rights of the vic-

---

67) Constitutional Court, 2016 Heonma 253, Dec. 27, 2019.
68) Id

tims, such as the right to claim compensation."[69]

3) Judgment of January 8, 2021

Now it is the court's turn to decide. In the judgment of January 8, 2021(hereafter January Judgement), it was judged that the Korea-Japan agreement was nothing more than a declaration of a state-to-state political agreement on the issue of 'comfort women' between the two countries.

Although the above agreement is an official promise that was jointly announced by the foreign ministers of the two countries and ratified by the heads of state, it was not made in writing, and did not use the name ordinarily given to treaties or the predominant form of condolences.

The intention of both parties regarding the effect of the agreement is not expressed, and it does not contain the contents of creating specific legal rights and obligations.

The above agreement merely declared that there was a state-to-state political agreement on the issue of 'comfort women' between Korea and Japan[70].

4) Judgment of April 21. 2021

According to the April 2021 judgment(hereafter April Judgement), "The Korea-Japan Agreement, in its text, contains the contents of the defendant's apology and reflection on the 'comfort women' victims, and the fact that the financial aid for the recovery of the 'comfort women' victims is financed with government funds, etc. The agreement was reached as a result in diplomatic negotiations".

---

69) It did not use the name usually given to a treaty or the form of a clause commonly used, and it did not go through the procedure for concluding a treaty stipulated by the Constitution. In addition, the contents of the agreement do not express the intention of the parties regarding the validity of the agreement, nor do they contain any content that creates specific legal rights and obligations. supra note 67.

70) Seoul Central District Court [Seoul Central Dist. Ct.], 2016Ga-Hap505092, Jan. 8, 2021. (S. Kor.).

The agreement between Korea and Japan on December 28, 2015 was concluded as a <u>result of diplomatic negotiations</u> with the defendant after the 'comfort women' victims, who were citizens of the Republic of Korea, went through <u>litigation procedures</u> in the domestic courts, etc., As the above agreement not only meets <u>the general requirements for the exercise of diplomatic protection as seen above</u>, but also contains measures at the level of the defendant government for the recovery of the victims of 'comfort women', it is reasonable to view this as an <u>alternative remedy for the rights of 'comfort women' victims</u> to claim damages against the defendant. [71]

In the above, the position of each institution regarding the legal nature of the 2015 Korea-Japan Agreement was examined.

A treaty shall be interpreted in good faith in accordance with the ordinary meaning given to the text of the treaty in its context, including the preamble and annexes, and the object and purpose of the treaty. In addition to the text of the treaty (including the preamble and annexes), the context here includes agreements on the treaty made between the parties in connection with the conclusion of the treaty.

In cases where the meaning of the treaty language is ambiguous, the meaning shall be clarified by supplementary consideration of the negotiation record of the treaty and the circumstances at the time of the conclusion of the treaty. [72]

There is no explicit provision in our Constitution regarding the concept of a treaty. Article 60 Paragraph 1 of the Constitution provides that the National Assembly has the right to consent to important treaties, Article 73 of the Constitution grants the president the right to conclude treaties, and Paragraph 3 of Article 89 of the Constitution stipulates that the draft treaty must go through deliberation by the State Council.

Except for the April judgement,[73] the courts agree that it is a political

---

71) Seoul Central District Court [Seoul Central Dist. Ct.], 2016gahap580239, April.21.2021. (S. Kor.).

72) Supreme Court en banc Judgment 2013Da61381 Rendered October 30, 2018.

agreement that is not legally binding.[74][75]

It was a press conference and was structured differently from the treaty. According to the website of the Ministry of Foreign Affairs of the Republic of Korea and Japan, the title was given a different name from that of the general treaty by using the terms 'press conference' for Korea and 'reporter presentation' for Japan. While both countries took the form of announcing their respective positions, numbers ①, ②, and ③ were added, but this is not a form of article normally used in treaties.[76] In addition, it is expressed in ambiguous or ordinary language.[77]

The intention of both parties regarding the effect of the agreement is not expressed, and it does not contain the contents of creating specific legal rights and obligations. Therefore, it is not reasonable to say in the April judgment that "this agreement meets the general requirements for exercising diplomatic protection".

The Republic of Korea did not obtain the consent of the 'comfort women' victims on the final agreement between Korea and Japan on December 28, 2015. In April judgment, it is said, "It is difficult to see that the need to obtain the consent of the victims for the final agreement has been established as a binding legal norm regarding the way of exercising diplomatic protection."[78] In other words, the April

---

73) **The April judgment was that the Korea-Japan agreement is a 'political agreement', but there is an alternative remedy for the rights of the 'comfort women' victims, and the benefits were realistically achieved for many of the surviving 'comfort women' victims, so it was judged that 2015 Korea-Japan agreement is effective. This judgment will be dealt with in detail in the next chapter.**

74) constitutional court, supra note 67.

75) January judgement, supra note 70.

76) In the case of oral announcements, as discussed in the subject of judgment, each Japanese military 'comfort women' is premised on the premise that the Japanese Minister of Foreign Affairs will faithfully implement the "above mentioned measures" and that the Minister of Foreign Affairs of the Republic of Korea will faithfully implement the "measures expressed". constitutional court, supra note 67.

77) In the announcement posted on the website of the Ministry of Foreign Affairs of Japan, on the premise that the Minister of Foreign Affairs of Japan will faithfully implement the "measures in ② above", the Minister of Foreign Affairs of the Republic of Korea will resolve each issue on the premise that the "measures in 1. ② above" are faithfully implemented. As a result, there was a part where the expression of the oral presentation did not match even the expression of the presentation posted on the website.

judgment is of the position that the Korea-Japan agreement is legally binding.

On August 30, 2016 in a lawsuit claiming compensation for mental damage from the Republic of Korea, such as that the 2015 Korea-Japan Agreement could not be regarded as a follow-up measure following the Constitutional Court's decision to be unconstitutional or as an exercise of legitimate diplomatic protection, The first trial said, "It can be said that the difficulties in realizing the actual rights of the Japanese military 'comfort women' victims in exercising their right to claim compensation against Japan have been aggravated by the expression 'finally and irreversibly resolved' in the 'comfort women' agreement. But based on such circumstances alone, the defendant's act of concluding the 'comfort women' agreement in this case cannot be regarded as an illegal act." [79]

The Court of Appeals affirmed the December 2019 decision to adjust. "The Republic of Korea makes it clear that the Korea-Japan agreement on December 28, 2015 cannot be a true solution to the 'comfort women' issue, and continues internal and **external efforts to restore** the dignity and honor of the victims in the future."

Defendant Korea accepted the court's mediation decision.[80]This is possible because it was viewed as 'the Korea-Japan agreement cannot be regarded as a legally binding agreement between Korea and Japan, and it cannot be said that the diplomatic protection right of Korea is limited or extinguished through this agreement.'

---

78) "Article 19 of the UN Draft Diplomatic Protection Recommendation states that 'in all possible cases, the views of victims requesting the exercise of diplomatic protection should be taken into account.' but it cannot be said that the above agreement deviates or abuses the discretion of the Republic of Korea regarding the exercise of diplomatic protection."

79) Seoul Central District Court, 2016gahab552135. June 15, 2018.

80) 1. **The Republic of Korea violated the universal principle of the established international community and the principle of victim-centeredness in resolving historical issues in the agreement between Korea and Japan on December 28, 2015.** The Republic of Korea humbly admits that the plaintiffs suffered mental pain due to the Korea-Japan agreement. The Republic of Korea recognizes that the Korea-Japan Agreement of December 28, 2015 cannot be a true solution to the issue of 'comfort women' victims. We will continue our internal and external efforts to restore the dignity and honor of victims in the future. 2. Plaintiffs withdraw the lawsuit in this case. 3. The total cost of litigation and mediation shall be borne by each party. Seoul High Court, 2018 Na2036050, December.26. 2019.

IV. Whether the State immunity applies to 'comfort women' Victims' Right to Claim Compensation

1. Whether the 2015 Korea-Japan Agreement can limit individual claims

1) January Judgement

The court said, "This was done without entrusting the Korean government with whether to exercise the civil compensation rights of the 'comfort women' victims. It cannot be concluded that the plaintiffs' right to claim compensation has been finally and irreversibly resolved."[81)

It is contrary to the principle of modern law to believe that the state can not only renounce the right to diplomatic protection by concluding a treaty, but also directly extinguish the individual's right to claim without the consent of individual **citizens who have a legal personality separate from the state.**

Even if it is permissible under international law for the state to extinguish the individual's right to claim through a treaty, considering that the state and individual citizens are separate legal entities, unless there is a clear basis in the treaty, the conclusion of a treaty will result in the conclusion of a treaty other than the state's diplomatic protection. It cannot be said that even the right to claim has been extinguished, **it is difficult to find sufficient grounds to say that** the two governments agreed on the extinction of the individual right in the Claims Agreement.[82)

According to the theory of state immunity, unpredictable damage is expected to occur during 'in the process of armed conflict (war)', so it is believed that the jurisdiction should be exempted for the actions taken at this time. At that

---

81) Seoul Central District Court, supra note 70.
82) ibid

time, the Korean Peninsula was not a place of war. **Therefore, it is difficult to believe that the Japanese Empire's deception, abduction of plaintiffs for the purpose of mobilizing 'comfort women' occurred 'in the process of carrying out an armed conflict(war)'.**[83)]

2) April judgement

The court said, "In spite of the limitations of the above agreement as a 'political agreement', as long as the benefits according to the above agreement were realistically achieved for many of the surviving 'comfort women' victims, it is difficult to deny that an alternative remedy for the rights of the 'comfort women' victims, including the victims of this case, has been prepared through the above agreement and follow-up measures."

It is difficult to see that the above agreement is invalid due to defects in its contents and procedures, although it is difficult for the victims of this case to file a lawsuit in the Korean court as a result of the recognition of state immunity and to obtain a remedy for their rights, the Korea-Japan agreement, which can be viewed as the Republic of Korea's exercise of diplomatic protection, provides an 'alternative right remedies' exist objectively.

The case contains the ICJ's explicit judgment regarding customary international law at the present time, [84)] and as the majority opinion of the ICJ judg-

---

83) In the following circumstances, which are recognized by summarizing each of the above evidence and the entire purpose of the pleadings, the right to claim damages against the defendant asserted by the plaintiffs cannot be considered in the scope of application of the above agreement. It cannot be said that the claim has been extinguished. Seoul Central District Court, supra note 70.

84) In its Judgment rendered on 3 February 2012, the Court first examined the question whether Italy had violated Germany's jurisdictional immunity by allowing civil claims to be brought against Germany in the Italian courts. The Court noted in this respect that the question which it was called upon to decide was not whether the acts committed by the Third Reich during the Second World War were illegal, but whether, in civil proceedings against Germany relating to those acts, the Italian courts were obliged to accord Germany immunity. The Court held that **the action of the Italian courts in denying Germany immunity constituted a breach of Italy's in-**

ment in this case satisfies the requirements of 'tortious acts in the territory of the forum state during armed conflict', State immunity is granted for the defendant. In light of the time and purpose of the act, it falls under the 'acts made in the process of armed conflict' as suggested by the above legal principles.[85]

As above there are conflicting views as to whether regarding the right to claim compensation for 'comfort women' victims.

In The April judgment "It is difficult to see that the above agreement is invalid".[86]

But The April judgment is difficult to understand. Although it is a political agreement that is not legally binding because it cannot be regarded as a treaty, is it to the point that the effect of a final and irreversible settlement has taken place because a significant number of benefits have been made realistically? In the end, it seems to accept the binding force of the agreement if it is received by reflecting the reality. As in the April judgment, if it means that there is the right to claim damages, but the jurisdiction is limited, does this mean that the exercise of diplomatic rights to the state and the right to claim damages for illegal acts (jurisdiction) are also limited in effect in this agreement despite the political agreement?

Then, what about the 'comfort women' victims who did not receive the benefits? Is the Korea-Japan agreement effective in this case as well? And can it be said that the agreement is also effective for the 'comfort women' victims? **If it is judged that the agreement is effective through the factual acts received, it must be said that the agreement has no effect on the acts not received otherwise.** Exceptions to factual conduct can be included in the scope of a political agreement. If the legal nature of agreement is judged to be a political agreement, the effect is a non-binding agreement. Then, can it be said that the binding force of political agreements including individuals is extended even if the state, which is a party, is not binding?

---

ternational obligations.
85) April judgement, supra note 71.
86) ibid

Although the April judgment is based on the factual act (many 'comfort women' victims received the benefits) on the binding force of the Korea-Japan agreement, it is considered that the Korea-Japan agreement remains in effect even in the case of an exception to the factual act (if they did not receive it). For that to happen, the premise must be that the Korea-Japan agreement is a legally binding treaty, not a political one. **After all, the April judgment that the agreement is legal binding based on factual act even though it is a political agreement causes contradictions.**

The Japanese government has already said in Chapter 2 that the treaty between countries is a waiver of diplomatic rights and cannot restrict the exercise of individual claims. This fact was also recognized by the Japanese court.[87]

2. Concerns about the outcome of the ICJ's judgment and its judicial approach to jus cogens violations.

There are also conflicting views as to whether the state immunity is applicable. The April judgment is based on the consensus (en banc) judgment[88] that only the private acts of the state, which were judged 20 years ago, are exempt from state immunity and can exercise the jurisdiction of Korea. and it is based in the ICJ judgment[89] that "**whether a country is entitled to immunity from the courts of another**

---

87) **It cannot be said that the general individual right to claim has been waived by a treaty between countries.** Paragraph 5 of the Sino-Japanese Joint Statement states, "The Government of the People's Republic of China declares that it renounces claims for war reparations against Japan for the goodwill of the peoples of China and Japan." **This provision cannot be construed as a waiver of the Chinese national's right to claim damages.** Hiroshima High Court, July 9, 2004.

88) 1. According to customary international law, in principle, the sovereign acts of a state are exempted from the jurisdiction of other states, but it cannot be said that today's international law or international practice is that even private acts of the state are exempted from the jurisdiction of other states.
2. If there is no circumstances such as that the exercise of jurisdiction over a foreign private act performed within the territory of the Republic of Korea belongs to closely related to a sovereign activity, or there is a no risk that the exercise of jurisdiction over it may become an unreasonable interference with the sovereign activity of a foreign country, the courts of Korea may exercise jurisdiction with the country concerned as the defendant. Supreme Court, en banc Judgment 97da39216 December 17. 1998.

89) On 23 December 2008, the Federal Republic of Germany brought proceedings against the Italian Republic, in which it asked the Court to declare that Italy had failed to respect its im-

country is a completely separate matter from whether that country has interna-
tional responsibility and has an obligation to indemnify.''90)

The outcome of the ICJ's judgment raises legitimate concerns about access
to justice for jus cogens violations. It appears to have maintained a traditional view
on state immunity for sovereign acts, especially those committed in a time of war. In
doing so, the Court relied heavily on **the formal notion of state immunity as a pro-
cedural bar to jurisdiction that exists independently of (and thus does not inter-
act with) substantive rules of international law,** even those of a jus cogens norms.
91) One difficulty raised by the ICJ's decision concerns what room it leaves for cus-
tomary international law to develop in this area, especially through action at the na-
tional level.92)

Therefore, the ICJ's decision drew some criticism from three members of the
Court, there was a judge who held that state immunity should not be granted for inter-
national crimes, serious violations of human rights, and serious violations of interna-

munity from jurisdiction under international law by allowing civil actions to be brought against
it before Italian courts. Immunités juridictionnelles de l'État (Allemagne c. Italie ; Grèce
(intervenant) https://www.icj-cij.org/fr/affaire/143.

90) The Court further found that, assuming that the rules of the law of armed conflict prohibiting
murder, deportation and forced labour are jus cogens norms, those rules do not conflict with
those governing State immunity. These two categories of rules relate to different issues: those
governing State immunity are limited to determining whether the courts of one State are enti-
tled to exercise jurisdiction over another; they do not affect whether the conduct in respect of
which the actions were brought was lawful or unlawful. Finally, the Court considered Italy's ar-
gument that the Italian courts had rightly refused to grant Germany immunity, on the ground
that all other attempts to obtain reparation by the various groups of victims concerned had
failed before initiating proceedings before the Italian courts. The Court has found no evidence
in the relevant domestic and international practice to suggest that international law would make
the State's right to immunity dependent on the existence of other effective means of obtaining
reparation. ibid.

91) Ben Love, The International Court of justice: Jurisdictional Immunities of the State (Germany
v. Italy: Greece Intervening) Jurisdictional Immunities of the State (Ger. v. IT.: Greece Interven
ing) (I.C.J.) International Legal Materials, Volume 51, Issue 3, June 2012, pp. 566 – 569 Cambr
idge University Press: 20 January 2017
https://www.cambridge.org/core/journals/international-legal-materials/article/abs/internati
onal-court-of-justice-jurisdictional-immunities-of-the-state-germany-v-italy-greece-intervening/C006
11531ED6140C478F62D507EF9005

92) ibid

tional humanitarian law. He recalls that the term "immunity" (from Latin immunitas, deriving from immunis) entered the lexicon of international law by reference to "prerogatives" of the sovereign State, being associated with "cause of impunity". The term was meant to refer to something quite exceptional, an exemption from jurisdiction or from execution. **It was never meant to be a principle, nor a norm of general application. It has certainly never been intended to except jurisdiction on, and to cover-up, international crimes, grave violations of human rights and of international humanitarian law.**[93]

States may, if they so wish, waive claims as to their own rights. But they cannot waive claims for reparation of serious breaches of rights that are not theirs, rights that are inherent to the human person. Any purported waiver to this effect runs against the international public ; is in breach of jus cogens, this broader outlook, in a higher scale of values, is in line with the vision of the so-called "founding fathers" of the law of nations (the droit des gens, the jus gentium), and with what I regard as the most lucid trend of contemporary international legal thinking.[94]

Procedural law must be constructed and interpreted so as to best embody the rights and conditions under substantive law.

There was a recent consensus judgement, and it is as follows. "There may be cases where the realization of rights under the substantive law is limited or the substantive law order is changed to some extent due to insufficient procedural law, **but the rights or order under the substantive law should not be corrupted or distorted as a result.**"[95]

---

93) Dissenting opinion of Judge Cançado Trindade, https://www.icj-cij.org/public/files/case-related/143/16899.pdf
94) supra 93.
95) "Just as there is no need for administrative litigation law without administrative law, and no reason for company-related litigation procedures to exist without a company system, **procedural law has meaning as a means of realizing substantive legal order.**" Refer to the Supreme Court,

International customary law on state immunity has gradually developed in the direction of restricting the scope of recognition of state immunity in order to prevent undue violations of individual rights.[96] According to the ICJ judgment, "according to 'current customary international law', **a state is not deprived of immunity just because it is accused of serious violation of international humanitarian law.**" This showed that the scope of national exemption could be changed in the future.

After the ICJ judgment, On 22 October 2014, the Italian Constitutional Court declared that Article 1 of the Law of Adaptation No. 848/1957 (Law on ratification of the UN Charter) is unconstitutional, "so far as it concerns the execution of Article 94 of the United Nations Charter, exclusively to the extent that it obliges Italian courts to comply with the Judgment of the ICJ of 3 February 2012 which requires them to decline their jurisdiction in case of acts of a foreign State constituting war crimes and crimes against humanity, in breach of inviolable human rights.[97]

The European Court of Human Rights (ECHR),[98] while acknowledging that the prohibition of torture has the status of a jus cogens rule in a case in which a party

---

consensus judgement 2015Da232316 Decided October 18, 2018.

96) Many countries, including the United States, the United Kingdom, and Japan, have enacted laws restricting the scope of state immunity. It is reasonable to interpret it as a legislative act in the sense of restricting the scope of state immunity that has been recognized before. Seoul Central District Court, supra note 2.

97) the Court stated that insofar as the international law concerning State immunity from the civil jurisdiction of other States includes acts violating international law and fundamental **human rights**, it could not be deemed to exist in the Italian legal order since it conflicts with its basic Constitutional principles, the Italian Constitutional Court, 22 October 2014 the Law of Adaptation No. 848/1957.
https://ihl-databases.icrc.org/applic/ihl/ihl-nat.nsf/caseLaw.xsp?documentId=19B0BCFA4F D773A9C1257EBB002A1315&action=openDocument&xp_countrySelected=IT& xp_topicSe lected=GVAL-992BUA&from=state

98) Mr. Sulaiman Al-Adsani is a dual British/Kuwaiti national was severely tortured in Kuwait in 1991. In addition to repeated beatings, his head was held underwater in a swimming pool containing corpses, then dragged into a small room where mattresses soaked in petrol were set on fire, as a result of which Mr. Al-Adsani suffered burns covering 25 percent of his body surface. Al-Adsani brought a lawsuit with the European Court of Human Rights, alleging that the British court, by granting state immunity to the Kuwaiti government, failed to guarantee the right not to be tortured and denied access to the courts in violation of the jus cogens norms against torture. (Al-Adsani v. the United Kingdom. no. 35763/97, ECHR 2001)

subjected to torture in a foreign country sought damages against a foreign country,[99]
held the opinion that the State immunity should be granted in civil lawsuits related to
torture. Conflicts of opinion that an exception should be granted collided 9 to 8. By a
narrow majority of 9 votes to 8, the Court held that the grant of sovereign immunity to
a State in civil proceedings pursues the legitimate aim of complying with international
law, and maintained that unlike criminal cases, it is unable to discern any firm basis
for concluding that a State no longer enjoys immunity from civil suit in the courts of
another State where acts of torture are alleged.

In the dissent, Judge Loucaides said, "**In view of the absolute nature of the
prohibition of torture, it would be a travesty of law to allow exceptions in re-
spect of civil liability by permitting the concept of State immunity** to be relied on
successfully against a claim for compensation by any victim of torture. **The basis for
the principle of international law that those responsible for cruel torture should
be held accountable is not solely based on the purpose of criminal law. It is
equally valid with respect to any liability.**" [100]

State immunity theory has the meaning of respecting the sovereign state and not
recklessly submitting to the jurisdiction of other countries. It was not formed to give a
country an opportunity to evade compensation by hiding behind the theory of state
immunity, which caused great damage to individuals in other countries in violation of
jus cogens rules.[101] **therefore, exceptions should be allowed in the interpretation
of customary international law on state immunity.**

---

99) On the alleged violation of Article 6(1), the Court unanimously recognised that Article 6(1) was
applicable to the circumstances and noted **that immunity was not a substantive right but at most
a procedural bar** on the national courts' power to determine the right. Id
100) The courts should be in a position to weigh the competing interests in favour of upholding an
immunity or allowing a judicial determination of a civil right, after looking into the subject mat-
ter of the proceedings. It is true that in the present case **the absurd and unjust results of applying
a blanket immunity without regard to any considerations connected with the specific proceed-
ings are more evident because the immunity prevented accountability for a grave violation** of an
international peremptory norm, namely the prohibition of torture. Id
101) Seoul Central District Court, supra note 70.

3. Whether the mobilization of 'comfort women' victims, sexual abuse, and coercion of sexual slavery were 'unpredictable damages during armed conflict'

Regarding 'illegal acts during armed conflict' to which the state immunity can be applied, the January judgment did not judge that it occurred during an armed conflict, and the April judgment considered that it occurred during an armed conflict.[102]

The purpose of 'illegal acts during armed conflict' to which the state immunity can be applied is to respect sovereignty because 'unpredictable damage' can occur during armed conflict. Therefore, state immunity cannot be applied to acts of sovereignty when unpredictable damage has not occurred during an armed conflict. If so, does the state immunity apply to the acts of coercion of sexual slavery on 'comfort women' victims? the Japanese Empire deceived, and abducted plaintiffs for the purpose of mobilizing 'comfort women.'

Is it an unpredictable damage during an armed conflict that the Japanese military deceived, kidnapped, or bribed the 'comfort women' victims and made them sexually active during World War II to satisfy the sexual desires of the Japanese military?

At that time, we were already part of the Japanese colonial period, so it is not during armed conflict. also, the act of mobilizing 'comfort women' victims, sexual abuse, or coercion of sexual slavery cannot be regarded as unpredictable damage. Therefore, state immunity cannot be applied.

If state immunity is granted for serious violations of human rights such as murder, rape, torture, etc. committed by the state, the common interest of the international community is threatened, and it can lead to damage to friendly relations be-

---

102) In the ICJ judgment, even though the UN Convention on Immunity and the legislation of most individual countries do not explicitly stipulate exceptions to the 'situation of armed conflict', based on the judgments of each country, the State has. It was judged that immunity should be granted, not only because 'unpredictable damage is expected' during an armed conflict, but ⓐ an armed conflict is a situation in which one state is unable to pursue its interests or claims against another state. As the use of military force to achieve this, it is one of the strongest acts of sovereignty among the acts of the state. Seoul Central District Court, supra note 71.

tween states. **If a country violates jus cogens norms, that country is outside the boundaries set by the international community itself, and thus falls under the exception of state immunity.**

V. Conclusion

It has been 33 years since the issue of the 'comfort women' victims surfaced. The claims of the 'comfort women' victims were Japan's acknowledgment of legal responsibility, an official apology and compensation.

Japan has so far denied the mobilization of the 'comfort women' itself, made a moral apology after the victims' testimonies came out, and claims that the settlement was finally resolved with the 2015 agreement. The South Korean government announced that the 2015 Agreement was a political agreement and that it would make efforts to resolve the 'comfort women' victims externally.

Now, it has been brought to our court, and one court ruled that it was an exception to state immunity and that Japan was liable for damages, and the other court ruled that it fell under state immunity and had no jurisdiction.

The 1965 Korea-Japan Agreement did not include compensation for victims. **Since the 2015 Korea-Japan Agreement was a non-binding political agreement, it cannot limit the rights of 'comfort women' victims to claim compensation.** Acts such as mobilization of 'comfort women' victims, sexual harassment, and coercion of sexual slaves cannot be regarded as 'unpredictable damage' during armed conflict because Korea was already under Japanese colonial rule at the time. therefore, state immunity cannot be applied.

'Comfort women' victims, who are just individuals without negotiating power or political power, have no way to receive specific compensation for damages other than the lawsuit in this case. In 2018, there were 28 'comfort women' survivors who posted an article titled 'Legal Issues for Comfort Women Victims'. [103)] There are currently 10 people.

103) Grace lee, 'Legal Issues for Comfort Women Victims', public interest and human rights, Volume 18, Seoul University (2018.9.)

국문색인

영문색인

저자 약력

이은경

이화여자대학교 사범대학 사회교육과 졸업
이화여자대학교 대학원 사회교육과(문학석사)
서울대학교 대학원 법학과(법학석사)
서울대학교 법학전문대학원(법학전문박사)

주요 논문 및 저서

"대법원 2022. 8. 30. 선고 2018다212610 전원합의체 판결의 시사[대통령의 긴급조치 제9호 발령행위와 이를 적용·집행한 수사기관이나 법관의 직무행위가 불법행위가 되는지 여부]", 「법학연구」(전북대학교 부설법학연구소) 제70권(2022. 12), pp.153~193.

"불법행위 손해배상청구권의 '주관적 기산점' 적용 고찰 ─ 진실화해를 위한 과거사 정리 기본법 제2조 제1항 제3호 및 제4호 사건 중심으로 ─", 「저스티스」(한국법학원) 제185호(2021. 8), pp.100~128.

"아동 성학대 소송의 '손해의 현실화'로서 외상 후 스트레스 장애(PTSD)에 대한 이해 ─ 의정부지법 2019. 11. 7. 선고 2018나214488 판결 중심으로 ─", 법조(법조협회) 제69권 제4호(2020. 8), pp.355~383.

"손해배상청구권의 기산점에 관한 고찰 ─ 외국의 기산점 변동 사례를 중심으로 ─", 「법학연구」(충남대학교 법학연구소) 제31권 제4호(2020. 11), pp.43~69

"반인권 국가범죄에 주관적 소멸시효 기산점 적용에 대한 이해 ─ 헌법재판소 결정(2014헌바148)을 바탕으로 ─", 저스티스(한국법학원) 제170-1호(2019. 2), pp.62~85.

"'위안부' 피해자 손해배상청구소송에서의 법적 쟁점 논의", 「공익과 인권」(서울대학교 공익인권법센터), 제18호(2018. 9), pp.237~278.

"국가범죄에 있어 소멸시효 기산점과 '상당 기간' ─ 진도 민간인희생사건 전원합의체 판결을 중심으로 ─", 「민주법학」(민주주의법학연구회) 제66호(2018. 3), pp.209~244.

"강제징용 배상판결에서 나타난 대일민간인청구권과 소멸시효 ─ 대법원 2012.5.24.선고 2009다68620 판결을 중심으로 ─", 「외법논집」(한국외국어대학교 법학연구소) 제41권 제2호(2017. 5), pp.291~313.

소멸시효에 관한 외국 판례 연구

초판발행	2023년 2월 25일
지은이	이은경
펴낸이	안종만·안상준
편 집	이승현
기획/마케팅	손준호
표지디자인	이소연
제 작	고철민·조영환
펴낸곳	(주) **박영사**
	서울특별시 금천구 가산디지털2로 53, 210호(가산동, 한라시그마밸리)
	등록 1959. 3. 11. 제300-1959-1호(倫)
전 화	02)733-6771
f a x	02)736-4818
e-mail	pys@pybook.co.kr
homepage	www.pybook.co.kr
ISBN	979-11-303-4317-4 93360

copyright©이은경, 2023, Printed in Korea

정 가   29,000원